刑事法実務の基礎知識

特別刑法入門 2

安冨 潔
YASUTOMI Kiyoshi

慶應義塾大学出版会

はじめに

「刑法」（明治40年法律第45号）以外の各種法律に定められている刑罰法規の総称が、一般に「特別刑法」と言われています。

特別刑法にはさまざまなものがあり、実務においても少なからず特別刑法の適用事例が集積されてきています。

2015年に『刑事法実務の基礎知識　特別刑法入門』を刊行して、多くの方から激励や叱咤をいただき、いずれ続編を執筆したいという思いでおりました。

今般、ここに『刑事法実務の基礎知識　特別刑法入門2』を上梓でき、望外の喜びに接することができました。

『刑事法実務の基礎知識　特別刑法入門』は、雑誌に連載したものを、初出後の法改正も踏まえて、さまざまな分野のものをテーマごとにまとめて整理して収録していますが、本書では、「知的財産法」「労働法」「環境法」「交通法」などの分野から主だった法律を取り上げ、主に法曹実務家、生活安全部門等での警察実務家、法曹志望者らをはじめとした読者のみなさまに罰則の概要を理解していただければと書き下ろしました。

ことに「知的財産法」「労働法」「環境法」は、しばしば法改正がなされる分野です。令和になって「特許法等の一部を改正する法律」（令和元年5月17日法律第3号）が公布されています。その他、本書で取り上げている航空法もドローン関連の罰則が追加される法案が国会審議中です。

法改正が必ずしも罰則改正を伴うとは限りません。しかし、立法目的や制度趣旨を踏まえた罰則強化が図られることも少なくありません。

今後もさまざまな法改正がなされることがあると思います。読者の皆様におかれては法改正にも留意していただければ幸いです（なお、罰則を伴う法改正については、適宜、慶應義塾大学出版会のホームページで改正内容を掲載できるようにしていきます）。

本書も、前書と同様に、「特別刑法」についての理解を深めるきっかけとなるように心がけたつもりです。とはいえ、いざ執筆を始めるとそれぞれの法律が立法目的に照らして罰則を設けることの意義をあらためて考えさせられました。
　刑法典では、個人的法益・社会的法益・国家的法益と保護法益がそれぞれ整理されて構成要件が定められています。特別刑法の範疇においても、それぞれの刑罰法規の立法目的と保護法益に照らして特別刑法の体系化を図ることができると考えます。しかしながら、それぞれの法律が罰則を定めるにあたってどのような法益を保護するために設けたのかについて法益論を基礎として体系化することはなかなか難しいことにも思い至りました。しかし、特別刑法とはいえ「刑法」であり、それぞれの罰則の解釈適用にあたっては、罪刑法定主義の原則を踏まえて国民の自由を不当に侵害することとならないようにすることが重要でしょう。

　情報通信技術の著しい進展にともなって、産業構造や市民生活に大きな変革をもたらした「情報社会」から、今後サイバー空間とフィジカル空間とを融合させたシステムによる「Society 5.0（超スマート社会）」の実現が構想されています。
　このような社会の変化にあって、さまざまな分野での社会事象に対する規律の在り方があらためて問われるように思います。その意味でも、一般法としての刑法とともに、特別刑法の重要性が増していくのではないでしょうか。

　最後に、本書の刊行にあたって、慶應義塾大学大学出版会の岡田智武氏には、細部にわたる罰則規定のチェックをはじめ格別のご尽力をいただきました。心から感謝を申しあげます。

令和元年5月

安冨　潔

目 次

はじめに

第1章
知的財産と特別刑法の知識

著作権法
──権利者が取り得る刑事的措置 3
- 著作権法とは (3)
- 権利者が取り得る刑事的措置の概要 (9)
- その他の罪 (18)

特許法
──特許権侵害、詐欺、虚偽表示等の罪 23
- 特許法とは (23)
- 特許権の直接侵害の罪 (25)
- 特許権等の間接侵害の罪 (29)
- 詐欺の行為の罪 (30)
- 虚偽表示の罪 (32)
- 偽証等の罪 (34)
- 秘密を漏らした罪 (35)
- 秘密保持命令違反の罪 (36)
- 両罰規定 (38)

商標法
──商標権の侵害と刑事罰 41
- 商標法とは (41)
- 商標 (42)
- 商標権及び専用使用権 (44)
- 商標権の侵害 (45)
- その他の罰則 (49)
- 両罰規定 (51)

iii

●偽ブランド商品の罰則（不正競争防止法との関係）（52）

意匠法
──意匠権の侵害と刑事罰……………………………………………55
●意匠法とは　（55）
●意匠とは　（55）
●意匠権の侵害と刑事罰　（57）
●その他の罰則　（59）
●両罰規定　（61）

実用新案法
──実用新案権の侵害、虚偽表示の罪等………………………………63
●実用新案法とは　（63）
●主な罰則　（65）
●両罰規定　（67）

第2章
労働法と特別刑法の知識

労働基準法
──違反行為と刑事罰………………………………………………73
●労働基準法とは　（73）
●強制労働の禁止　（75）
●未払い賃金の不払い　（76）
●賃金の不払い　（77）
●時間外労働　（79）
●両罰規定　（84）

労働安全衛生法
──労働者の安全に対する違反と罰則…………………………………89
●労働安全衛生法とは　（89）

- ●労働災害の防止　(91)
- ●違反の態様　(92)
- ●罰則　(93)
- ●裁判例　(95)
- ●両罰規定　(98)

職業安定法
──職業紹介・労働者供給事業に関する規制と罰則──────── 101
- ●職業安定法とは　(101)
- ●職業選択の自由及び均等待遇の原則　(102)
- ●規制態様と罰則　(104)

労働者派遣法
──労働者派遣事業に対する罰則──────── 111
- ●労働者派遣法とは　(111)
- ●罰則　(113)

技能実習法
──外国人技能実習の違反行為と罰則──────── 117
- ●外国人の技能実習の適正な実施及び技能実習生の保護に関する法律とは　(117)
- ●技能実習法における技能実習生の保護　(117)
- ●禁止行為と罰則　(118)

第3章
環境の保護と特別刑法の知識

廃棄物処理法
──廃棄物の種類と違反行為の態様──────── 127
- ●廃棄物の処理及び清掃に関する法律とは　(127)
- ●廃棄物処理法にいう「廃棄物」　(128)

- ●「廃棄物」の該当性　(130)
- ●廃棄物処理法における違反行為の態様　(136)
- ●両罰規定　(143)

水質汚濁防止法
――有害物質と汚染状態の規制と罰則　147
- ●水質汚濁防止法とは　(147)
- ●規制対象　(149)
- ●罰則　(151)
- ●都道府県知事への届出　(152)
- ●罪数　(153)
- ●両罰規定　(154)

大気汚染防止法
――ばい煙、揮発性有機化合物、粉じんの規制と罰則　157
- ●大気汚染防止法とは　(157)
- ●規制態様　(158)
- ●両罰規定　(161)

海洋汚染防止法
――船舶等からの廃出行為と罰則　163
- ●海洋汚染等及び海上災害の防止に関する法律とは　(163)
- ●規制行為の態様　(164)
- ●両罰規定　(169)

河川法
――環境保護に関する罰則　171
- ●河川法とは　(171)
- ●河川とは　(172)
- ●河川法における罰則　(172)
- ●両罰規定　(176)

第4章
動物等の保護と特別刑法の知識

種の保存法
──絶滅のおそれのある野生動植物の種の保存と罰則 179
- 絶滅のおそれのある野生動植物の種の保存に関する法律とは （179）
- 絶滅のおそれのある野生動植物の種の保存 （180）
- 罰則 （181）
- 両罰規定 （184）

動物愛護管理法
──殺傷、虐待、遺棄等に対する罰則 187
- 動物の愛護及び管理に関する法律とは （187）
- 動物愛護管理法における主な罰則 （188）
- 両罰規定 （191）

鳥獣保護管理法
──鳥獣の捕獲等の規制と罰則 193
- 鳥獣の保護及び管理並びに狩猟の適正化に関する法律とは （193）
- 「鳥獣」とは （194）
- 鳥獣の保護と管理 （195）
- 鳥獣の捕獲等及び鳥類の卵の採取等の禁止 （195）
- 主な罰則 （196）
- 両罰規定 （199）

家畜伝染病予防法
──輸入及び輸出の規制と罰則 201
- 家畜伝染病予防法とは （201）
- 輸入及び輸出の規制 （202）
- 主な罰則 （204）
- 両罰規定 （206）

食品衛生法
―――主な規制内容と罰則 209
- 食品衛生法とは （209）
- 食品衛生法の主な規制 （210）
- 主な罰則 （216）
- 両罰規定 （217）

第5章
鉄道・船舶・航空と特別刑法の知識

鉄道営業法
―――鉄道の公共性、生命・身体・財産に係る罰則 223
- 鉄道営業法とは （223）
- 罰則 （224）

新幹線妨害特例法
―――鉄道営業法の特例の罪 235
- 新幹線鉄道における列車運行の安全を妨げる行為の処罰に関する特例法とは （235）
- 罰則 （236）

船舶安全法
―――罰則の主体と禁止行為 243
- 船舶安全法とは （243）
- 船舶の意義 （244）
- 船舶安全法の罰則における主体 （244）

海賊対処法
―――海賊行為とその罰則 247
- 海賊行為の処罰及び海賊行為への対処に関する法律とは （247）
- 海賊行為とは （248）

- ●海賊行為についての罰則　(253)
- ●海賊対処法における執行　(254)

航空法
――航空機の航行の安全、障害の防止等の罪 ―――― 255
- ●航空法とは　(255)
- ●罰則　(256)

航空危険行為処罰法
――航空機の墜落、破壊等の罪 ―――― 269
- ●航空の危険を生じさせる行為等の処罰に関する法律とは　(269)
- ●罰則　(270)

事項索引　(277)

主要条文索引　(283)

判例索引　(288)

凡　例

本書では、条文を掲げる場合、当該法律を解説している箇所では、原則として法律名を略記・省略し、条文番号のみを表記している。また、主な判例集等の略語は、下記のとおりである。

刑集（録）	最高裁判所・大審院刑事判例集（判決録）
裁判集刑事	最高裁判所裁判集刑事
高刑集	高等裁判所刑事判例集
高刑速	高等裁判所刑事判決速報集
東高刑時報	東京高等裁判所刑事判決時報
下刑集	下級裁判所刑事判例集
刑　月	刑事裁判月報
裁　時	裁判所時報
判　時	判例時報
判　タ	判例タイムズ

第1章

知的財産と特別刑法の知識

著作権法

―― 権利者が取り得る刑事的措置

● 著作権法とは

　著作権法（昭和45年法律第48号）は、「著作物並びに実演、レコード、放送及び有線放送に関し著作者の権利及びこれに隣接する権利を定め、これらの文化的所産の公正な利用に留意しつつ、著作者等の権利の保護を図り、もって文化の発展に寄与することを目的」（1条）とする法律である。

　著作権法は、明治32年に制定された（法律第39号）が、その後に幾度かの改正を経たものの、複写、録音等の複製手段並びに出版、放送等の伝達手段の目ざましい発達、普及に照らし、著作者の権利の保護に欠け、著作権の制限規定が実情に適しないなど不備な点が種々指摘されたほか、著作権の国際的な保護に関するベルヌ条約（文学的及び美術的著作物の保護に関するベルヌ条約（1886年9月9日署名））の改正やローマ条約（実演家、レコード製作者及び放送機関の保護に関する国際条約（1961年10月26日署名））の成立などの国際情勢に照らして改善の必要性があるとの認識にいたって、昭和45年に全面改正された[1]。

1　第63国会昭和45年2月27日提出（閣法第39号）。

著作権法において、「著作権」は、次のとおりにその権利の性質によって区分される。

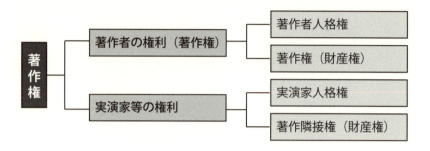

1　著作権

著作権法では、著作物を創作する者としての著作者の権利として、人格的な権利としての著作者人格権と財産権としての著作権がある。

2　著作物

著作物とは、思想又は感情を創作的に表現したものであって、文芸、学術、美術又は音楽の範囲に属するものをいう（2条1項1号）。すなわち、著作物であるためには①「思想又は感情」を表現したものであること[2]、②思想又は感情を「表現したもの」であること[3]、③思想又は感情を「創作的」に表現したものであること[4]、④「文芸、学術、美術又は音楽の範囲」に属するものであること[5]の要件を満たす必要がある。

2　単なるデータは除かれる。
3　アイデア等は除かれる。
4　他人の作品の単なる模倣は除かれる。
5　工業製品等は除かれる。http://www.bunka.go.jp/seisaku/chosakuken/seidokaisetsu/gaiyo/chosakubutsu.html（最終アクセス2019年5月）
　仙台高判平成14・7・9判夕1110号248頁は、応用美術について、純粋美術と同視できる程度に美術鑑賞の対象とされると認められるものは、美術の著作物として著作権法上保護の対象となると解釈することができることから、美術の著作物といえるためには、応用美術が、純粋美術と等しく美術鑑賞の対象となりうる程度の審美性を備えていることが必要と説示し、ファービー人形について著作権の成立を否定した。

著作物とその内容[6]

著作物の種類	内容	条文
言語の著作物	小説、脚本、論文、講演、詩歌、俳句など	10条1項1号
音楽の著作物	楽曲、歌詞	同2号
舞踊、無言劇の著作物	バレエ、日本舞踊、ダンス、パントマイムの振り付けなど	同3号
美術の著作物	絵画、版画、彫刻、書、アニメなどの原画など（美術工芸品を含む）	同4号（2条2項）
建築の著作物	芸術的な建築物など	同5号 建築物（建築基準法2条1項1号参照）
地図、図形の著作物	地図又は学術的な性質を有する図面、図表、模型その他の図形	同6号
映画の著作物	劇場用映画、テレビ番組、ビデオソフト、ゲームソフト、動画サイトにアップされているコンテンツなど（映画の効果に類似する視覚的又は視聴覚的効果を生じさせる方法で表現され、かつ、物に固定されている著作物を含む）	同7号（2条3項）
写真の著作物	写真（写真の製作方法に類似する方法を用いて表現される著作物を含む）	同8号（2条4項）
プログラムの著作物	コンピュータ・プログラム	同9号（2条1項10号の2）

　著作物を創作する者（2条1項2号）である著作者は、著作者人格権（18～20条）及び著作権（21～28条）を享有する（17条）。著作者の権利は、著作物を創作した時点で登録などの手続を経ることなく自動的に付与される（無方式主義）（17条2項）。

　著作物は、創作性及び表現性を備えたものでなければならない[7]。

6　小泉直樹『知的財産法』228～243頁（弘文堂・2018年）参照。その他、著作物として保護されるものとして、二次的著作物（著作物を翻訳し、編曲し、若しくは変形し、又は脚色し、映画化し、その他翻案することにより創作した著作物）（2条1項11号、11条）、編集著作物（百科事典、辞書、新聞、雑誌、詩集などの編集物）（12条）、データベースの著作物（論文、数値、図形その他の情報の集合物であって、それらの情報を電子計算機を用いて検索することができるように体系的に構成したもの）（2条1項10号の3、12条の2）がある。

7　小泉・前掲注(6)225～228頁。

著作物は、著作権法10条1項に例示されているが、著作物として保護されるためには、2条1項1号の要件を充足することで足り、10条1項に例示されたものに該当しなくてもよい。

著作物を翻訳し、編曲し、若しくは変形し、又は脚色し、映画化し、その他翻案することにより創作した二次的著作物（2条1項11号）も、思想又は感情を創作的に表現したもの（2条1項1号）は保護を受けることができる。二次的著作者の権利は、原著作物の著作者の権利に影響を及ぼさない（11条）。二次的著作物の原著作物の著作者は、その二次的著作物の利用に関し、21～27条に規定する権利でその二次的著作物の著作者が有するものと同一の種類の権利を専有する（28条）[8]。

著作物として保護されるためには、2条1項1号所定の著作物であり、かつ6条各号のいずれかに該当する必要がある。

3 著作者の権利

著作者の権利は、人格的な利益を保護する著作者人格権と財産的な利益を保護する著作権（財産権）とがある。

著作者人格権には、公表権（18条）、氏名表示権（19条）、同一性保持権（20条）がある。また、財産権としての著作権には、複製権（21条）、上演権・演奏権（22条）、上映権（22条の2）、公衆送信権・公の伝達権（23条）、口述権（24条）、展示権（25条）、頒布権（26条）、譲渡権（26条の2）、貸与権（26条の3）、翻訳権・翻案権等（27条）、二次的著作物の利用権（28条）とがある。

著作者人格権は、著作者の一身に専属し、譲渡することができない（59条）。他方、著作権は、その全部又は一部を譲渡することができる（61条）。

---

[8] 二次的著作物が利用される場合には原著作物もまた利用されることとなるから、二次的著作物の利用に関し、原著作物の著作者が二次的著作物の著作者が有するのと同様の排他的権利を有する旨を定め、二次的著作物を利用する場合には原著作物の著作者の許諾が必要であることを明らかにしたのが28条の趣旨とされる。小泉・前掲注（6）245頁。

4 著作隣接権

著作物の創作者ではないが、著作隣接権という著作物等を「伝達する者」(実演家[9]、レコード製作者[10]、放送事業者[11]、有線放送事業者[12])に付与される権利も認められている(89条)。著作隣接権は、著作者の権利に影響を及ぼさない(90条)。

実演家の権利として、氏名表示権(90条の2)、同一性保持権(90条の3)、録音権・録画権(91条)、放送権・優先放送権(92条)、送信可能化権等(92条の2～94条の2)、商業用レコードの二次使用料を受ける権利(95条)、譲渡権(95条の2)、貸与権等(95条の3)、レコード製作者の権利として、複製権(96条)、送信可能化権(96条の2)、商業用レコードの二次使用料を受ける権利(97条)、譲渡権(97条の2)、貸与権等(97条の3)、放送事業者の権利として、複製権(98条)、再放送権・有線放送権(99条)、送信可能化権(99条の2)、テレビジョン放送の伝達権(100条)、有線放送事業者の権利として、複製権(100条の2)、放送権・再有線放送権(100条の3)、送信可能化権(100条の4)、有線テレビジョン放送の伝達権(100条の5)がある。

---

9 俳優、舞踊家、演奏家、歌手その他実演を行う者及び実演を指揮し、又は演出する者をいう(2条1項4号)。ここにいう実演とは、著作物を、演劇的に演じ、舞い、演奏し、歌い、口演し、朗詠し、又はその他の方法により演ずること(これらに類する行為で、著作物を演じないが芸能的な性質を有するものを含む)をいう(2条1項3号)。

10 レコードに固定されている音を最初に固定した者をいう(2条1項6号)。ここにレコードとは、蓄音機用音盤、録音テープその他の物に音を固定したもの(音を専ら影像とともに再生することを目的とするものを除く)をいう(2条1項5号)。

11 放送(公衆送信のうち、公衆によって同一の内容の送信が同時に受信されることを目的として行う無線通信の送信をいう。2条1項8号)を業として行う者をいう(2条1項9号)。公衆送信とは、公衆によって直接受信されることを目的として無線通信又は有線電気通信の送信(電気通信設備で、その1の部分の設置の場所が他の部分の設置の場所と同一の構内(その構内が2以上の者の占有に属している場合には、同一の者の占有に属する区域内)にあるものによる送信(プログラムの著作物の送信を除く)を除く)を行うことをいう(2条1項7号の2)。

なお、「放送法」(昭和25年法律第132号)上の「放送」は公衆によって直接受信されることを目的とする電気通信の送信をいう(「不特定多数の人」向けの同時無線送信)が、「著作権法」上の放送は「不特定の人」又は「特定多数の人」向けの同時無線送信をいう。著作権法には「通信」という概念はない。

12 有線放送事業者有線放送を業として行う者をいう(2条1項9号の3)。ここにいう有線放送とは、公衆送信のうち、公衆によって同一の内容の送信が同時に受信されることを目的として行う有線電気通信の送信をいう(2条1項9号の2)。

5 著作権の制限

著作権法では、著作権者等の利益を不当に害さないように、また、著作物等の通常の利用が妨げられることのないよう配慮して、一定の場合に著作権者等に許諾を得ることなく利用できることを定めている（30条～47条の7）[13]。

なお、著作権が制限される場合でも、著作者人格権は制限されない（50条）。

著作権者等に許諾を得ることなく利用できる場合には、①私的使用のための複製（30条）、②付随対象著作物の利用（30条の2）、③検討の過程における利用（30条の3）、④著作物に表現された思想又は感情の享受を目的としない利用（30条の4）、⑤図書館等における複製等（31条）、⑥引用（32条）、⑦教科用図書等への掲載（33条）、⑧教科用図書代替教材への掲載等（33条の2）、⑨教科用拡大図書等の作成のための複製等（33条の3）、⑩学校教育番組の放送等（34条）、⑪学校その他の教育機関における複製等（35条）、⑫試験問題としての複製等（36条）、⑬視覚障害者等のための複製等（37条）、⑭聴覚障害者等のための複製等（37条の2）、⑮営利を目的としない上演等（38条）、⑯時事問題に関する論説の転載等（39条）、⑰政治上の演説等の利用（40条）、⑱時事の事件の報道のための利用（41条）、⑲裁判手続等における複製（42条）、⑳行政機関情報公開法等による開示のための利用（42条の2）、㉑公文書管理法等による保存等のための利用（42条の3）、㉒国立国会図書館法によるインターネット資料及びオンライン資料の収集のための複製（43条）、㉓放送事業者等による一時的固定（44条）、㉔美術の著作物等の原作品の所有者による展示（45条）、㉕公開の美術の著作物等の利用（46条）、㉖美術の著作物等の展示に伴う複製等（47条）、㉗美術の著作物等の譲渡等の申出に伴う複製等（47条の2）、㉘プログラムの著作物の複製物

---

13 著作権者等に許諾を得ることなく利用できるとはいえ、利用に当たっては、原則として出所の明示をする必要がある（48条）。また、複製されたものを目的外に使うことは禁止されている（49条）。

の所有者による複製等（47条の3）、㉙電子計算機における著作物の利用に付随する利用等（47条の4）、㉚電子計算機による情報処理及びその結果の提供に付随する軽微利用等（47条の5）、㉛翻訳、翻案等による利用（47条の6）、㉜複製権の制限により作成された複製物の譲渡（47条の7）である。

著作権法は、これらの権利を保護するとともに、侵害行為の抑止を図っている。そこで、権利を侵害された場合について「刑事」及び「民事」の対抗措置を設けている[14]。

●権利者が取り得る刑事的措置の概要 [15]

著作権法は、著作権等の侵害について、119条から124条までに罰則を定めている。

119条、120条の2第3号及び4号、121条の2並びに122条の2第1項の罪は、告訴がなければ公訴を提起することができない（親告罪）[16]。

1 著作権等侵害罪

119条1項は、「著作権、出版権又は著作隣接権」を侵害した者について、10年以下の懲役若しくは1000万円以下の罰金に処し、又はこれを併科す

---

14 著作権のある著作物を著作権者の許諾を得ないで無断で利用すれば、著作権侵害となる。また、著作者に無断で著作物の内容や題号を改変したり、著作者が匿名を希望しているのに著作物に勝手に本名をつけて発行したりすれば、著作者人格権侵害となる。さらに、無断複製物であることを知りながら複製物を頒布したり、頒布の目的で所持する行為や、著作物に付された権利者の情報や利用許諾の条件等の権利管理情報を故意に改変する行為なども権利侵害となる。このような権利侵害に対しては、民事上、①侵害行為の差止め請求（112条1項）、②損害賠償の請求（民法709条）、③不当利得返還請求（民法703条）、④名誉回復などの措置請求（115条）ができる。

15 著作権法上の刑罰規定は、権利利益の主体（著作者等）の個人的法益を保護するのみならず、著作権法の定める法秩序という社会的法益をも保護する趣旨で設けられているとされる。加戸守行『著作権法逐条講義〔6訂新版〕』815頁（著作権情報センター・2013年）参照。

16 広島高判平成11・10・14判時1703号169頁は、コンピュータプログラムを複製した親告罪である著作権法違反における「犯人を知った」の意義につき、犯人を知るとは、犯罪事実の行為者を知ることであるとして告訴は適法としている。

ると定める。

また、両罰規定により、法人については3億円以下の罰金となる（124条1項1号）。

本条項は、著作権、出版権又は著作隣接権の保護の実効性を確保するために、これらの権利を侵害した者を罰することとしている。

著作権等侵害罪の対象は、「著作権、出版権又は著作隣接権を侵害した者」である[17]。

「著作権侵害の罪」となるのは、著作権者の許諾を得ることなく21条～28条に規定する著作権の内容となるべき行為をした者、著作権者の許諾を得ないで49条に規定する行為をした者である[18]。なお、私的使用の目的で自ら著作物の複製を行った者については、その行為が著作権侵害に該当

---

[17] なお、①30条1項（著作隣接権（102条1項）において準用する場合を含む）に定める私的使用の目的をもって自ら著作物若しくは実演等の複製を行った者、②113条3項の規定により著作権、出版権若しくは著作隣接権を侵害する行為とみなされる行為を行った者、③113条4項の規定により著作権若しくは著作隣接権（113条5項の規定により著作隣接権とみなされる権利を含む）を侵害する行為とみなされる行為を行った者、④113条6項の規定により著作権若しくは著作隣接権を侵害する行為とみなされる行為を行った者、⑤119条2項3号（113条1項の規定により著作権等を侵害する行為とみなされる行為）若しくは4号（113条2項の規定により著作権を侵害する行為とみなされる行為）に掲げる者はここでは除かれる。京都地判平成16・11・30判時1879号153頁。

[18] 最判平成23・12・19刑集65巻9号1380頁は、適法用途にも著作権侵害用途にも利用できるファイル共有ソフトWinnyをインターネットを通じて不特定多数の者に公開、提供し、正犯者がこれを利用して著作物の公衆送信権を侵害することを幇助したとして、著作権法違反幇助に問われた事案につき、被告人において、①現に行われようとしている具体的な著作権侵害を認識、認容しながらWinnyの公開、提供をするものでないことは明らかである上、②その公開、提供に当たり、当時利用者に対しWinnyを著作権侵害のために利用することがないよう警告を発していたなどの本件事実関係（判文参照）の下では、例外的とはいえない範囲の者がそれを著作権侵害に利用する蓋然性が高いことを認識、認容していたとまで認めることも困難であり、被告人には著作権法違反罪の幇助犯の故意が欠けると判示した事例である（なお、この事件の適用法条は、平成16年法律第92号改正前の著作権法119条1号で、当時は3年以下又は300万円以下の罰金とされていた）。

大阪地判昭和54・8・14判夕396号64頁は、漫画を動画化した映画のいわゆるキャラクターの無断利用が映画の著作権の侵害に当たるとした事例である。

大阪地判平成6・4・12判夕879号279頁は、カラオケスナックの経営者が著作権者に無断でレーザーディスクカラオケを再生（上映権）して客がカラオケ伴奏により歌唱すること（演奏権）が著作権侵害に該当するとする。

仙台地判平成6・3・10判夕863号290頁は、流行漫画の主人公の姿態を無断複製して商品化した消しゴムの販売行為につき著作権侵害に該当するとした。

しても、119条1項としては処罰されない（119条1項括弧書）。

「出版権侵害の罪」となるのは、86条1項の出版権制限の規定に該当する場合を除いて、80条1項に規定する出版権の内容となるべき行為をした者又は86条2項に規定する行為をした者である[19]。

「著作隣接権侵害の罪」となるのは、著作隣接権制限の規定に該当する場合を除き、著作隣接権者の許諾を得ないで実演者の権利、レコード製作者の権利、放送事業者及び有線放送事業者の権利として規定する著作隣接権[20]の内容となるべき行為をした者、著作隣接権者の許諾を得ないで93条2項又は102条9項に規定する行為をした者である[21]。

2 著作者人格権等侵害罪

119条2項各号は、以下の者について、5年以下の懲役若しくは500万円以下の罰金に処し、又はこれを併科すると定める。

なお、両罰規定により、法人について119条2項3号及び4号については3億円以下の罰金（124条1項1号）、119条2項1号及び2号については500万円以下の罰金（124条1項2号）となる。

① 「**著作者人格権又は実演家人格権を侵害した者**（113条4項により侵害とみなされる行為を行った者を除く）」（119条2項1号）[22]。

著作者人格権侵害の罪となるのは、著作者の同意を得ないで18条1項、19条1項又は20条1項に規定する権利の内容となるべき行為をした者[23]

---

[19] 出版権者は他人に対し出版を許諾する権利を有しないので、出版権の目的となっている著作物を出版権者の了解を得て出版することも、形式的には出版権の侵害とはなるが、犯罪が成立するための違法性が阻却されるものと解される。加戸・前掲注（15）818頁。
[20] 91条1項、92条1項、92条の2第1項、95条の2第1項、95条の3第1項、96条、96条の2、97条の2第1項、97条の3第1項、98条、99条1項、99条の2第1項又は100条から100条の5。
[21] 91条2項、92条2項、92条の2第2項、93条1項、94条1項、95条の2第2項若しくは3項、97条の2第2項、99条2項又は99条の2第2項の規定あるいは102条1項、3項、4項、5項、7項又は8項の著作隣接権制限の規定に該当する場合を除く。
[22] 平成18年改正前は、これらの人格権侵害についても著作権等侵害の罪と同じ法定刑であった。しかし、平成18年改正の際に著作権等侵害の罪は引き上げられたが、人格権侵害の罪の法定刑はそのままとされた。

及び 113 条 1 項若しくは 7 項に規定する行為をした者である。

また、実演家人格権侵害の罪となるのは、実演家の同意を得ないで 90 条の 2 第 1 項又は 90 条の 3 第 1 項に規定する権利の内容となるべき行為をした者[24]及び 113 条 1 項に規定する行為をした者である。

② 「営利を目的として、第 30 条第 1 項第 1 号に規定する自動複製機器を著作権、出版権又は著作隣接権の侵害となる著作物又は実演等の複製に使用させた者」（119 条 2 項 2 号）

「営利の目的」とは、自らの財産上の利益を図る場合だけでなく、第三者に利得を得させる場合も含まれる。例えば、機器使用料を徴収して利益を生み出す場合はもとより、機器の設置・提供がサービス・宣伝の一環であり、間接的に営利につながる場合もこれに該当する[25]。

「自動複製機器」は、公衆に使用されることを目的として設置されている自動複製機器[26]である（30 条 1 項 1 号）[27]

行為は、自動複製機器を著作権、出版権又は著作隣接権の侵害となる著作物又は実演等[28]の複製に使用させることである。

③ 「第 113 条第 1 項の規定により著作権、出版権又は著作隣接権を侵害する行為とみなされる行為を行った者」（119 条 2 項 3 号）

113 条 1 項各号の規定により、国内において頒布する目的をもって輸入の時において国内で作成したとしたならば著作権、出版権又は著作隣接権の侵害となるべき行為によって作成された物を輸入する行為とともに、著作権、出版権又は著作隣接権を侵害する行為によって作成された物を、情

23　18 条 4 項、19 条 2 項・3 項・4 項又は 20 条 2 項に該当する場合を除く。
24　90 条の 2 第 2 項・3 項・4 項又は 90 条の 3 第 2 項に該当する場合を除く。
25　加戸・前掲注（15）821 頁。
26　複製の機能を有し、これに関する装置の全部又は主要な部分が自動化されている機器をいう。
27　ビデオデッキ等、複製の機能を有し、その機能に関する装置の全部又は主要な部分が自動化されている機器をいうが、当分の間、文献複写機等、もっぱら文書又は図画の複製のための機器を除くこととされる（附則 5 条の 2）。
28　機器使用料を徴収して利益を生み出す場合はもとより、機器の設置・提供がサービス・宣伝の一環であり、間接的に営利につながる場合もこれに該当する。加戸・前掲注（15）822 頁。

を知って、頒布する行為、頒布を目的として所持する行為及び頒布する旨の申出をする行為や、業として輸出する行為及び業としての輸出を目的として所持する行為について処罰することとしたものである[29]。

④ 「第113条第2項の規定により著作権を侵害する行為とみなされる行為を行った者」（119条2項4号）

113条2項の規定により、プログラムの著作権を侵害する行為によって作成された複製物を業務上電子計算機において使用する行為を処罰することとしたものである[30]。

著作権法に違反する違法複製及びみなし侵害行為の罪は、複製及びみなし侵害行為が複数あっても、特段の事情のない限り、著作物ごとに1個の包括一罪が成立する[31]。

3　録音録画有償著作物等の違法ダウンロード

119条3項は、30条1項に定める私的使用の目的をもって、録音録画有償著作物等[32]の著作権又は著作隣接権を侵害する自動公衆送信[33]を受信して行うデジタル方式の録音又は録画を、自らその事実を知りながら行って著作権又は著作隣接権を侵害した者について、2年以下の懲役若しくは200万円以下の罰金に処し、又はこれを併科すると規定している[34]。なお、

29　加戸・前掲注（15）822頁。
30　東京高判平成28・2・18高刑速平成28年70頁は、著作権法113条2項は、悪意でいわゆる海賊版を取得した場合をも想定するものであるから、同条項における使用の権原は、必ずしも適法に著作物を使用できる場合に限られないものと解されると説示している。
31　前掲・東京高判平成28・2・18。
32　録音され、又は録画された著作物又は実演等（著作権又は著作隣接権の目的となっているものに限る）であって、有償で公衆に提供され、又は提示されているもの（その提供又は提示が著作権又は著作隣接権を侵害しないものに限る）をいう。
33　国外で行われる自動公衆送信であって、国内で行われたとしたならば著作権又は著作隣接権の侵害となるべきものを含む。
34　平成21年の改正により、著作権を侵害する自動公衆送信を受信して行うデジタル方式の録音又は録画を、その事実を知りながら行う場合には、私的使用目的であっても違法とされたが、個人の行為の軽微性などを理由に刑事罰の対象にはされていなかった。しかしながら、同改正によってもなおインターネット上における違法ファイルの流通による被害が深刻であり、刑事罰化により一定の抑止効果が期待できるとの理由により、違法ダウンロードの刑事罰化を内容とする修正案が第180回国会に提出された「著作権法の一部を改正する法律」の

本項は、親告罪である。

本項は、私的使用の目的をもって、録音録画有償著作物等の著作権又は著作隣接権を侵害する「自動公衆送信」を受信して行うデジタル方式の録音又は録画を、自らその事実を知って行い、著作権等を侵害する行為を処罰するものである[35]。

「録音録画有償著作物等」とは、「録音され、又は録画された著作物又は実演等であって、有償で公衆に提供され、又は提示されているもの」をいう。したがって、①録音又は録画された著作物又は実演等であること、②有償で公衆に提供又は提示されているものであること、③その提供又は提示が著作権又は著作隣接権を侵害しないものであることが要件となる[36]。

録音・録画された著作物ではない書籍や、DVD等によって有償で公衆に提供・提示されていないテレビ番組については、これに該当しない。

著作権又は著作隣接権を侵害する「自動公衆送信」を受信して行うものであることから、例えば友人から送信されたメールに添付されていた音楽ファイルをダウンロードした場合は、そもそも自動公衆送信を受信するものではないため本項の対象には当たらない。また、権利者自らが自動公衆送信を行っている場合や、権利者の許諾を得た自動公衆送信、権利制限規定が適用される自動公衆送信の場合は、いずれも著作権等を侵害するものではないことから、本項は適用されない[37]。

「自らその事実を知りながら」とは、①著作権又は著作隣接権を「侵害する」自動公衆送信であること、及び②ダウンロードした著作物が「有償著作物等」であることについて「知りながら」ダウンロードを行っていることをいう[38]。

119条3項は、有償著作物等をダウンロードする行為が「著作権又は著

国会審議において提出され、平成24年6月20日に成立し、同月27日に公布された。
35 加戸・前掲注（15）825頁。
36 加戸・前掲注（15）824頁。
37 加戸・前掲注（15）825頁。
38 加戸・前掲注（15）825頁。

作隣接権を侵害した」ことを要件として規定している。この要件は、30条1項3号に該当する場合であっても、47条の4第1項1号に定める電子計算機における著作物の利用に伴う複製（動画等を視聴する際のキャッシュの蓄積）については違法とされていないため、本罪の対象とならないことを明らかにしている[39]。

4　著作権等の侵害の幇助行為

119条2項2号は、「営利を目的として、第30条第1項第1号に規定する自動複製機器を著作権、出版権又は著作隣接権の侵害となる著作物又は実演等の複製に使用させた者」を5年以下の懲役若しくは500万円以下の罰金に処し、又はこれを併科すると規定している。

すなわち、営利目的で、公衆の使用に供することを目的として設置されている自動複製機器を著作権、出版権又は著作隣接権の侵害となる著作物又は実演等の複製に使用させた者を処罰するという趣旨の規定である[40]。

119条1項括弧書により、私的使用目的で自ら複製を行った者については刑罰の対象から除外されており、自動複製機器を使用した場合も同様である。これに対して、営利の目的で自動複製機器を提供する行為は、複製を行う者が私的使用目的で当該自動複製機器を用いる場合であっても刑罰の対象となる。したがって、本罪は、本来は共犯従属性により処罰の対象とならない私的使用目的の複製に自動複製機器を提供する行為を、営利目的であることを要件として、独立して処罰の対象とする規定である[41]。

この規定は、著作権等の侵害の幇助行為を独立して処罰することを定めるものである。

もっとも、業務使用目的等の私的使用目的以外の目的で権利者の承諾を

39　田中良弘「著作権法上の罰則規定に関する一考察―わが国における行政罰の各論的検討(1)―」法政理論50巻1号236頁、248頁（2018）参照。なお、平成30年の法改正により、旧47条の8の規定が47条の4第1項1号に改められた。
40　もっぱら文書又は図画の複製に供する自動複製機器については、当分の間、適用の対象から除外されている（附則5条の2）。
41　加戸・前掲注(15) 822頁。

得ずに行う複製に自動複製機器を提供する行為については、著作権等侵害罪の幇助（刑法 62 条 1 項、法 119 条 1 項）に該当するとはいえ、当該提供が営利目的で行われる場合には、「特別の規定」である本罪が適用されることになる。

これに対して、営利目的で自動複製機器を提供するにとどまらず、業者が複製の対象となる著作物をも提供し、自動複製機器の操作のみを顧客に行わせるような場合については、著作権等侵害罪の正犯として評価することができることから、119 条 1 項が適用され、本罪はそれに吸収される[42]。

5 著作権等の侵害の準備行為

120 条の 2 は、次の各号のいずれかに該当する者は、3 年以下の懲役若しくは 300 万円以下の罰金に処し、又はこれを併科すると規定している。

(1) 技術的保護手段回避装置等の公衆譲渡等

120 条の 2 第 1 号は、技術的保護手段（2 条 1 項 20 号）の回避を行うことを機能とする装置やプログラムをⓐ公衆に譲渡・貸与した者、ⓑ公衆に譲渡・貸与する目的で製造・輸入・所持した者、ⓒ公衆の使用に供した者及びⓓ公衆送信・送信可能化した者を処罰することとしている。

例えば、コピーガードキャンセラーや DVD 等に施されている暗号型の保護技術を解除するプログラムなど「著作物のコピー防止機能を解除することを目的とした機器やプログラム」を頒布したり、製造、輸入、所持したりした場合である。また、このプログラムをインターネット上に掲載することも対象となる[43]。

この規定は、技術的保護手段の回避装置等を社会に広める行為を規制し、それに違反した場合に刑罰を科す直罰規定である。したがって、自ら使用するための所持や、特定の者から依頼されて行う製造は該当しない。

---

42 田中・前掲注（39）250 頁。
43 http://www.bunka.go.jp/seisaku/chosakuken/seidokaisetsu/pdf/r1392388_01.pdf（最終アクセス 2019 年 5 月）

なお、汎用的な機能を有する装置やプログラムの開発・流通を妨げることのないよう、同罪の対象は、およそ技術的保護手段の回避以外に実用的な意味のある機能を有しないものに限定されている（同号括弧書参照）。

(2) 技術的保護手段の回避

120条の2第2号は、業として公衆からの求めに応じて技術的保護手段の回避を行った者を処罰することとしている。

本罪は、技術的保護手段回避装置等の公衆譲渡等と同様の効果を有するサービスの提供を規制し、それに違反した場合の刑罰を定めるものである。上記(1)の罪と同様、自ら又は特定の顧客の求めに応じて技術的保護手段を回避する行為は該当しない。

(3) 権利管理情報の改変等

120条の2第3号は、営利の目的で権利管理情報の改変等を行う行為を対象としている。

113条4項各号所定の権利管理情報の改変等は、同項により著作者人格権、著作権、実演家人格権又は著作隣接権を侵害する行為とみなされるものの、行為そのものは著作権等の侵害の準備的行為にとどまることから、法は、営利目的の場合に限って刑罰の対象とした上で、3年以下の懲役若しくは300万円以下の罰金又はその併科とし、侵害の罪よりも軽い法定刑を定めている[44]。

(4) 国外頒布目的商業用レコードの輸入等

120条の2第4号は、営利の目的で113条6項所定の国外頒布目的商業用レコードの輸入等を行った者について処罰するとしている。

国外頒布目的商業用レコードの輸入等は、著作権又は著作隣接権を侵害する行為とみなされるが、国外において適法に作成された商業用レコードを輸入等する行為であり、違法に作成されたいわゆる海賊版レコードの輸入等とは性質が異なるため、権利管理情報の改変等と同様、営利目的の場

---

[44] 田中・前掲注（39）251頁。

合に限って刑罰の対象とされ、かつ、法定刑も軽く定められている[45]。

●その他の罪

1 著作者名を詐称した複製物の頒布（121条）

著作者でない者の実名又は周知の変名を著作者名として表示した著作物の複製物[46]を頒布した者は、1年以下の懲役若しくは100万円以下の罰金又はその併科に処せられる（121条）。

法人処罰の法定刑は100万円以下の罰金である（124条1項2号）。

本条は、法の規定する著作権等の権利の保護を目的とするものではなく、著作者名を詐称して人を欺くことを防止し、かつ、氏名を冒用された者の人格的利益を保護することにあるとされる[47]。

そのため、その対象は6条各号所定の著作物に限らず、また、保護期間を経過した著作物も含まれる[48]。

なお、本罪の客体は著作者名を詐称した著作物の「複製物」であるから、著作物そのものに偽りの著作者名を付して販売したとしても本罪の対象とならない。

2 外国原盤商業用レコードの複製等（121条の2）

121条の2は、商業用レコード[49]を商業用レコードとして複製し、その複製物を頒布し、その複製物を頒布の目的をもって所持し、又はその複製物を頒布する旨の申出をした者[50]は、1年以下の懲役若しくは100万円以

---

45 田中・前掲注（39）252頁。
46 原著作物の著作者でない者の実名又は周知の変名を原著作物の著作者名として表示した二次的著作物の複製物を含む。
47 加戸・前掲注（15）836頁。
48 田中・前掲注（39）252頁。
49 当該商業用レコードの複製物（2以上の段階にわたる複製に係る複製物を含む）を含む。
50 各号の原盤に音を最初に固定した日の属する年の翌年から起算して70年を経過した後に

下の罰金に処し、又はこれを併科する。

　本条において保護される商業用レコードとは、①国内において商業用レコードの製作を業とする者が、レコード製作者からそのレコード[51]の原盤の提供を受けて製作した商業用レコード（121条の2第1号）、②国外において商業用レコードの製作を業とする者が、実演家等保護条約の締約国の国民、世界貿易機関の加盟国の国民又はレコード保護条約の締約国の国民[52]であるレコード製作者からそのレコード[53]の原盤の提供を受けて製作した商業用レコードである。

　本条は、著作権法の保護が及ばない外国原盤商業用レコードを無断で複製・頒布等する行為を刑罰の対象とするものである。

　わが国と条約を締結していない外国の原盤用レコードについては著作隣接権による保護が及ばないため、かかるレコードについてロイヤルティーを支払って国内で複製して販売しているレコード製造業者を保護する必要があることから、121条の2は、同条各号所定の商業用レコードを商業用レコードとして複製する行為や複製された商業用レコードを頒布する行為等につき、1年以下の懲役若しくは100万円以下の罰金又はその併科を定めている[54]。

　なお、両罰規定の適用による法人処罰の法定刑は100万円以下の罰金である（124条1項2号）。

3　出所明示義務違反（122条）

　122条は、48条及び102条2項所定の出所明示義務に違反した者は、50万円以下の罰金に処すると定める。

　両罰規定の適用による法人処罰も同じ50万円以下の罰金である（124条

おいて当該複製、頒布、所持又は申出を行った者は除かれる。
51　ここでは、8条各号において保護を受けるレコードに該当するものは除かれる。
52　当該締約国の法令に基づいて設立された法人及び当該締約国に主たる事務所を有する法人を含む。
53　ここでも8条各号のいずれかに該当するものは除かれる。
54　田中・前掲注（39）253頁。

1項2号)。

　本条は、48条及び102条の定める出所明示義務の履行を確保するため、出所明示義務違反に対し罰金刑を定めている。

　なお、出所明示義務違反が氏名表示権侵害にも該当する場合、同一の行為が著作者人格権等侵害罪（119条2項1号）にも該当することになるため、その場合には、同罪と本罪との観念的競合（刑法54条1項前段）として法定刑の重い著作者人格権等侵害罪により処断される[55]。

4　秘密保持命令違反（122条の2）

　114条の6は、著作者人格権、著作権、出版権、実演家人格権又は著作隣接権の侵害に係る訴訟における裁判所の秘密保持命令を定める。これに違反した者は、5年以下の懲役若しくは500万円以下の罰金又はその併科に処せられる（122条の2）。

　両罰規定の適用による法人処罰は3億円以下の罰金である（124条1項1号）。

　本条は、秘密保持命令の実効性を確保する観点から設けられた。

　同様の規定は、特許法200条の2、実用新案法60条の2、意匠法73条の2、商標法81条の2、不正競争防止法21条2項6号にも定められている。

55　田中・前掲注（39）254頁。

著作権法の主な罰則一覧

行為者	行為	罰条	法定刑
著作権等の侵害者	著作権、出版権又は著作隣接権を侵害したこと（30条1項、113条1項〜6項を除く）	119条1項 ＊親告罪 （除外規定123条）	10年以下の懲役若しくは1000万円以下の罰金又は併科
		法人処罰 124条1項1号	3億円以下の罰金刑
著作者人格権等の侵害者	著作者人格権又は実演家人格権を侵害したことなど	119条2項1号	5年以下の懲役若しくは500万円以下の罰金又は併科
		法人処罰 124条1項2号	500万円以下の罰金
自動複製機器を提供した者	著作権、出版権又は著作隣接権の侵害となる著作物又は実演等の複製に使用させた	119条2項2号	5年以下の懲役若しくは500万円以下の罰金又は併科
		法人処罰 124条1項2号	500万円以下の罰金
113条1項により著作権等を侵害する行為とみなされる行為をした者	113条1項の規定により著作権、出版権又は著作隣接権を侵害する行為とみなされる行為を行ったこと	119条2項3号	5年以下の懲役若しくは500万円以下の罰金又は併科
113条2項により著作権を侵害する行為とみなされる行為をした者	113条2項により著作権を侵害する行為とみなされる行為をしたこと	119条2項4号	5年以下の懲役若しくは500万円以下の罰金又は併科
		法人処罰 124条1項1号	3億円以下の罰金刑
有償著作物等違法ダウンロード者	有償著作物等を違法にダウンロードしたこと	119条3項	2年以下の懲役若しくは200万円以下の罰金又は併科
60条又は101条の3に違反した者	著作者又は実演家が死亡した後における著作者人格権又は実演家人格権を侵害したこと	120条	500万円以下の罰金
		法人処罰 124条1項2号	
技術的保護手段回避装置等の公衆譲渡等をした者	技術的保護手段回避装置等の公衆に譲渡等をしたこと	120条の2第1号	3年以下の懲役若しくは300万円以下の罰金又は併科
技術的保護手段等の回避等を行った者	技術的保護手段の回避又は技術的利用制限手段の回避を行ったこと	120条の2第2号	
権利管理情報に係る著作者人格権等侵害とみなされる行為を行った者	113条4項の規定により著作者人格権、著作権、実演家人格権又は著作隣接権を侵害する行為とみなされる行為を行ったこと	121条の2第3号 ＊親告罪	
国外頒布目的商業用レコードの輸入等により著作権等の侵害とみなされる行為を行った者	113条6項の規定により著作権又は著作隣接権を侵害する行為とみなされる行為を行ったこと	121条の2第4号 ＊親告罪	
		法人処罰 124条1項2号	300万円
著作者名を詐称した複製物の頒布者	著作者名を詐称した複製物を頒布したこと	121条	1年以下の懲役若しくは100万円以下の罰金又は併科

商業用レコードの複製等をした者	商業用レコードの複製等をしたこと	121条の2 ＊親告罪	1年以下の懲役若しくは100万円以下の罰金又は併科
		法人処罰 124条1項2号	100万円以下の罰金
出所明示義務に違反した者	48条及び102条2項所定の出所明示義務に違反したこと	122条	50万円以下の罰金
		法人処罰 124条1項2号	
秘密保持命令違反者	秘密保持命令に違反したこと（国外犯規定あり）	122条の2 ＊親告罪 （国外犯を除く）	5年以下の懲役若しくは500万円以下の罰金又は併科
		法人処罰 124条1項1号	3億円以下の罰金

特許法

――特許権侵害、詐欺、虚偽表示等の罪

●特許法とは

　特許法（昭和34年法律第121号）は、知的財産法のひとつとして、「発明の保護及び利用を図ることにより、発明を奨励し、もって産業の発達に寄与することを目的」としている（1条）。

　特許制度は、新しい技術を公開した者に対し、その代償として一定の期間、一定の条件の下に特許権という独占的な権利を付与し、他方、第三者に対してはこの公開された発明を利用する機会を与えるものである（公開代償説）[1]。

　わが国では、欧米の特許制度を参考にして、明治4年に専売略規則（明治4年太政官布告第175号）が制定されたが、見るべき成果のないまま、翌年、施行が中止された。その後、特許制度整備の必要性が認識され、明治18年に専売特許条例（明治18年太政官布告第7号）が制定され、明治32年には、工業所有権の保護に関するパリ条約への加入を目的として特許法が制定さ

---

[1] 特許庁編「特許法」『工業所有権法（産業財産権法）逐条解説〔第20版〕』11頁（2016年）。https://www.jpo.go.jp/system/laws/rule/kaisetu/kogyoshoyu/document/cikujyoukaisetu/tokkyo_all.pdf（最終アクセス2019年5月）

れた（明治32年法律第36号）。大正10年には特許法の全面改正が行われ（大正10年法律第96号）、先発明主義から先願主義への移行などがなされた。昭和34年に現行法となる特許法の全面改正が行われ（昭和34年法律第121号）、発明の定義規定や損害賠償の特則規定が新たに導入された[2]。

特許法において、「発明」とは、自然法則[3]を利用した技術的思想の創作のうち高度のものをいう（2条1項）。特許法の目的に照らすと、特許法により保護されるべき発明は、当事者により反復可能な程度に客観化されたものを要するというのが自然法則の利用という要件の趣旨である[4]。

発明には、①物の発明、②方法の発明、③物を生産する方法の発明とがある。

発明した者（発明者）及びその承継人は、特許を取得できる（29条1項、34条1項）。

発明は、その技術的内容が、その技術分野における通常の知識を有する者が反復実施して目的とする技術効果をあげることができる程度にまで具体的・客観的なものとして構成されたときに完成する[5]ことから、発明者とは、自然法則を利用した高度な技術的思想の創作に関与した者、すなわちその技術的思想を当事者が実施できる程度にまで具体的・客観的なものとして構成する創作活動に関与した者をいう[6]。

---

2 その後も、特許法は技術革新や社会・経済状況の変化、国際的ハーモナイゼーションの観点から、漸次、法改正が行われた。主要なものとして、昭和45年法律第91号による出願公開制度及び出願審査請求制度の導入、昭和50年法律第46号による物質特許制度の導入、昭和62年法律第27号による改善多項制及び存続期間延長制度の導入、平成6年法律第116号による付与後異議申立制度の創設、平成10年法律第51号及び平成11年法律第41号による権利侵害における民事救済及び刑事罰の強化、平成14年法律第24号による間接侵害規定の拡充、平成15年法律第47号による異議申立制度の廃止・無効審判制度への統合、平成16年法律第79号による職務発明制度の改正及び無効の抗弁の導入、平成23年法律第63号による通常実施権の当然対抗制度及び冒認、特許権の移転登録制度の導入、平成26年法律第36号による異議申立制度の復活、令和元年法律第3号による査証制度の創設などがある。『法律学小辞典〔第5版〕』（有斐閣・2016年）参照。
3 自然法則とは、自然界において経験的に見出される反復可能で、客観化された法則をいう。最判平成12・2・29民集54巻2号709頁。
4 小泉直樹『知的財産法』7頁（弘文堂・2018年）。
5 最判昭和52・10・13民集31巻6号805頁参照。
6 小泉・前掲注（4）25頁。

「発明」は特許権の保護客体であるが、特許権の保護を受けるための「特許発明」（2条2項）となるためには、産業上の利用可能性（29条1項）や新規性（29条1項1～3号）・進歩性（29条2項）という特許要件を備えなければならない[7]。

　また、発明者は特許を受ける権利をもつ（出願権）が、特許権の保護を受けるためには、発明を完成させただけでは足りず、発明を特許庁に出願し、実体審査を経て、権利の設定登録を受けることが必要である（36条、47条、66条1項）[8]。

　特許権は、知的財産権のひとつであり、主に有体物を客体とする刑法の規定を適用ないし準用することは罪刑法定主義に照らして困難であることから、特許権侵害がなされた場合に罰則規定を設けている[9]。

●特許権の直接侵害の罪

　特許法は、特許権又は専用実施権を侵害した者は、10年以下の懲役若しくは1000万円以下の罰金に処し、又はこれを併科する（196条）と定める。通常実施権は含まれない。

　本条は特許権又は専用実施権を侵害した者に対する罰則を定めたものである。

　なお、101条の規定により特許権又は専用実施権を侵害する行為とみなされる行為、いわゆる間接侵害を行った者は除かれている[10]。間接侵害の

---

[7] 詳細については、小泉・前掲注（4）11～18頁参照。
[8] 特許権は、特許出願から20年の存続期間内において、業として特許発明を独占的に実施することのできる権利をいう。
[9] 実用新案権法、商標法、意匠法などの知的財産権において、罰則規定が設けられているのも同様の理由による、
[10] 平成18年の意匠法等の一部を改正する法律（平成18年法律第55号）2条による改正（以下「平成18年の一部改正」という）前の旧196条では、特許発明を実施した者及び101条の規定により侵害とみなされる行為をした者に対して、同じ罰則が定められていたが、平成18年の一部改正において、特許権又は専用実施権を侵害した者から、101条の規定により特

場合については、196条の2により処罰される。

「侵害」したとは、正当な権限なく、業として[11]、他人の特許発明の技術的範囲に属するものを実施することをいう[12]。

特許権者は、業として特許発明の実施をする権利を専有し（68条本文）、その特許権について専用実施権を設定したときは、専用実施権者がその特許発明の実施をする権利をその範囲で専有する（68条但書）。したがって、特許権又は専用実施権を「侵害した者」とは、正当な権限なく、業として、他人の特許発明内容全体を実施する行為（直接侵害）をした者をいう。

「実施」とは、次に掲げる行為をいう（2条3項）。すなわち、物（プログラム等を含む。以下同じ）の発明にあっては、その物の生産[13]、使用[14]、譲渡

　許権又は専用実施権を侵害する行為とみなされる行為を行った者が除外され、196条の2で新たに処罰されることとなった。

　　懲役刑の上限は、旧法下から5年とされていたが、平成18年の一部改正において、侵害行為に対する抑止効果や他の財産犯にかかる法定刑との均衡などを勘案し、10年に改正された。罰金額の上限は、旧法では5万円であったところ、昭和34年法では経済犯に関するほかの立法例を参照して50万円と改められ、平成5年の特許法等の一部を改正する法律（平成5年法律第26号）1条・附則7・9条による改正では、物価水準の上昇等の経済的状況の変化に鑑みて500万円に改正され、さらに、平成18年の一部改正において、侵害行為に対する抑止効果等を勘案し、1000万円に改正された。

　　また、旧法下から、特許権又は専用実施権の侵害者に対しては、懲役刑か罰金刑のいずれかが課せられていたが、抑止効果を高める観点から、平成18年の一部改正において、懲役刑と罰金刑の併科が導入された。

　　なお、平成10年の特許法等の一部を改正する法律（平成10年法律第51号）1条・附則9・11条による改正（以下「平成10年の一部改正」という）前の旧2項は、特許権等は、概ね、①私益であること、②人格権的な要素が含まれること等を理由として親告罪とされていたが、現在では、私益ではあっても、研究開発費が増大している中、侵害によって権利者が被る被害は甚大になっていること、出願人の割合は法人が主となっており、人格権の保護という色彩が薄まっていること、また、刑事訴訟法235条の告訴期間の制約があること等から、平成10年の一部改正において、旧2項は削除され、特許権又は専用実施権の侵害罪は非親告罪となった。

11　「業として」という文言は、196条に規定されていないが、68条が特許権の効力について「特許権者は、業として特許発明の実施をする権利を専有する」と規定していることから、196条の要件であると解される（中山信弘・小泉直樹編『新・注解特許法　下巻〔第2版〕』3207頁〔森﨑博之・岡田誠〕（青林書院・2017年）。原田國男「特許法・実用新案法・意匠法・商標法」伊藤榮樹ほか編『注釈特別刑法　第5巻II』157頁（立花書房・1984年）は、業としての意味について、業としてとは、個人的又は家庭内での利用を除くという趣旨であり、一般には反復継続の意思をもってする行為をいうが、ここでは反復継続の意思のない1回の実施であっても業に当たるとする。

12　森﨑・岡田・前掲注（11）3207頁。

13　物の「生産」とは、発明の構成要件に充足しない物を素材として発明の構成要件のすべて

等(譲渡[15]及び貸渡し[16]をいい、その物がプログラム等である場合には、電気通信回線を通じた提供を含む)、輸出若しくは輸入又は譲渡等の申出(譲渡等のための展示を含む)をする行為(1号)、方法の発明にあっては、その方法の使用をする行為(2号)、物を生産する方法の発明にあっては、2号に掲げるもののほか、その方法により生産した物の使用、譲渡等、輸出若しくは輸入又は譲渡等の申出をする行為(3号)である。

そこで、第三者が特許権者から実施を許諾されていないにもかかわらず、業として特許発明を実施などする場合は、特許権の侵害となる[17]。なお、特許発明たる方法の実施を妨害し、又は特許発明たる物を破壊するなどの行為は、民法上の不法行為など他の法令に違反する可能性はあるとしても、特許権の侵害とは言えない。

特許権が侵害されたかの判断にあたっては、特許発明の特許請求の範囲を構成要件に分節し、対象製品又は方法をこれと対比し、その構成要件をすべて充足しているか(文言侵害)、あるいは、一部の構成を異にするが特許発明の特許請求の範囲に記載された構成と実質的に同一であるか(均等侵害)を判断する[18]。

  を充足する物を新たに作り出す行為をいう。小泉・前掲注(4)64頁。
  101条2号にいう「物の生産」について、大阪地判平成24・9・27判時2188号108頁。
14 物の「使用」とは、発明の目的を達するような方法でその発明に係る物を用いることをいう。小泉・前掲注(4)64頁。
  物として同一であっても、特許物と異なる目的又は効果を奏するように使用することは、使用に当たらないが、主観的意図において異なる目的で使用する場合でも、客観的に特許物と同一の効果を奏する限り、使用に当たるとされる。原田・前掲注(11)158頁。
15 物の「譲渡」といえるためには、物の所有権移転と特許に係る物の占有移転がなければならない。
16 物の「貸渡し」とは、有償又は無償で貸与することをいう。小泉・前掲注(4)65頁。
17 特許権につき無効理由がある場合でも、審決又は判決手続において無効とされない限り、特許権は有効であるから、特許の無効を理由として侵害行為の成立を否定できないのが原則である。森﨑・岡田・前掲注(11)3207頁。
18 小泉・前掲注(4)70頁。
  均等侵害とは、特許請求の範囲と異なる部分がある場合であっても、①特許発明の本質的な部分ではなく、②置き換えても特許発明の目的を達成でき、同一の作用効果を有するものであって、③置き換えることにより、当該発明の属する技術の分野における通常の知識を有する者が、対象製品等の製造等の時点において容易に想到することができたものであり、④対象製品等が、特許出願時における公知技術と同一又は当業者が出願時に容易に推考できた

「技術的範囲」にあると言えるためには、特許出願の際に特許庁長官に提出した願書に添付した特許請求の範囲の記載を基準として、同一性がなければならない[19]。

　特許法196条は、故意犯の規定であり、侵害罪が成立するためには、行為者において、その行為が他人の特許権又は専用実施権を侵害することの認識が必要であり、かつそれで足りる。

　行為者が特許権の存在を知らない場合には故意は阻却される。

　また特許公報に公示された特許権は、一応世間に知られたと考えられるべきものではあるが、事実これを知らない場合には、故意は阻却される。他方、特許権者又は専用実施権者から警告を受けている場合には、それ以後の行為について特段の事情がない限り、故意は阻却されないことになろう。また、特許権につき無効理由がある場合に、無効理由があることを知っていた場合には、故意が否定される余地があるものとされる[20]。

　なお、特許法196条については、両罰規定が適用され、法人に対しては3億円以下の罰金を科せられる（201条1項1号）[21]。

ものではなく、かつ、⑤対象製品等が特許発明の特許出願手続において特許請求の範囲から意識的に除外されたものに当たるなどの特段の事情もないときは、特許請求の範囲に記載された構成と均等なものとして扱うという考え方である。最判平成10・2・24民集52巻1号113頁。

19　民事における特許権侵害差止等請求事件において、最判平成10・2・24（前掲注（18））は、明細書の特許請求の範囲に記載された構成中に他人が製造等をする製品又は用いる方法と異なる部分が存する場合であっても、その部分が特許発明の本質的部分ではなく、その部分をその製品等におけるものと置き換えても特許発明の目的を達することができ同一の作用効果を奏するものであって、そのように置き換えることに当該発明の属する技術の分野における通常の知識を有する者がその製品等の製造等の時点において容易に想到することができたものであり、製品等が特許発明の特許出願時における公知技術と同一又はその者がこれからその出願時に容易に推考できたものではなく、かつ、その製品等が特許出願手続において特許請求の範囲から意識的に除外されたものに当たるなどの特段の事情もないときは、その製品等は、特許請求の範囲に記載された構成と均等なものとして、特許発明の技術的範囲に属するものと解するべきであるという「いわゆる均等論」を採用している。

　青森地判昭和40・12・22判タ187号209頁は、「畑用犁」の製作・販売が特許権の侵害に当たらないとした事例である。

20　森﨑・岡田・前掲注（11）3208頁。

21　平成10年の一部改正前の旧2項は、特許権等は、概ね、①私益であること、②人格権的な要素が含まれること等を理由として親告罪とされていたが、現在では、私益ではあっても、研究開発費が増大している中、侵害によって権利者が被る被害は甚大になっていること、出

●特許権等の間接侵害の罪

　特許法 196 条の 2 は、101 条の規定により特許権又は専用実施権を侵害する行為とみなされる行為を行った者は、5 年以下の懲役若しくは 500 万円以下の罰金に処し、又はこれを併科すると定める[22]。

　特許発明の内容一部のみの実施や、異なる態様での実施は特許権の侵害とはならないこととなることから、特許発明の内容全体の実施に至らない場合でも、特許権侵害を誘発する可能性が高い態様の行為（間接侵害）について、特許権侵害に当たるとみなして禁止している（101 条）。

　こうした侵害品の生産にのみ使用する物を生産する行為等は、同行為自体によって直接的に権利者の損害を発生させる行為ではなく、あくまで直接侵害行為の予備的・幇助的行為と位置付けられる[23]。

　間接侵害には、①特許が物の発明についてされている場合において、業として、その物の生産にのみ[24]用いる物の生産、譲渡等若しくは輸入又は譲渡等の申出をする行為（101条1号）[25]、②特許が物の発明についてされている場合において、その物の生産に用いる物（日本国内において広く一般に流通しているものを除く）であってその発明による課題の解決に不可欠なものにつき、その発明が特許発明であること及びその物がその発明の実施に用いられることを知りながら、業として、その生産、譲渡等若しくは輸入又は譲渡等の申出をする行為（同条2号）、③特許が物の発明についてされて

　　願人の割合は法人が主となっており、人格権の保護という色彩は薄まっていること、また、刑事訴訟法（235 条）における告訴期間の制約（犯人を知った日から 6 月以内）の問題等から、平成 10 年の一部改正において、旧 2 項は削除され、特許権又は専用実施権の侵害罪は非親告罪となった。特許庁編・前掲注（1）647 頁。
22　平成 18 年の一部改正で新設された規定である。
23　特許庁編・前掲注（1）648 頁、森﨑＝岡田・前掲注（11）3211 頁。
24　大阪地判平成 14・4・25（平成 11 年（ワ）第 5104 号）では、特許法 101 条 1 号にいう「のみ」とは、社会通念上、経済的、商業的又は実用的であると認められる他の用途がないことを要すると説示している。
25　例えば、特許になっているテレビの完成品の組み立てに必要な一切の物をセットで輸入するような行為がこれに該当する。http://www.meti.go.jp/policy/ipr/ipr_qa/qa05.html（最終アクセス 2019 年 5 月）

いる場合において、その物を業としての譲渡等又は輸出のために所持する行為（同条3号）、④特許が方法の発明についてされている場合において、業として、その方法の使用にのみ用いる物の生産、譲渡等若しくは輸入又は譲渡等の申出をする行為（同条4号）、⑤特許が方法の発明についてされている場合において、その方法の使用に用いる物（日本国内において広く一般に流通しているものを除く）であってその発明による課題の解決に不可欠なものにつき、その発明が特許発明であること及びその物がその発明の実施に用いられることを知りながら、業として、その生産、譲渡等若しくは輸入又は譲渡等の申出をする行為（同条5号）、⑥特許が物を生産する方法の発明についてされている場合において、その方法により生産した物を業としての譲渡等又は輸出のために所持する行為（同条6号）がある。

　侵害品の生産にのみ使用する物を生産する行為等は、同行為自体によって直接的に権利者の損害を発生させる行為ではなく、あくまで直接侵害行為の予備的・幇助的行為と位置付けられるので、直接侵害行為についての罰則規定である特許法196条よりも法定刑が軽微になっていると考えられる[26]。

　また。特許法196条の2には両罰規定が適用され、法人に対しては3億円以下の罰金を科せられる（201条1項1号）。

●詐欺の行為の罪

　特許法197条は、「詐欺の行為により特許、特許権の存続期間の延長登録[27]、特許異議の申立て[28]についての決定又は審決[29]を受けた者は、3年以

26　森﨑・岡田・前掲注（11）3212頁。
27　特許法67条2項、67条の2ないし4、68条の2、125条の2参照。
28　特許法113条〜120条の8参照。平成26年の特許法等の一部を改正する法律（平成26年法律第36号）1・附則13・15・16条による改正において、特許異議申立制度が創設されたことに伴い、詐欺の行為により特許異議の申立ての決定を受けた者に対しても刑罰の対象に含められた。

下の懲役又は 300 万円以下の罰金に処する」と定める。

　本条は、詐欺の行為の罪について規定したものである。ここでいう「詐欺」とは、刑法 246 条が定める財産犯としての詐欺罪とは性質を異にするものであり、人を欺いて財物を交付させるものではない。

　「詐欺の行為」とは、特許庁審査官又は審判官等を錯誤に陥れるような行為や虚偽の証拠書類を提出するなどして、人を欺罔して錯誤に陥れ、その結果、審決等の処分行為をさせる行為をいう[30]。

　例えば、審査官を欺いて虚偽の資料を提出し、特許要件を欠く発明について特許を受けた場合などには、国家の権威、機能という国家的法益が害されることになるので、罰則が設けられたのである[31]。

　本条の罪は国家的な法益を侵害するものであるため、非親告罪とされている。

　審査官又は審判官が錯誤に陥っているのを利用して特許を受けたような場合については、相手方の錯誤を利用して、ことさらに事実を隠して特許を受ける場合などにも本罪が成立するとの見解もあるが、職権審査主義の特許手続では、審査機関が詐欺の行為を看破すべきであって、審査官の錯誤に乗じただけの不作為までも処罰すべきではなく、虚偽の証拠書類を提出するなどの作為の場合に限るべきとする見解を妥当としよう[32]。

　「特許を受けた」とは、単に特許査定を受けただけでは足りず、特許登録を受けることを要する。特許登録を受けた特許権について、後に無効審決が確定した場合でも本罪が成立する[33]。

29　特許、特許権の存続期間の延長登録又は審決以外の処分とは、詐欺その他不正な手段により除斥、忌避の決定を受けた場合に関しては、これらの決定はいずれも中間処分であるから、そのような決定が審決にも影響を与え、審決そのものが本条の構成要件に該当するにいたったときにはじめて刑罰の対象とすれば足りる。罪刑法定主義の見地からしても、決定を受けた者を本条によって処罰することはできない。特許庁編・前掲注（1）649 頁。
30　森﨑・岡田・前掲注（11）3213 頁など。
31　特許庁編・前掲注（1）649 頁。
32　石川惣太郎「特許法」平野龍一ほか編『注解特別刑法 4　経済編〔第 2 版〕』71 頁（青林書院・1991 年）、森﨑・岡田・前掲注（11）3214 頁。
33　森﨑・岡田・前掲注（11）3215 頁。

「審決」とは、特許法に規定されている審決をいう。審決を受けていればよく、確定までは必要ない。自己に利益になる審決を受けた場合が可罰の対象となり不利な審決を含まないものと解されている[34]。

　また、他人の発明を冒認して特許を受ける行為について、詐欺の行為といえるかについて、197条は、特許を与えるべきか否かの技術的判断のみを誤らせるような行為を処罰する趣旨に基づくとする立場から、この場合には犯罪を構成しないとする考え方がある。もっとも、冒認が詐欺の行為に該当しないとすれば、冒認して得た特許を実施することは犯罪とはならないことから、冒認者が処罰されないことになるが、本条の趣旨にてらせばこのように処罰を限定すべきではないと考えられる[35]。

　本罪については、両罰規定が適用され、法人に対しては1億円以下の罰金が科せられる（201条1項2号）[36]。

●虚偽表示の罪

　特許法198条は、「188条の規定に違反した者は、3年以下の懲役又は300万円以下の罰金に処する」と定める。

---

[34] 審査の段階が特許査定と拒絶査定とがあるにもかかわらず、特に特許査定を受けた場合のみを本条の刑罰の対象としていることを理由とするとされる。特許庁編・前掲注（1）649頁。森﨑・岡田・前掲注（11）3215頁。

[35] 原田・前掲注（11）180頁。
　　特許原簿の不実記載罪も成立するが、不実記載罪は権利義務関係を公証する原本の証明力を害する行為であることから、本条の詐欺の罪とは観念的競合となる。

[36] 詐欺の行為については、出願人等から特許庁に提出される書面は大量であり、その書面の大半は真正なものであると考えられること、ユーザーからは迅速な処理が求められていること、審査官、審判官が詐欺の行為を発見することは実際上非常に困難であること等から、罰則が充分に抑止力をもったものであることが必要である。特に、①行為主体が法人の場合は、詐欺の行為により取得した権利を利用して獲得する利益は、個人の場合に比してはるかに大きいと考えられる。②過去の出願割合を見ても、法人の出願が圧倒的に多く、その大半が大企業であり、規模の大きい法人が行為主体となる可能性が高いことから平成11年の一部改正において法人に対する罰金額の上限が引き上げられている。なお罰金の上限については、自然人と法人との資力格差、侵害罪の罰金額の上限等に鑑み、1億円とされた。特許庁編・前掲注（1）657頁。

特許法188条は、「何人も、次に掲げる行為をしてはならない」として、虚偽表示の禁止規定を設けている。本条は、社会の取引の安全及び特許制度の信頼を保護法益とする。

特許法188条は、特許に係る物以外の物やその生産・使用・譲渡等の広告あるいは方法の発明におけるその方法以外の方法の使用・譲渡等に関する広告に特許表示あるいはこれと紛らわしい表示をする行為を禁止し、もって取引秩序に混乱を生じないようにしたものである[37]。

そこで、特許法188条に違反する行為をすることが本条の処罰の対象となる具体的な違反行為としてあげられているのは、①特許に係る物以外の物又はその物の包装に特許表示又はこれと紛らわしい表示を付する行為（188条1号）、②特許に係る物以外の物であって、その物又はその物の包装に特許表示又はこれと紛らわしい表示を付したものの譲渡等又は譲渡等のための展示をする行為（同2号）、③特許に係る物以外の物の生産若しくは使用をさせるため、又は譲渡等をするため、広告にその物の発明が特許に係る旨を表示し、又はこれと紛らわしい表示をする行為（同3号）、④方法の特許発明におけるその方法以外の方法を使用させるため、又は譲渡し若しくは貸し渡すため、広告にその方法の発明が特許に係る旨を表示し、又はこれと紛らわしい表示をする行為（同4号）である[38]。

本罪は、故意犯であり、特許法188条に定める行為をすることを認識し、認容することが故意の内容となる。

本罪は、社会の取引の安全及び特許に対する信頼の確保を保護することから非親告罪である。

本罪については、両罰規定が適用され、法人に対しては1億円以下の罰

---

[37] 森﨑・岡田・前掲注（11）3217頁。
[38] 例えば、ある鉛筆がなんら特許に係らない物である場合に、1号はその鉛筆に特許表示を付する行為、2号は特許表示を付した鉛筆を譲渡する行為、3号は鉛筆を製造させるため広告にその鉛筆が特許権の対象である旨を表示する行為である。4号は実際には製造方法が特許の対象ではないにもかかわらず広告にその鉛筆の製造法が特許権の対象である旨を表示する行為である。特許庁編・前掲注（1）650頁。

金が科せられる（201条1項2号）[39]。

● 偽証等の罪

特許法199条1項は、「この法律の規定により宣誓した証人、鑑定人又は通訳人が特許庁又はその嘱託を受けた裁判所に対し虚偽の陳述、鑑定又は通訳をしたときは、3月以上10年以下の懲役に処する」と定める。

本条1項は、特許法における偽証等の罪について規定したものであるが、刑法に定める偽証罪と同旨である。しかしながら、特許法199条2項は、刑法170条が「前条の罪を犯した者が、その証言をした事件について、その裁判が確定する前又は懲戒処分が行われる前に自白したときは、その刑を減軽し、又は免除することができる」と定めるが、査定、決定及び審決は「裁判」には該当しないので、刑法170条ではこれに適用できないことから特に規定が設けられたのである[40]。

虚偽の陳述とは証人の記憶に反する陳述であり、内容が客観的真実に合致しているかどうかは問わない。虚偽の鑑定とは鑑定人の所信に反する意見ないしは判断の陳述であり、真実との一致不一致が問題にならないのは

---

[39] 虚偽表示は、製品に虚偽の表示を付すことによって需要者にそれが真正な特許製品であると誤認させて、経済的取引を行うことを主な目的とする行為である。したがって、①処罰対象となる法人業務主には、一定の品質の製品を製造できるような相当程度技術的に高度な製造能力が必要であることから、規模の大きい法人である場合が多いと考えられる。②こうした大規模法人は、大量生産という方式を採り、大量の製品を流通させるための販売力を備えている可能性が高く、虚偽表示を行った場合の社会的影響は大きくなると考えられること。また、③保護法益が重なる部分があると考えられる不正競争防止法の品質誤認惹起行為（2条1項19号）に対する罰則には、すでに法人重課が導入されており、法的整合性という観点からも問題があるものと考えられることから、平成11年の一部改正において法人に対する罰金額の上限が引き上げられた。なお罰金額の上限については、自然人と法人との資力格差、侵害罪の罰金額の上限等に鑑み、1億円とされた。特許庁編・前掲注（1）657〜658頁。
[40] 旧法は「事件ノ査定又ハ審決ニ至ラサル前」と規定していたが、この表現だと審査の段階で偽証した者はその後事件が審判に係属した後に自白しても減免されないことになる。これは刑事政策上適当でないので199条2項は「事件の判定の謄本が送達され、又は特許異議の申立てについての決定若しくは審決が確定する前」と改められた。特許庁編・前掲注（1）651頁、森﨑・岡田・前掲注（11）3220頁。

偽証の場合と同様である[41]。

既遂時期は、虚偽の陳述がもはやその陳述を撤回できない段階（陳述全体が完了した時点）に既遂になると解される[42]。

●秘密を漏らした罪

特許法200条は、「特許庁の職員又はその職にあった者がその職務に関して知得した特許出願中の発明に関する秘密を漏らし、又は盗用したときは、1年以下の懲役又は50万円以下の罰金に処する」と定める。

国家公務員が職務上知ることができた秘密を漏らしたときは、国家公務員法100条1項・109条12号の適用があり、特許庁の職員も国家公務員であるから同法の規定の適用を受けうる。しかし、同法には発明の盗用を罰すべき旨の規定がなく、また、特殊の事務に従事する者が職務上知得した秘密を漏らした場合には、国家公務員法よりも重い刑罰を科することとして、本法が設けられた[43]。

特許庁の職員又はその職にあった者にのみ適用される（身分犯）。

「職務に関して知得した特許出願中の発明に関する」とは、「特許庁の職員又はその職にあった者がその地位に伴い公務として取り扱うべき一切の

41　なお、平成6年の一部改正により、特許異議申立ての審理において偽証の罪を犯した者が特許異議の申立てについての決定の確定前に自白した場合を、刑の減軽又は免除の対象として追加した。また、平成11年の一部改正において、判定制度について必要な手続規定の整備を行ったが、判定については、その結論に法的拘束力はないものの、当事者の紛争解決のための公的見解の表明であり、その判断作用は適正を期する必要があるため、特に証拠調べに関する規定の整備に伴い、判定の審理手続において証人等が偽証した場合を刑の減刑又は免除の対象として追加した。さらに、平成15年の一部改正において、特許異議申立制度が廃止されたことに伴い、該当箇所を削除したが、平成26年の一部改正において、特許異議申立制度が創設されたことに伴い、特許異議の申立ての審理において偽証の罪を犯した者が特許異議の申立てについての決定の確定前に自白した場合についても、刑の減軽又は免除の対象とすることとした。特許庁編・前掲注（1）652頁。
42　森﨑・岡田・前掲注（11）3221頁。
43　森﨑・岡田・前掲注（11）3223頁。

執務」という。なお、「職務に関し」とは、本来の職務行為のみならず、「職務と密接な関係のある行為」に関する場合も含む（最判昭 32・3・28 刑集 11 巻 3 号 1136 頁）[44]。

ここにいう「秘密」は、国家公務員法 100 条 1 項等に規定する「秘密」と同旨と解され、非公知の事実であって、実質的にもそれを秘密として保護するに値するものをいう[45]。

「漏らし」とは、秘密を知らない第三者へこれを知らせることをいう[46]。

なお令和元年の改正により、中立な技術専門家が現地調査を行う制度（査証）が創設されたことに伴い（105 条の 2 以下）、査証人又は査証人であった者が査証に関して知得した秘密を漏らし、又は盗用したときは、1 年以下の懲役又は 50 万円以下の罰金に処することとされている（202 条の 2）。

●秘密保持命令違反の罪

特許法 200 条の 3 は、「秘密保持命令に違反した者は、5 年以下の懲役若しくは 500 万円以下の罰金に処し、これを併科する」と定める。

本条は、営業秘密の保護の実効性を確保するため、懲役刑と罰金刑による刑事罰の制裁を定めている[47]。

また、秘密保持命令違反の罪は親告罪とされている。秘密保持命令違反の罪の審理では、秘密保持命令の対象となった営業秘密の内容が審理に現れることが想定されるところ、刑事裁判手続が公開の法廷で審理されるこ

44　森﨑・岡田・前掲注（11）3224 頁。
45　森﨑・岡田・前掲注（11）3224 頁。出願中の発明であっても、出願公開になって秘密性を失ったときは、本罪は成立しない。また、出願公開されていない発明でも、特許庁長官が閲覧等を許したとき（特許法 186 条参照）も本罪は成立しない。
46　森﨑・岡田・前掲注（11）3224 頁。
47　平成 16 年の裁判所法等の一部改正により新設された規定であり、秘密保持命令による営業秘密の保護の実効性を確保する観点から、秘密保持命令違反の罪を定めるものである。なお、平成 17 年の不正競争防止法等の一部改正に伴って、懲役刑と罰金刑の併科が導入され、また、罰金額の上限が引き上げられた。特許庁編・前掲注（1）654 頁。

とは憲法上の要請であり、これを非公開にすることは刑事裁判の性質上困難であるため、秘密保持命令によって保護されるべき営業秘密が刑事裁判手続においていっそう侵害されるリスクを伴うことから、秘密保持命令違反の罪を親告罪とし、その訴追を営業秘密の保有者の意思にゆだねることとしたものである[48]。

秘密保持命令違反の罪により害を被った者、すなわちここでの被害者（刑訴法230条）は、当該秘密保持命令の対象となっている営業秘密の保有者を指す。

そして、営業秘密の国外使用・開示行為の処罰と同様に、営業秘密の保護法益の観点から考えれば、国外で営業秘密が開示されても、営業秘密の財産的価値が減少することに違いはないことから、秘密保持命令違反については、国外犯についても処罰の必要がある。また、秘密保持命令違反については、一般的な営業秘密の国外使用・開示行為とは異なり、その主体が訴訟当事者等に限定されるため、国際協調主義との関係でも、処罰の対象が不用意に広がることにはならない。加えて、同じ日本国内で行われている訴訟において、日本で管理されている営業秘密と外国で管理されている営業秘密を差別することは、司法秩序の維持という観点からは著しく合理性に欠ける。このため、秘密保持命令違反については、客体の限定を付さずに「日本国外で罪を犯した者」を処罰の対象としている（3項）[49]。

なお、秘密保持命令違反の罪には両罰規定が適用され、法人に対しては3億円以下の罰金が科せられる（201条1項1号）[50]。

48　特許庁編・前掲注（1）654〜655頁。
49　平成17年の不正競争防止法等の一部を改正する法律（平成17年法律第75号）2条による改正に伴って導入された。特許庁編・前掲注（1）655頁。
50　秘密保持命令違反の罪は、平成16年の裁判所法等の一部改正に伴って新設されたものであるが、秘密保持命令による営業秘密の保護の実効性を確保する観点から、秘密保持命令違反行為を行った者の属する法人に対しても、法人重課を導入し、法人に対する罰金額の上限を1億円としていた。しかし、その後、平成17年の不正競争防止法等の改正に伴って、秘密保持命令違反行為を行った者の属する法人に対する罰金額が引き上げられ、その上限を1億5000万円とし、さらに平成18年の一部改正においては、企業経営における特許権の重要性や、侵害による損害額が高額化している状況等を勘案し、罰金額の上限が3億円に引き上げられた。特許庁編・前掲注（1）658頁。

●両罰規定

　特許法201条1項は、法人の代表者又は法人若しくは人の代理人、使用人その他の従業者が、その法人又は人の業務に関し[51]、特許権侵害罪（196条、196条の2）、秘密保持命令違反の罪（200条の3）、特許詐欺罪（197条）、虚偽表示罪（198条）に掲げる規定の違反行為をしたときは、行為者を罰するほか、その法人に対して当該各号で定める罰金刑を、その人に対して各本条の罰金刑を科すると、両罰規定を定める[52]。

　刑罰は、196条、196条の2又は200条の3第1項の罪については、3億円以下の罰金刑（1号）、197条又は198条の罪については1億円以下の罰金刑（2号）である。

　両罰規定は、本法が定める違反行為が法人の代表者、人の代理人等によってなされたときは行為者とともにその法人又は人を罰することを定めるものである。ただし、刑罰のうち自由刑はその性質上法人には適用し得ないので、罰金刑のみが科せられている。

　201条2項は、1項の場合において、当該行為者に対してした200条の

---

[51] 「業務に関し」とは、実行行為者の行為が、業務主体である法人又は自然人の業務に関してなされることを意味する。森﨑・岡田・前掲注（11）3230頁。

[52] 特許法における両罰規定は、鉱業法194条（現152条）、独占禁止法95条、建設業法48条（現53条）等にならい、昭和34年法において新設された。その後、平成6年の一部改正において、仮保護の権利の侵害罪（旧196条2項）が削除されたことから、該当箇所が改正されている。

　工業所有権4法のうち商標権の侵害罪については、公益性が高いことに鑑み、平成8年の一部改正において、両罰規定において、法人に対する罰金刑を自然人に対するものよりも重く規定する、いわゆる法人重課が導入されている。しかしながら、特許権の侵害についても、①権原なく、業として発明等を実施（製造、販売等）する侵害行為は、法人企業の業務の一環として行われるものであること、②特許発明の実施には、通常、所要の製造能力が必要であるとともに、③侵害の主体が主に法人であるため、侵害によりもたらされる利益は、個人による場合に比べて高くなると予想されるが、法人に対する罰金の上限が500万円にとどまるのでは、その抑止に限界があることから、平成10年の一部改正において、特許法においても法人重課を導入し、法人に対する罰金額の上限を引き上げられた。なお、罰金額の上限は、先に導入された商標法とのバランスも考慮しつつ、自然人と法人との資力格差、企業経営における特許権の重要性、及び侵害による損害額が高額化している状況等に鑑み1億5000万円とされ、さらに平成18年の一部改正において3億円に引き上げられた。特許庁編・前掲注（1）656～657頁。

3 第2項の告訴は、その法人又は人に対しても効力を生じ、その法人又は人に対してした告訴は、当該行為者に対しても効力を生ずるものとするとしている。

　これは、1項に規定する両罰規定の場合においても、①行為者の罰則と同様に親告罪であることを確認的に明らかにするとともに、②共犯の場合の告訴不可分の原則（刑訴法238条1項）と同様に、秘密保持命令違反行為を行った者に対する告訴の効力が事業主に対しても不可分的に及ぶことを確認的に明らかにしたものである[53]。

　201条3項は、1項の規定により196条、196条の2又は200条の3第1項の違反行為につき法人又は人に罰金刑を科する場合における時効の期間は、これらの規定の罪についての時効の期間によるとしている。

　これは、1項の規定により、侵害行為者である自然人のほか、法人に罰金刑が適用される場合において、刑事訴訟法250条の規定により、自然人と法人とで公訴時効の期間が異なってしまう事態となることを避けるため、その場合には、法人についての時効の期間は、自然人の侵害罪についての時効の期間による旨を明確にした規定である[54]。

53　特許庁編・前掲注（1）658頁。
54　平成18年の一部改正において追加された。特許庁編・前掲注（1）658頁。

特許法の主な罰則一覧

行為者	行為	罰条	法定刑
特許権又は専用実施権を侵害した者（特許権又は専用実施権を侵害する行為とみなされる行為を行った者を除く）	特許権又は専用実施権の侵害	196条	10年以下の懲役若しくは1000万円以下の罰金又は併科
特許権又は専用実施権を侵害する行為とみなされる行為を行った者	特許権又は専用実施権のみなし侵害	196条の2	5年以下の懲役若しくは500万円以下の罰金又は併科
詐欺の行為により特許、特許権の存続期間の延長登録、特許異議の申立てについての決定又は審決を受けた者	詐欺行為	197条	3年以下の懲役又は300万円以下の罰金
188条の規定に違反（虚偽表示）した者	虚偽表示行為	198条	3年以下の懲役又は300万円以下の罰金
宣誓した証人、鑑定人又は通訳人	偽証等	199条1項	3月以上10年以下の懲役 ＊減免規定（199条2項）
特許庁の職員又はその職にあった者	秘密漏示・盗用	200条	1年以下の懲役又は50万円以下の罰金
査証人又は査証人であった者	秘密漏示・盗用	200条の2	
秘密保持命令に違反した者	秘密保持命令違反	200条の3	5年以下の懲役若しくは500万円以下の罰金 ＊親告罪（200条の3第2項） ＊国外犯（200条の3第3項）
法人・行為者	両罰規定	201条	196条、196条の2又は200条の3第1項 ⇨ 3億円以下の罰金刑（1項1号） 197条又は198条 ⇨ 1億円以下の罰金刑（1項2号） ＊告訴は、その法人又は人に対しても効力を生じ、その法人又は人に対してした告訴は、当該行為者に対しても効力を生ずるものとする（2項）。 ＊時効の期間は、これらの規定の罪についての時効の期間による（3項）。

商標法

―― 商標権の侵害と刑事罰

●商標法とは

　商標法（昭和34年法律第127号）は、事業者が、自社の取り扱う商品・サービスを他社のものと区別するために使用するマークである商標を保護する法律である。

　商標法は、商標を保護することにより、商標の使用をする者の業務上の信用の維持を図り、もって産業の発達に寄与し、あわせて需要者の利益を保護することを目的とするとしている（1条）。

　商標の保護とは、一定の商標を使用した商品又は役務が一定の出所から流出するということを保証し、取引上商品又は役務の混同を防止することである。したがって、商標保護による商標使用者の業務上の信用の維持は、ひいては需要者の利益の保護に通ずることになる[1]。この業務上の信用は有形の財産と同様に経済的価値を有する。

　商標を使用する者の業務上の信用を維持するという目的は、不正競争防

1　石川惣太郎「商標法」平野龍一ほか編『注解特別刑法4　経済編〔第2版〕』3頁（青林書院・1991年）。商標法は「需要者の利益の保護」を目的とする点において、特許法や実用新案法とは異なり公益の保護をも目的としていることから商標権侵害罪は親告罪とはされていない。

止法（平成5年法律第47号）も商標法も共通のものであるが、商標法が商標権を設定するという国家の行政処分を媒介としているのに対して、不正競争防止法が事業者間の公正な競争及びこれに関する国際約束の的確な実施を確保し、もって国民経済の健全な発展に寄与することとしているのと異なる。

商標を保護することは、一定の商標を使用した商品又は役務は必ず一定の出所から提供されるということを確保することになる[2]。

●商標

商標法にいう「商標」とは、人の知覚によって認識することができるもののうち、文字、図形、記号、立体的形状若しくは色彩又はこれらの結合、音その他政令で定めるもの（以下「標章」という）であって、①業として商品を生産し、証明し、又は譲渡する者がその商品について使用するもの（1号）及び②業として役務を提供し、又は証明する者がその役務について使用するもの（前号に掲げるものを除く）（2号）をいう（2条1項）[3]。

すなわち、「商標」は、事業者が自己の取り扱う商品・サービスを他人のものと区別するために使用するマーク（識識別標識）をいう[4]。

商標には、①出所表示機能[5]、②性質保証機能[6]、③広告宣伝機能[7]がある。

---

2 特許庁編『工業所有権法（産業財産権法）逐条解説〔第20版〕』1380頁（特許庁・2016年）。
3 大阪地判昭和46・3・3無体財産権関係民事・行政裁判例集3巻1号80頁は、商標法2条1項にいう「商標」は、少なくとも社会通念上商品の個性の標識と認めるに値するものであることを必要とするが、それが具体的に商品のいかなる個性を表彰するための標識であるかは問うところではなく、商品の出所に限らず、その普通名称、品質、効能、使用方法その他当該商品における何らかの個性の識別に奉仕するものと認められる限り、すべてこれに該当すると説示している。
4 小泉直樹『知的財産法』163頁（弘文堂・2018年）。
5 一定の商標を付した商品や役務（サービス）が一定の出所から流出していることを示す機能をいう。これにより、誰の商品・役務であるかを需要者に伝えることができる。https://www.jpaa.or.jp/cms/wp-content/uploads/2018/11/trademark-function-and-

「商標」は、文字、図形、記号、立体的形状のいずれか、これらを組み合わせたものか[8]、さらに色彩を組み合わせたもの、とされていたが、特許法等の一部を改正する法律（平成26年5月14日法律第36号）により、商標法が改正され、色彩のみからなる商標、音商標など、これまで商標として登録し保護することができなかったものが、2015年4月1日より、いわゆる「新しいタイプ」の商標として「音商標」、「色彩商標」、「位置商標」、「動き商標」及び「ホログラム商標」として登録できることとなった。

商標法でいう「商品」とは、商取引の目的とすることができる物である[9]。

電気、熱、光のような無体物、特許権・著作権等の知的財産は商標法上の商品ではないとされているが、電子出版物やコンピュータプログラム等の電子情報財は商品に含まれる。「役務」は、他人のために行う労務又は便益であって、独立して商取引の目的とすることができるものをいう。必ずしも営利を目的とする必要はなく、学校や病院等の非営利事業であっても、独立して反復継続して提供されるものは、役務となる。一方、例えば、学校内でのサークル活動や自社内での社員研修のように、独立して経済取引の対象とならないものは、ここでいう役務とはならない[10]。

---

trademark-registration.pdf（最終アクセス2019年5月）
6 同一の商標を使用した商品や役務（サービス）には同一の品質があることを保証する機能をいう。
7 需要者に商標を手掛かりとして購買意欲を起こさせる機能をいう。
8 東京地判平成9・3・24判タ962号268頁は、「ポロプレーヤー」の図形及び「RALPHLAUREN」の文字からなる結合商標（本件登録商標）について、被告会社の業務に関し、これに類似する商標を付したポロシャツ、Tシャツ等を販売、譲渡のために所持して、本件登録商標権を侵害したという事案であるが、図形と文字の結合商標の類否判断の方法について、それが分離可能で、それぞれ識別機能を持つような場合は、図形と文字を分離して観察した上、さらに全体としてその結合商標が出所につき誤認混同を生ずるおそれがある程度に登録商標と似ているか否かを判断するとして商標の類似性を認定した。
9 大阪地判昭和61・12・25無体財産権関係民事・行政裁判例集18巻3号599頁は、商標法上の「商品」は本来的に流通性を有するものであることを予定しているものと解しなければならないとして、飲食店内で顧客に提供される料理は商標法上の「商品」には該当しないとした。
10 「小売及び卸売の業務において行われる顧客に対する便益の提供」については、商品販売に伴うサービスであって独立した取引対象ではないが、商標法上の役務として同2項に明文規定されていることから、例えば、店舗の看板、店員の制服、ショッピングカート等にする店

商標法　43

「標章」とは、商標の構成要素となりえるものの総称である。すなわち、「人の知覚によって認識することができるもののうち、文字、図形、記号、立体的形状若しくは色彩又はこれらの結合、音その他政令で定めるもの」[11]（2条1項）をいう。

●商標権及び専用使用権

商標権とは、登録商標[12]を指定商品又は指定役務について排他的独占的に使用できる権利をいう（25条）。

商標権は、特許庁に商標出願して、審査を経て、商標登録原簿に登録されることにより発生する（18条1項）[13]（登録主義）。商標権の存続期間は、設定の登録の日から10年間であり（19条1項）、更新することができる（同2項）。商標権の譲渡に制限はない。

商標権者は、指定商品又は指定役務について登録商標の使用をする権利を専有する（25条）。すなわち登録を受けた商品や役務について、当該商標の使用を独占する権利である。商標権者は、専用権を実効あるものとするために、登録商標の類似範囲の商標を第三者が使用することを禁止することができる（37条）。

商標登録出願は、商標の使用をする商品又は役務を指定して、商標ごとにしなければならない。この指定は、商標法施行令（及び商標法施行規則）で定める商品及び役務の区分に従ってしなければならない（6条1項・2項）。

名等の表示は、商標として保護される。
11　政令に委任することとしたのは、わが国における将来的な保護ニーズの高まりに迅速に対応し保護対象に追加することができるようにするためである。特許庁編・前掲注（2）1384頁。
12　登録商標とは、商標登録を受けている商標をいう（2条5項）。
13　①自己と他人の商品・役務（サービス）とを区別することができないもの、②公共の機関の標章と紛らわしい等公益性に反するもの、③他人の登録商標や周知・著名商標等と紛らわしいものは、商標登録することができない（4条）。

これを「指定商品」、「指定役務」という[14]。

　商標権者は、その商標権について専用使用権を設定することができる（30条1項）。ここにいう専用使用権とは、設定行為で定めた範囲内において、指定商品又は指定役務について登録商標を排他的独占的に使用できる権利をいう（同条2項）。もっとも、商標権について専用使用権を設定したときは、専用使用権者がその登録商標の使用をする権利を専有する範囲については、この限りでない（25条但書）とされるので、商標権者といえども、専用使用権が設定された範囲内では、その使用権を制限されることになる。

　専用使用権設定の効力は、設定の登録を受けなければ生じない（30条4項、特許法98条1項2号）。

●商標権の侵害

1　商標権の直接侵害行為の処罰

　商標法78条は、商標権又は専用使用権を侵害した者（37条又は67条の規定により商標権又は専用使用権を侵害する行為とみなされる行為を行った者を除く）は、10年以下の懲役若しくは1000万円以下の罰金に処し、又はこれを併科することと定める。

　商標権の侵害とは、他人の登録商標をその指定商品又は指定役務について使用する行為（25条）、及び他人の登録商標の類似範囲において使用する行為（37条1～8号）をいう[15]。

　何ら使用の権限がない者が、指定商品又は指定役務について商標登録を受けている商標である登録商標と同一の商標を使用したときは、商標権の直接侵害行為となる[16]。

14　「指定商品」の例としては、時計、かばん類、被服等がある。また、「指定役務」の例としては、広告、輸送、電気通信等がある。
15　小泉・前掲注（4）202頁。
16　登録商標と使用された商標の同一性については、一般に、捜査関係事項照会書（刑訴法

2　商標権の間接侵害行為の処罰

商標法78条の2は、37条又は67条の規定により商標権又は専用使用権を侵害する行為とみなされる行為を行った者については、5年以下の懲役若しくは500万円以下の罰金に処し、又はこれを併科すると定める。

商標法37条は、①指定商品若しくは指定役務についての登録商標に類似する商標の使用又は指定商品若しくは指定役務に類似する商品若しくは役務についての登録商標若しくはこれに類似する商標の使用（1号）[17]、②指定商品又は指定商品若しくは指定役務に類似する商品であって、その商品

197条2項）により特許庁へ照会し、登録商標と同一の商標であるか、類似の商標であるかについて判断を求めている。

最決昭和41・6・10刑集20巻5号429頁は、登録商標を表示するラベルが貼付されている舶来洋酒の空瓶に和製洋酒を詰め、バーのカウンターに並べて客に飲ませていたという事案で、商標が「コニャック」を指定商品として登録されている場合、これを和製の「ブランデー」に使用する行為は、指定商品に類似する商品についての登録商標の使用として商標法37条1号により商標権の侵害とみなされるのではなく、指定商品に登録商標を使用したものとして同法78条の商標権を侵害する行為に当たるとした。この決定は、商標法（昭和34年法律第127号）に関する最高裁として初めての判断である。

最決平成12・2・24刑集54巻2号67頁は、37条2号に関して、商標の付された電子部品がいわゆるパチスロ機の構成部品である主基板に装着された場合において、その商標はパチスロ機の外観上は視認できないが、パチスロ機の流通過程において、元の外観及び形態を保っている電子部品とともに、中間の販売業者やパチンコ店関係者に視認される可能性があったなどの事実関係の下では、その商標は、電子部品が主基板に装着されてパチンコ機に取り付けられた後であっても、なお電子部品についての商品識別機能を保持しており、商標の付された電子部品をパチスロ機の主基板に取り付けて販売する目的で所持し、又はパチスロ機を譲渡するそれぞれの行為について、商標権侵害罪が成立するとした。

下級審では、大阪地判平成5・1・13判タ840号244頁は、衣料品の製造を目的とする会社の従業員とその販売を目的とする会社の代表取締役である被告人らが共謀のうえ、アメリカ合衆国法人が被服などを指定商品として登録を受けている、同国のプロバスケットボールチームのシンボルマークを、トレーナーの胸部中央部ないし背部にプリントして使用し、かつ、そのうち一部を販売及び販売の目的で所持したという事案で、商標法78条の商標権を侵害する行為に該当するとした。また、千葉地判平成29・5・18判時2365号118頁は、基本ソフト（OS）を「脱獄」と呼ばれるOSの改造によって、真正商品では利用できないアプリをインストールして利用することができるように不正に改造した米社のスマートフォン「iPhone」をネットで販売した被告人が商標法違反などの罪に問われた事案で、裁判所は、不正な改造によりiPhoneのスマートフォンとしての機能に重要な変更を加えるものとして、商標権侵害罪が成立するとした（なお、本件では、私電磁的記録不正作出・同供用幇助の成立も認めている）。

17　本号は、2号以下とは異なり目的が要件とされていない。なお、偽ブランド品販売事犯において、登録商標と同一の商標を指定商品に付して販売する場合は、直接侵害行為となるが、類似商標を付した場合は本号に該当する。

又はその商品の包装に登録商標又はこれに類似する商標を付したものを譲渡、引渡し又は輸出のために所持する行為（2号）[18]、③指定役務又は指定役務若しくは指定商品に類似する役務の提供にあたりその提供を受ける者の利用に供する物に登録商標又はこれに類似する商標を付したものを、これを用いて当該役務を提供するために所持し、又は輸入する行為（3号）[19]、④指定役務又は指定役務若しくは指定商品に類似する役務の提供にあたりその提供を受ける者の利用に供する物に登録商標又はこれに類似する商標を付したものを、これを用いて当該役務を提供させるために譲渡し、引き渡し、又は譲渡若しくは引渡しのために所持し、若しくは輸入する行為（4号）[20]、⑤指定商品若しくは指定役務又はこれらに類似する商品若しくは役務について登録商標又はこれに類似する商標の使用をするために登録商標又はこれに類似する商標を表示する物を所持する行為（5号）[21]、⑥指定商品若しくは指定役務又はこれらに類似する商品若しくは役務について登録商標又はこれに類似する商標の使用をさせるために登録商標又はこれに類似する商標を表示する物を譲渡し、引き渡し、又は譲渡若しくは引渡しのた

---

[18] 本号は、1号に至る前の段階の譲渡、引渡し又は輸出のための所持を規制するものである。指定役務に類似する商品とは、「時計の修理」を指定役務とした場合、商品である「時計」が該当する。なお、偽ブランド事犯における販売目的所持は、本号違反に当たる。
　　最決昭和46・7・20刑集25巻5号739頁は、食品の販売業者である被告人らが、パチンコ店に景品のハイ・ミーを卸売していたところ、いわゆる景品買をして客から回収したハイ・ミーが、そのままでは古物として安くしか売れないところから、新品に見せかけて再び業者に卸売するための手段として登録商標「ハイ・ミー」が無断印刷されている段ボール紙箱に古い「ハイ・ミー」を詰めて封印を施し正当の権限なくして指定商品の包装に登録商標を付し、新しいものであるかのように装って、販売する目的で所持していたという事案で、「正当な権限がないのに指定商品の包装に登録商標を付したものを販売する目的で所持する場合、その中身が商標権者自身の製品でしかも新品であることは、商標法37条2号・78条の罪の成立になんら影響を及ぼさない」とし、また「特段の美観要素がなく、もっぱら運搬用商品保護用であるとしても、商品を収容している容器としての段ボール箱は、商標法37条2号にいう『商品の包装』にあた」るとした。
[19] 本号は、2条3項4号の使用をする目的での所持行為を対象としている。役務の提供にあたりその提供を受ける者の利用に供する物とは、例えば、飲食店、レストランの食器、箸類が当たる。
[20] 本号は、3号の前段階である譲渡し、譲渡のための所持等行為を対象としている。
[21] 本号は、商品又は役務に供する物として完成される前段階の行為を規制するものであり、商標を表示する物としては、エンブレム、ラベル、襟ネーム、ロゴシール、ロゴが印刷された包装紙等が考えられる。なお、単に所持するだけでは足りず、使用する目的が必要である。

めに所持する行為（6号）[22]、⑦指定商品若しくは指定役務又はこれらに類似する商品若しくは役務について登録商標又はこれに類似する商標の使用をし、又は使用をさせるために登録商標又はこれに類似する商標を表示する物を製造し、又は輸入する行為（7号）[23]、⑧登録商標又はこれに類似する商標を表示する物を製造するためにのみ用いる物を業として製造し、譲渡し、引き渡し、又は輸入する行為（8号）[24]について、商標権又は専用使用権を侵害するものとみなすとしている[25]（みなし侵害）。

商標権侵害罪は故意犯である。ここで故意とは、商標権侵害罪の認識をいうが、具体的には、登録商標又は指定商品若しくは指定役務の存在及びこれと同一又は客観的に類似した商標、商品又は役務の使用等の事実の認識である[26]。

22　本号は、5号の前段階である譲渡し、譲渡のための所持等行為を対象としている。
23　本号は、自ら使用し又は第三者に使用させるために、商標を表示する物を製造又は輸入する行為を対象としている。一方、製造又は輸入した物を自ら使用する目的で所持していれば5号に、使用させる目的の下、譲渡する意図で所持していれば6号に該当することから、本号が適用されるのは、例えば、情を知らない第三者に委託して製造を完成させたものの、その引渡しを受けていない場合等がある。
24　本号は、登録商標又はこれに類似する商標を表示する物しか製造できない物、例えば、ロゴやマークの印刷用原版、金型あるいは刻印等を業として製造するなどの行為が当たる。
25　石川・前掲注（1）38頁以下参照。
26　商標権侵害罪の罪数について、最決昭和30・10・18刑集9巻11号2245頁は、同一の商標権を侵害した場合であっても、それが犯人の別個の意思決定に基き、共犯者及び場所を異にして行われたときは、これを各別に観察し、数罪の成立を認むべきであって、被害法益が同一であるからといって他の要素を無視し一罪とするわけにはいかない旨を説示した原判決を正当であるとしている。
　その後、最決昭和41・6・10（前掲注（16））は、商標法78条の商標権を侵害する犯行は、それが継続して行われたときは、登録商標1個ごとに包括一罪となり、また、その行為が、別個の登録商標を表示するラベルが2個貼付されている空瓶にその内容を詰めかえる方法により行われたときは、観念的競合の関係に立つと解すべきであるとする。
　もっとも、東京高判平成10・5・6東高刑時報49巻1-12号22頁は、同一の店舗において、同一の登録商標に類似する商標を付した一群の商品を譲渡のために展示するとともに、同時にその登録商標に類似する商標を付した一群の商品を譲渡のために所持したことにつき、包括して1個の商標権侵害行為が成立すると説示する。

●その他の罰則

1 詐欺の行為の罪

商標法79条は、「詐欺の行為により商標登録、防護標章登録、商標権若しくは防護標章登録に基づく権利の存続期間の更新登録、登録異議の申立てについての決定又は審決を受けた者は、3年以下の懲役又は300万円以下の罰金に処する」と定める[27]。

本条は、詐欺の行為の罪について規定したものである。ここでいう「詐欺」とは、刑法246条が定める財産犯ではないことから、人を欺いて財物を交付させるものではない。商標登録等にあたって、特許庁審査官や審判官を欺罔する行為をいう。

「詐欺の行為」とは、例えば、審査官を欺いて虚偽の資料を提出し、商標権を得た場合などである。

本罪で可罰行為であっても、その登録又は審決の効力はそれによって影響されない[28]。

本条の罪は国家的な法益を侵害するものであるため非親告罪である。

2 虚偽表示の罪

商標法80条は、「第74条の規定に違反した者は、3年以下の懲役又は300万円以下の罰金に処する」と定める。

本条は、虚偽表示の罪について規定したものである。

商標法74条は、虚偽表示について定める。

3 偽証等の罪

商標法81条1項は、「この法律の規定により宣誓した証人、鑑定人又は通訳人が特許庁又はその嘱託を受けた裁判所に対し虚偽の陳述、鑑定又は

---

27 特許法197条参照。
28 特許庁編・前掲注（2）1740頁。

通訳をしたときは、3月以上10年以下の懲役に処する」と定める。

本条は、商標法における偽証の罪について規定したものである。

刑法170条に定める「裁判」に、商標登録における査定、決定及び審決が該当しないことから、ここに偽証等の罪について規定されたものである。

虚偽の陳述とは証人の記憶に反する陳述であり、内容が客観的真実に合致しているかどうかは問わない。虚偽の鑑定とは鑑定人の所信に反する意見ないしは判断の陳述であり、真実との一致不一致が問題にならないのは偽証の場合と同様である。

なお、同条2項は、「前項の罪を犯した者が事件の判定の謄本が送達され、又は登録異議の申立てについての決定若しくは審決が確定する前に自白したときは、その刑を減軽し、又は免除することができる」と定めている[29]。

4　秘密保持命令違反の罪

商標法81条の2第1項は「第39条において準用する特許法第105条の4第1項の規定（第13条の2第5項において準用する場合を含む。）による命令に違反した者は、5年以下の懲役若しくは500万円以下の罰金に処し、又はこれを併科する」と定める[30]。

秘密保持命令による営業秘密の保護の実効性を確保する観点から、秘密保持命令違反の罪を定めるものである[31]。

商標法39条は、特許法105条の4の規定を準用するとし、特許法105条の4第1項は、特許権又は専用実施権の侵害に係る訴訟において、裁判

29　平成8年の一部改正において登録後の異議申立制度を導入したことに伴い、登録異議申立ての審理において宣誓をした者が偽証をした場合であって、登録異議申立てについての決定が確定する前に自白したときには、刑を減軽し又は免除することができる旨の規定が2項に追加された。

30　商標法で特許法200条が定める「秘密を漏らした罪」と同旨の規定は設けられていない。これは特許法が発明の独創性をきわめて重大視し、その漏洩による出願人の損害が大きいことに比べ、商標法では商標の独創性は問題とはならないことによる。特許庁編・前掲注（2）1744頁。

31　平成16年の裁判所法等の一部改正により新設された規定である。

所が決定で秘密保持を命ずることができると定めている(なお、商標法13条の2第5項において、設定の登録前の金銭的請求権等も含まれる)。

本条は、秘密保持命令によって保護されるべき営業秘密が刑事裁判手続において侵害されるリスクを伴うことから親告罪とされている(同条2項)[32]。

また、日本国外において81条の2第1項の罪を犯した者にも適用がある(同条3項)[33]。

●両罰規定

商標法82条柱書は、「法人の代表者又は法人若しくは人の代理人、使用人その他の従業者が、その法人又は人の業務に関し、次の各号に掲げる規定の違反行為をしたときは、行為者を罰するほか、その法人に対して当該各号で定める罰金刑を、その人に対して各本条の罰金刑を科する」として、①78条、78条の2又は81条の2第1項に違反した場合には、3億円以下の罰金刑(82条1項1号)、②79条又は80条に違反した場合には、1億円以下の罰金刑(同項2号)が、両罰規定として法人に対して科せられる[34]。

商標権の設定は、業務上の信用の維持を図ることにより取引秩序の維持や産業の発達に寄与しつつ、需要者の利益保護を図るものであり、これを侵害する罪は、国民経済に与える影響が大きいことから、平成8年の商標法一部改正において商標権の侵害の罪について法人処罰規定が設けられ

---

32 特許庁編・前掲注(2)654頁参照。ここでの告訴権者は秘密保持命令の対象となっている営業秘密の保有者である。

33 平成17年の不正競争防止法等の一部改正に伴って、1項において懲役刑と罰金刑の併科が導入され、罰金額の上限が引き上げられるとともに、3項において国外犯も処罰の対象に追加された。

34 東京高判平成14・6・11高刑速平成14年68頁は、商標法82条の両罰規定の罰金額の上限が500万円から1億5000万円に変更したのは、法人である業者が不当な利益を得る目的で組織的に商標権を侵害する事例が多く発生し、得られる利益も多額で反復累行されることが多く、従来の罰金額では抑止効果が弱いこと等にかんがみ改正されたものであり、原判決が同条の「業務に関し」の意義を「当該行為が一般的、外形的に事業主の業務に属することが必要でありかつそれで十分である」と解釈したのは、正当として是認できるとしている。

た[35]。

　同条2項は、「前項の場合において、当該行為者に対してした前条第2項の告訴は、その法人又は人に対しても効力を生じ、その法人又は人に対してした告訴は、当該行為者に対しても効力を生ずるものとする」として、行為者の罰則と同様に親告罪であること及び行為者に対する告訴の効力が事業主に対しても不可分的に及ぶことを確認的に明らかにしている[36]。

　さらに同3項は、「第1項の規定により第78条、第78条の2又は前条第1項の違反行為につき法人又は人に罰金刑を科する場合における時効の期間は、これらの規定の罪についての時効の期間による」と定める。

　本項は、1項の規定により、侵害行為者である自然人のほか、法人に罰金刑が適用される場合において、刑事訴訟法250条の規定により、自然人と法人とで公訴時効の期間が異なってしまう事態となることを避けるため、その場合には、法人についての時効の期間は、自然人の侵害罪についての時効の期間による旨の規定である[37]。

●偽ブランド商品の罰則（不正競争防止法との関係）

　営業上の信用という財産権を保護する観点から商標法と不正競争防止法とは密接な関係にある。商標法等の産業財産権法が客体に権利を付与するという方法（権利創設）により知的財産の保護を図るものであるのに対し、不正競争防止法は、混同惹起行為、著名表示冒用行為を規制するという方

35　その後、平成11年に特許法等の一部を改正する法律（平成11年法律第41号）4・5条による改正において、特許法に合わせるかたちで79条（詐欺の行為の罪）又は80条（虚偽表示の罪）の罪にも拡大され、また同様に平成16年裁判所法等の一部を改正する法律（平成16年法律第120号）7条による改正で、81条の2が追加された。特許庁編・前掲注（2）1743頁。

36　本項は、裁判所法等の一部を改正する法律（平成16年法律第120号）7条により新設された。特許庁編・前掲注（2）1744頁。

37　本項は、意匠法等の一部を改正する法律（平成18年法律第55号）4条による改正で追加された。

21条2項 混同惹起行為（1号）と著名表示冒用行為（2号）

知名度・認知度	表示の範囲	混同の有無	行為態様	
需要者の間に広く認識されている	同一若しくは類似	他人の商品又は営業と混同を生じさせる	他人の商品等表示として	使用し、又はその商品等表示を使用した商品を譲渡し、引き渡し、譲渡若しくは引渡しのために展示し、輸出し、輸入し、若しくは電気通信回線を通じて提供
他人の著名			自己の商品等表示として	

法（行為規制）により、いずれも知的財産の保護を図るものである。

そこで不正競争防止法における混同惹起行為及び著名表示冒用行為の罰則について概説する。

不正競争防止法21条2項1号は、「不正の目的をもって第2条第1項第1号又は第20号に掲げる不正競争を行った者」（混同惹起行為）を、同項2号は「他人の著名な商品等表示に係る信用若しくは名声を利用して不正の利益を得る目的で、又は当該信用若しくは名声を害する目的で第2条第1項第2号に掲げる不正競争を行った者」（著名表示冒用行為）について、5年以下の懲役若しくは500万円以下の罰金に処し、又はこれを併科すると定める[38]。

商標法違反と不正競争防止法違反の罪とは観念的競合の関係となる[39]。

---

[38] 例えば、偽ブランド商品の販売の事案では商標権の間接侵害と不正競争防止法の混同惹起行為に該当する。

[39] 大阪高判昭和52・4・28判時880号102頁、東京地判昭和62・10・22判時1258号143頁、岡山地判平成28・2・29（平成27(わ)448号）。

意匠法

——意匠権の侵害と刑事罰

● **意匠法とは**

　意匠法（昭和34年法律第125号）は、意匠の保護及び利用を図ることにより、意匠の創作を奨励し、もって産業の発達に寄与することを目的とする（1条）。

　意匠の創作は、特許法における発明、実用新案法における考案と同じく、抽象的なものである。しかし、発明、考案が自然法則を利用した技術的思想の創作であり、特許法、実用新案法はその側面からの保護を目的としているのに対し、意匠法は美感の面からアイデアを把握し、これを保護しようとするものである[1]。

● **意匠とは**

　意匠法において、「意匠」とは、物品（物品の部分を含む）[2]の形状、模様

1　特許庁編「特許法」『工業所有権法（産業財産権法）逐条解説〔第20版〕』1151頁（2016年）。

若しくは色彩若しくはこれらの結合、建築物の形状又は画像であって、視覚を通じて美感を起こさせるものをいう（2条1項）。

「物品」とは、有体物である動産をいう。令和元年の改正により、この「物品」（動産）に加え、「建築物」（不動産。建築物の外観・内装のデザイン）も意匠法の保護対象とされた[3]。

同様に本改正により、物品に記録・表示されていない画像も保護対象とされた。「画像」は、機器の操作の用に供されるもの又は機器がその機能を発揮した結果として表示されるものに限り、画像の部分を含むと規定されている（2条1項）[4]。

「美感」とは、美に対する感覚のことであるが、美感は音楽のように聴覚を通じて起こる場合もあるが、「意匠」については視覚を通じて起こる場合に限られる。

2　平成10年の一部改正で「物品の部分」が加えられ、部分意匠として意匠登録の対象となった。
　　ただし、同時に使用される2以上の物品であって経済産業省令で定めるもの（以下「組物」という）を構成する物品に係る意匠（組物の意匠）は、組物全体として統一があるときは、一意匠として出願をし、意匠登録を受けることができるので、この場合は、2条にいう「物品」から除かれる。「組物の意匠」の保護の価値はその全体の組み合わせが有する美感にあることから、「組物の意匠」については、部分に係る創作を評価する部分意匠の出願は認めないものとしたものである。特許庁編・前掲注（1）1153〜1154頁。

3　「特許法等の一部を改正する法律」（令和元年5月17日法律第3号）。昨今、店舗デザインに投資して独創的な意匠を凝らし、ブランド価値を創出して製品・サービス等の付加価値や競争力を高める事例が見られるようになっており、建築物についても、ブランド価値の創出の観点からデザインの重要性が高まっていることから、建築物の外観・内装のデザインも意匠法の保護対象とされた。内装については新設された法8条の2参照。産業構造審議会など「産業競争力の強化に資する意匠制度の見直しについて（平成31年2月）」https://www.jpo.go.jp/resources/shingikai/sangyo-kouzou/shousai/isho_shoi/document/isyou_seido_190215_minaoshi/01.pdf（最終アクセス2019年5月）参照。

4　「特許法等の一部を改正する法律」（前掲注（3））。物品に記録・表示されていない画像とは、クラウド上に保存されネットワークを通じて提供される画像、道路に投影された画像などをいう。上記改正前においては、権利範囲を明確化する観点から、保護対象となる意匠と物品との関連性を強く求めてきた。しかし、近年のIoT等の新技術の浸透に伴い、画像については、物品との関連性による制約が実態と合わなくなっていることから、物品との関連性にかかわらず保護対象とすることとされたものである。前掲注（3）「産業競争力の強化に資する意匠制度の見直しについて」、経済産業省「特許法等の一部を改正する法律案の概要（平成31年3月）」https://www.meti.go.jp/press/2018/03/20190301004/20190301004-1.pdf（最終アクセス2019年5月）参照。

意匠は、特許庁に意匠登録することで保護される。

意匠登録には、①工業上利用することができる意匠であること（3条1項柱書）、②新規性を有する意匠であること（同条1項1〜3号）、③容易に創作できるものでない意匠であること（同条2項）、④先願意匠の一部と同一又は類似の後願意匠でないこと（3条の2）[5] が要件となる。

なお、①公の秩序又は善良の風俗を害するおそれがある意匠（5条1号）、②他人の業務に係る物品建築物又は画像と混同を生ずるおそれがある意匠（同条2号）、③物品の機能を確保するために不可欠な形状若しくは建築物の用途にとって不可欠な形状のみからなる意匠又は画像の用途にとって不可欠な表示のみからなる意匠（同条3号）は、意匠登録を受けることができない。

意匠権は、登録によって発生する（20条1項）。意匠権を得た者は、業として登録意匠及びこれに類似する意匠の実施をする権利を専有することができる（23条本文）[6]。

意匠権の存続期間は設定の登録の日から最長25年である（21条1項）。

●意匠権の侵害と刑事罰

意匠法69条は、「意匠権又は専用実施権を侵害した者（第38条の規定により意匠権又は専用実施権を侵害する行為とみなされる行為を行った者を除く。）は、10年以下の懲役若しくは1000万円以下の罰金に処し、又はこれを併科する」と定める[7]。

---

[5] https://www.jpo.go.jp/system/laws/rule/guideline/design/shinsa_kijun/document/isyou_kijun/02_01.pdf（最終アクセス2019年5月）

[6] ただし、その意匠権について専用実施権（27条）を設定したときは、専用実施権者がその登録意匠及びこれに類似する意匠の実施をする権利を専有する範囲については除かれる（23条但書）。

[7] なお、平成5年の一部改正において、特許法と同様の理由から、罰金額の引上げがなされた（70条から73条まで及び75条から77条までも同様）。また、平成10年の一部改正に

本条は意匠権又は専用実施権を侵害した者[8]に対する罰則を定めたものである[9]。

　意匠法69条の2は、「38条の規定により意匠権又は専用実施権を侵害する行為とみなされる行為を行った者は、5年以下の懲役若しくは500万円以下の罰金に処し、又はこれを併科する」と定める。

　本条は、38条[10]に規定される侵害とみなされる行為に対する侵害の罪についての規定である。

　本条は、侵害の予備的又は幇助的行為のうち、直接侵害を誘発する蓋然性が極めて高い一定の行為を意匠権の侵害とみなす規定である。なお、その「物品の製造にのみ用いる物」と極めて限定的な規定が設けられているのは、本条における濫用を防ぐためである。

　　おいて、特許法と同様、旧2項が削除され、本条の罪は非親告罪となった。さらに平成18年の一部改正において、特許法と同様の理由から、意匠権又は専用実施権を侵害した者から、38条の規定により意匠権又は専用実施権の侵害とみなされる行為を行った者が除外され、懲役刑の上限が10年、罰金額の上限が1000万円に引き上げられ（みなし侵害行為を除く）、懲役刑と罰金刑の併科が導入された。

8　なんらの権原なくして、①意匠に係る物品の製造、使用、譲渡、貸渡し、輸出若しくは輸入又は譲渡若しくは貸渡しの申出をする行為、②意匠に係る建築物の建築、使用、譲渡若しくは貸渡し又は譲渡若しくは貸渡しの申出をする行為、③意匠に係る画像（その画像を表示する機能を有するプログラム等を含む）について、(a)意匠に係る画像の作成、使用又は電気通信回線を通じた提供若しくはその申出をする行為、(b)意匠に係る画像を記録した記録媒体又は内蔵する機器の譲渡、貸渡し、輸出若しくは輸入又は譲渡若しくは貸渡しの申出をする行為（2条2項）をした者をいう。

9　東京地判昭和37・8・7判夕136号61頁は、海難品である東芝トランジスターラジオの金型（東芝の商標権及び意匠権を有する商標及び意匠によるもの）等を取得した者がその金型等によりトランジスターラジオの製造販売をした行為が意匠法及び商標法違反に当たるとした。

10　令和元年改正前38条は、①業として、登録意匠又はこれに類似する意匠に係る物品の製造にのみ用いる物の生産、譲渡等若しくは輸入又は譲渡等の申出をする行為（専用品型間接侵害）、②登録意匠又はこれに類似する意匠に係る物品を業としての譲渡、貸渡し又は輸出のために所持する行為（模倣品拡散防止型間接侵害）の2つの間接侵害を規定していたが、近年、例えば、意匠権を侵害する製品の完成品を構成部品（非専用品）に分割して輸入することにより、意匠権侵害を回避する等、輸入手口が巧妙になっていることから、特許法同様、多機能品型間接侵害が改正により導入された（改正法38条参照）。前掲注（3）「産業競争力の強化に資する意匠制度の見直しについて」参照。

●その他の罰則

① 意匠法70条「詐欺の行為により意匠登録又は審決を受けた者は、1年以下の懲役又は100万円以下の罰金に処する」

詐欺の行為の罪について規定したものである。例えば、審査官を欺いて虚偽の資料を提出し、意匠登録を受けるなどの行為である。

本条は、国家的な法益を侵害するものであることから、非親告罪である。

② 意匠法71条「第65条の規定に違反した者は、1年以下の懲役又は100万円以下の罰金に処する」

意匠法65条は、①登録意匠若しくはこれに類似する意匠に係る物品、建築物又は画像若しくは画像記録媒体等以外の物品若しくはその包装、建築物又は画像若しくは画像記録媒体等若しくはその包装に意匠登録表示又はこれと紛らわしい表示を付する行為（65条1号）、②登録意匠又はこれに類似する意匠に係る物品、建築物又は画像若しくは画像記録媒体等以外の物品、建築物又は画像若しくは画像記録媒体等であって、当該物品若しくはその包装、建築物又は画像若しくは画像記録媒体等若しくはその包装に意匠登録表示又はこれと紛らわしい表示を付したものについて行う法に該当する行為（同2号）、③登録意匠又はこれに類似する意匠に係る物品、建築物又は画像若しくは画像記録媒体等以外の物品、建築物又は画像若しくは画像記録媒体等について行う法に該当する行為（同3号）、をしてはならないと虚偽表示の禁止を定めている。

本条は、意匠法65条が虚偽表示となる場合を具体的に列挙していることから、これを受けて罰則を設けたものである。

③ 意匠法72条「この法律の規定により宣誓した証人、鑑定人又は通訳人が特許庁又はその嘱託を受けた裁判所に対し虚偽の陳述、鑑定又は通訳をしたときは、3月以上10年以下の懲役に処する」

本条は、偽証の罪についての規定である。

刑法170条に定める「裁判」に、意匠登録における査定、決定及び審決

が該当しないことから、意匠法における偽証等の罪について規定されたものである。

なお、同条2項では、「前項の罪を犯した者が事件の判定の謄本が送達され、又は登録異議の申立てについての決定若しくは審決が確定する前に自白したときは、その刑を減軽し、又は免除することができる」と定めている。

④ **意匠法73条「特許庁の職員又はその職にあった者がその職務に関して知得した意匠登録出願中の意匠に関する秘密を漏らし、又は盗用したときは、1年以下の懲役又は50万円以下の罰金に処する」**

本条は、秘密を漏らした罪について規定したものである。

特許庁職員も国家公務員であることから、国家公務員法により処罰する（国家公務員法100条、109条）ことができるものの、意匠登録という事務に従事する者が職務上知得した秘密を漏らした場合には、国家公務員法よりも重い刑罰を科することとして、国家公務員法とは別に規定を置くこととしたものとされる[11]。

⑤ **意匠法73条の2第1項「第41条において準用する特許法第105条の4第1項**（第60条の12第2項において読み替えて準用する同法第65条第6項において準用する場合を含む。）**の規定による命令に違反した者は、5年以下の懲役若しくは500万円以下の罰金に処し、又はこれを併科する」**

意匠法41条は、特許法の準用を定めており、特許法105条の4第1項では、裁判所の秘密保持命令を定める。

本条は、意匠権等の侵害に係る訴訟において、営業秘密を含む準備書面や証拠について、当該訴訟の追行の目的以外の目的への使用や訴訟関係人以外の者への開示を禁ずることにより、営業秘密を訴訟手続に顕出することを容易にし、営業秘密の保護及び侵害行為の立証の容易化を図り、併せて審理の充実を図るものである[12]。

---

11 特許庁編・前掲注（1）653、1313頁参照。
12 平成16年の裁判所法等の一部改正により新設された。なお、平成17年の不正競争防止法

本条は、保護されるべき営業秘密が刑事裁判手続において侵害されるリスクを伴うことから親告罪とされている（同条2項）[13]。

　また、日本国外において1項の罪を犯した者にも適用がある（同条3項）。

●両罰規定

　意匠法74条柱書は、「法人の代表者又は法人若しくは人の代理人、使用人その他の従業者が、その法人又は人の業務に関し、次の各号に掲げる規定の違反行為をしたときは、行為者を罰するほか、その法人に対して当該各号で定める罰金刑を、その人に対して各本条の罰金刑を科する」として、①69条、69条の2又は73条の2第1項に違反した場合には、3億円以下の罰金刑（74条1項1号）、②70条又は71条に違反した場合には、3000万円以下の罰金刑（同項2号）が、両罰規定として法人に対して科せられる。

　同条2項は、「前項の場合において、当該行為者に対してした前条第2項の告訴は、その法人又は人に対しても効力を生じ、その法人又は人に対してした告訴は、当該行為者に対しても効力を生ずるものとする」として、行為者の罰則と同様に親告罪であること及び行為者に対する告訴の効力が事業主に対しても不可分的に及ぶことを確認的に明らかにしている[14]。

　そして、同条3項は、「第1項の規定により第69条、第69条の2又は前条第1項の違反行為につき法人又は人に罰金刑を科する場合における時効の期間は、これらの規定の罪についての時効の期間による」と定める。

　　等の一部改正において、秘密保持命令に違反する罰則が5年以下の懲役又は500万円以下の罰金へ引き上げられ、懲役刑と罰金刑を併科することが可能となったことに合わせ、1項が改正され、同改正において日本国外において営業秘密を使用、開示する行為を処罰する規定が追加されたことに合わせ、3項が追加された。特許庁編・前掲注（1）1314頁。
[13]　特許庁編・前掲注（1）654頁参照。ここでの告訴権者は秘密保持命令の対象となっている営業秘密の保有者である。
[14]　本項は、平成16年の裁判所法等の一部改正に伴って新設された。特許庁編・前掲注（1）1744頁。

本項は、1項の規定により、侵害行為者である自然人のほか、法人に罰金刑が適用される場合において、刑事訴訟法250条の規定により、自然人と法人とで公訴時効の期間が異なってしまう事態となることを避けるため、法人についての時効の期間は、自然人の侵害罪についての時効の期間による旨を定めるものである[15]。

---

[15] 平成18年法律第55号による意匠法等の一部を改正する法律において追加された。
https://www.jpo.go.jp/system/laws/rule/kaisetu/h18/document/tokkyo_kaisei18_55/4-3.pdf（最終アクセス2019年5月）

実用新案法

——実用新案権の侵害、虚偽表示の罪等

●実用新案法とは

　実用新案法（昭和34年法律第123号）は、物品の形状、構造[1]又は組合せに係る考案の保護及び利用を図ることにより、その考案を奨励し、もって産業の発達に寄与することを目的とする（1条）。

　特許法は「発明」の保護と利用を図るとされているが、実用新案法では、「物品の形状、構造又は組合せに係る」考案の保護と利用を図るとされていて、保護の対象に限定が付されている。また特許法では技術的思想の創作のうち高度のものを発明と定義しているが、実用新案法では、物品の形状、構造又は組合せに係る考案であれば程度のいかんを問わず独占権を付与するものとしている。

　実用新案法でいう「考案」とは、自然法則を利用した技術的思想の創作をいう（2条1項）。この点では特許法における「発明」と同じである。しかし、発明は「高度の技術的思想」と定義されているが、考案には「高

---

[1] 物品の構造とは、2以上の部材又は部分から成り立っていて、それが抽象的表現のものにとどまらず、客観的に具体化されかつ特定の形態関連をもって一体をなしている場合のことである。小泉直樹『知的財産法』123頁（弘文堂・2018年）。

度」という限定の用語がなく、技術的思想であれば高度のものでなくても考案に含まれる。

　実用新案法における、考案の「実施」とは、「考案に係る物品を製造し、使用し、譲渡し、貸し渡し、輸出し若しくは輸入し、又はその譲渡若しくは貸渡しの申出（譲渡又は貸渡しのための展示を含む。）をする行為をいう」（2条3項）[2]。

　実用新案制度においては、早期の権利保護の観点から、審査官による考案の新規性・進歩性などの実体審査は行われない（無審査制度）。他方、実用新案法は、著作権法とは異なり、登録公示を権利付与の要件とする登録主義を採用しているため、登録を受けるに足る基礎的要件については、これをみたしている必要がある。このため、提出された書類が法定の様式に従って作成されているか否かの方式要件（2条の2第4項）、登録するために必要な事項をみたしているか否かの基礎的要件（6条の2）については審査の対象となる。

　実用新案登録出願が放棄され、取り下げられ、又は却下された場合を除き、実用新案権の設定登録がなされる（14条2項）。

　実用新案権は設定登録により発生し（14条1項）、存続期間は出願の日から10年である（15条）。

　実用新案権者は、業として登録実用新案の実施をする権利を専有する（16条）。

　実用新案権者又は専用実施権者に無断で業として登録実用新案の実施をすれば実用新案権の侵害となる（直接侵害）。また、①業として、登録実用新案に係る物品の製造にのみ用いる物の生産、譲渡等（譲渡及び貸渡しをいい、その物がプログラム等である場合には、電気通信回線を通じた提供を含む）若しくは輸入又は譲渡等の申出（譲渡等のための展示を含む）をする行為（28条1

---

[2] 2条3項については、平成6年の一部改正において、特許法2条3項の改正に合わせ、譲渡若しくは貸渡しの申出が実施の定義に追加された。また、平成18年の一部改正において、考案の「実施」行為に「輸出」が追加された。

号)、②登録実用新案に係る物品の製造に用いる物(日本国内において広く一般に流通しているものを除く)であってその考案による課題の解決に不可欠なものにつき、その考案が登録実用新案であること及びその物がその考案の実施に用いられることを知りながら、業として、その生産、譲渡等若しくは輸入又は譲渡等の申出をする行為(同2号)、③登録実用新案に係る物品を業としての譲渡、貸渡し又は輸出のために所持する行為(同3号)は、実用新案権又は専用実施権を侵害するものとみなすとされる(間接侵害)。

●主な罰則

1 侵害の罪

実用新案法56条は、「実用新案権又は専用実施権を侵害した者は、5年以下の懲役若しくは500万円以下の罰金に処し、又はこれを併科する」と定める。

実用新案権は、物品の形状、構造、組み合わせに係る考案を独占排他的に実施する権利であって、実用新案権の設定登録によって実用新案権が発生する(14条)。また、実用新案権者は、対象となっている考案を業として実施する権利を専有する(16条)。実用新案権者は、その実用新案権について専用実施権を設定することができる(18条)。

このような実用新案権又は専用実施権を侵害した者に対して罰則が定められている(56条)。

なお、平成5年の一部改正において、特許法と同様の理由から、罰金額の引上げがなされ(57条から60条まで及び62条から64条までも同様)、さらに、平成18年の一部改正において、懲役刑の上限が5年、罰金額の上限が500万円に引き上げられるとともに、懲役刑と罰金刑の併科が導入された。

なお、平成5年の一部改正において、出願公告制度が廃止されたことに伴い、仮保護の権利の侵害罪を規定した従来の2項が削除され、平成10

年の一部改正において、特許法と同様、旧2項が削除され、本条の罪は非親告罪となった。

2 詐欺行為の罪

実用新案法57条は、「詐欺の行為により実用新案登録又は審決を受けた者は、1年以下の懲役又は100万円以下の罰金に処する」と定める。

詐欺の行為については、特許法197条と同旨である。

3 虚偽表示の罪

実用新案法58条は、52条（虚偽表示の禁止）の規定に違反した者は、1年以下の懲役又は100万円以下の罰金に処すると定める。

実用新案法52条は、「何人も、次に掲げる行為をしてはならない」として、①登録実用新案に係る物品以外の物品又はその物品の包装に実用新案登録表示又はこれと紛らわしい表示を附する行為（1号）、②登録実用新案に係る物品以外の物品であって、その物品又はその物品の包装に実用新案登録表示又はこれと紛らわしい表示を附したものを譲渡し、貸し渡し、又は譲渡若しくは貸渡のために展示する行為（2号）、③登録実用新案に係る物品以外の物品を製造させ若しくは使用させるため、又は譲渡し若しくは貸し渡すため、広告にその物品が登録実用新案に係る旨を表示し、又はこれと紛らわしい表示をする行為（3号）を禁止している。

4 偽証等の罪

実用新案法59条は、特許法199条と同様に、実用新案法の規定により「宣誓した証人、鑑定人又は通訳人が特許庁又はその嘱託を受けた裁判所に対し虚偽の陳述、鑑定又は通訳をしたときは、3月以上10年以下の懲役に処する」とし（1項）、「この罪を犯した者が事件の判定の謄本が送達され、又は審決が確定する前に自白したときは、その刑を減軽し、又は免除することができる」（2項）と定める。

5 秘密を漏らした罪

　実用新案法 60 条は、特許法 200 条と同様に、「特許庁の職員又はその職にあった者がその職務に関して知得した実用新案登録出願中の考案に関する秘密を漏らし、又は盗用したときは、1 年以下の懲役又は 50 万円以下の罰金に処する」と定める。

6 秘密保持命令違反の罪

　実用新案法 60 条の 2 は、特許法 200 条の 2 と同様に、「30 条において準用する特許法第 105 条の 4 第 1 項の規定による命令に違反した者は、5 年以下の懲役若しくは 500 万円以下の罰金に処し、又はこれを併科する」と定める（1 項）。

　この罪は、親告罪である（2 項）。

　また、1 項の罪は、日本国外において同項の罪を犯した者にも適用される。

　本条は、平成 16 年の裁判所法等の一部改正により新設された規定であり、秘密保持命令による営業秘密の保護の実効性を確保する観点から、秘密保持命令違反の罪を定めるものである。

●両罰規定

　実用新案法 61 条 1 項は、「法人の代表者又は法人若しくは人の代理人、使用人その他の従業者が、その法人又は人の業務に関し、次の各号に掲げる規定の違反行為をしたときは、行為者を罰するほか、その法人に対して当該各号で定める罰金刑を、その人に対して各本条の罰金刑を科する」と両罰規定を置いている。

　なお、56 条又は 60 条の 2 第 1 項の罪については、3 億円以下の罰金刑（1 号）、57 条又は 58 条の罪については、3000 万円以下の罰金刑（2 号）で

ある。

　また、この場合において、当該行為者に対してした60条2第2項の告訴は、その法人又は人に対しても効力を生じ、その法人又は人に対してした告訴は、当該行為者に対しても効力を生ずる（2項）。

　さらに61条1項の規定により56条又は60条2第1項の違反行為につき法人又は人に罰金刑を科する場合における時効の期間は、これらの規定の罪についての時効の期間による（3項）[3]。

---

[3] 平成10年の特許法等の一部を改正する法律（平成10年法律第51号）2条・附則13条による改正において、特許法と同様の理由から、侵害の罪（56条）について、法人重課が導入され、法人に対する罰金額の上限は1億円とされた。

　また、平成11年の特許法等の一部を改正する法律（平成11年法律第41号）4・5条において、特許法と同様の理由から、詐欺の行為の罪（57条）、虚偽表示の罪（58条）について、法人重課が導入され、法人に対する罰金額の上限が3000万円とされた。

　平成16年の裁判所法等の一部改正においては、特許法と同様の理由により、秘密保持命令違反の罪（60条の2）について、法人重課を導入し、法人に対する罰金額の上限を1億円とした。また、平成17年の不正競争防止法等の改正に伴って、罰金額の上限を引き上げ、法人に対する罰金額の上限を1億5000万円とし、さらに、平成18年の意匠法等の一部を改正する法律3条・附則12条による改正において罰金額の上限を3億円とした。

実用新案法の主な罰則一覧

行為者	行為	罰条	法定刑
実用新案権又は専用実施権を侵害した者	実用新案権又は専用実施権のみなし侵害	56条	5年以下の懲役若しくは500万円以下の罰金又は併科
詐欺の行為により実用新案登録又は審決を受けた者	詐欺行為	57条	1年以下の懲役又は100万円以下の罰金
52条の規定に違反(虚偽表示)した者	虚偽表示行為	58条	1年以下の懲役又は100万円以下の罰金
宣誓した証人、鑑定人又は通訳人	偽証等	59条	3月以上10年以下の懲役 ＊減免規定(59条2項)
特許庁の職員又はその職にあった者	秘密漏示・盗用	60条	1年以下の懲役又は50万円以下の罰金
秘密保持命令に違反した者	秘密保持命令違反	60条の2	5年以下の懲役若しくは500万円以下の罰金 ＊親告罪(60条の2第2項) ＊国外犯(60条の2第3項)
法人・行為者	両罰規定	61条	56条又は60条の2第1項 ⇨ 3億円以下の罰金刑(1項1号) 57条又は58条 ⇨ 3000万円以下の罰金刑(1項2号) ＊告訴は、その法人又は人に対しても効力を生じ、その法人又は人に対してした告訴は、当該行為者に対しても効力を生ずるものとする(2項)。 ＊時効の期間は、これらの規定の罪についての時効の期間による(3項)。

第 2 章
労働法と特別刑法の知識

労働基準法

――違反行為と刑事罰

●労働基準法とは

　労働基準法（昭和22年法律第49号）は、憲法27条2項を受けて労働契約、賃金、労働時間・休日・年次有給休暇、災害補償、就業規則等、労働者の保護を目的として、労働条件の最低基準を定める法律である[1]。

　労働基準法は、個別的労働関係法の1つと位置づけられる[2]。

　労働基準法では、労働条件は、労働者が人たるに値する生活を営むための必要を充たすべきものでなければならず（1条）、労働者と使用者が、対

1　第92回帝國議會衆議院議事速記録13號（昭和22年3月7日）156頁。
2　労働法制は、①個別の労働者と使用者の関係を規律する個別的労働関係法（労働契約法、労働基準法、労働安全衛生法、雇用の分野における男女の均等な機会及び待遇の確保等に関する法律、短時間労働者の雇用管理の改善等に関する法律、育児休業、介護休業等育児又は家族介護を行う労働者の福祉に関する法律、最低賃金法など）、②労働者の団結体である労働組合と使用者の関係を規律する集団的労働関係法（労働組合法、労働関係調整法など）、③求職者と求人者の関係を始め労働市場における労働力の需給関係を対象とする労働市場法（職業安定法、労働施策の総合的な推進並びに労働者の雇用の安定及び職業生活の充実等に関する法律、雇用保険法、労働者災害補償保険法、労働者派遣事業の適正な運営の確保及び派遣労働者の就業条件の整備等に関する法律など）に区分される。
　なお、個別的労働関係法である労働基準法と労働安全衛生法とは、別個の法律であるものの、労働基準法42条が、労働者の安全衛生に関しては労働安全衛生法の定めるところによるとし、労働安全衛生法1条では、労働基準法と相まって職場における労働者の安全と健康を確保することを規定しており、両者は一体として労働者の保護を主たる目的としている。

等の立場において決定すべきものとしている（2条）。また、均等待遇（3条）、男女同一賃金の原則（4条）、強制労働の禁止（5条）、中間搾取の排除（6条）及び公民権行使の保障（7条）を定め、労働関係の基本原則及び労働者の人権擁護の諸規定を定めて労働者の保護を図っている。これは、労働が労働者と使用者との契約によって決められた労働条件に基づいて行われるものの、労働条件の決定や業務遂行の場面において、使用者が圧倒的に優位な立場にあることから、労働者保護のために、労働基準法において規制しているのである。

　労働基準法において、「労働者」とは、職業の種類を問わず、事業又は事務所（以下「事業」という）に使用される者で、賃金を支払われる者（9条）をいい、「使用者」[3]とは、事業主又は事業の経営担当者その他その事業の労働者に関する事項について、事業主のために行為をするすべての者（10条）をいう。ここで「賃金」とは、賃金、給料、手当、賞与その他名称のいかんを問わず、労働の対償として使用者が労働者に支払うすべてのものをいう（11条）。

　労働基準法においては、117条から121条において罰則を定めている。

　労働基準法が罰則を定めているのは、労働者が人たるに値する生活を営むための必要を充たすべき労働条件の保障を刑罰により担保することによって、労働者の基本的人権の保障を図り、真に公正な労働関係の樹立を目指すことにある[4]。

3　使用者の概念は相対的であることから、労働基準法の各本条において定められている義務について実質的に一定の権限を与えられているか否かで判断される（昭和22年9月13日発基第17号）。
　「発基」は、厚生労働省事務次官から各都道府県労働局長宛の通達、「基発」は厚生労働省労働基準局長から各都道府県労働局長宛の通達をいう（なお、平成13年（2001年）1月6日施行の厚生労働省設置法（平成11年法律第97号）により労働省が厚生労働省に再編された）。
4　伊藤榮樹ほか編『注釈特別刑法　第4巻』7頁〔荘子邦雄〕（立花書房・1988年）。

●強制労働の禁止

　労働基準法は、「使用者は、暴行、脅迫、監禁その他精神又は身体の自由を不当に拘束する手段によって、労働者の意思に反して労働を強制してはならない」(5条)と規定する。これは、憲法18条に定められた「何人も、いかなる奴隷的拘束も受けない。また、犯罪に因る処罰の場合を除いては、その意に反する苦役に服させられない」との趣旨を受けて制定されたものである[5]。

　労働基準法5条の規定に違反した者は、1年以上10年以下の懲役又は20万円以上300万円以下の罰金に処せられる(117条)。

　ここにおいて「使用者」とは、前述のとおり、事業主又は事業の経営担当者その他その事業の労働者に関する事項について、事業主のために行為をする全ての者をいう(10条)[6]。

　「暴行、脅迫、監禁」は、刑法における暴行(刑法208条)、脅迫(同222条)、監禁(同220条)の規定と基本的に同義である。もっとも5条は、「その他精神又は身体の自由を不当に拘束する手段によって、労働者の意思に反して労働を強制してはならない」と規定していることから、暴行、脅迫及び監禁については精神又は身体の自由を不当に拘束する手段であって、労働者の意思に反する程度のものである必要があろう。

　「その他精神又は身体の自由を不当に拘束する手段」とは、使用者が労働者の意思に反して労働を強制しうる程度の拘束を加える一切の手段をい

---

[5] 法學協會『註解日本國憲法（上巻）』395頁（有斐閣・1953年）。
　国際労働機関（ILO）においても、1930年に「強制労働ニ関スル条約（第29号）」（日本は1932年に批准）が、その後、1948年に採択された世界人権宣言の基準に照らした内容の「強制労働の廃止に関する条約（第105号）」（日本は未批准）が採択され「すべての種類の強制労働を禁止し、かつ、これを利用しないことを約束する」こととされた。https://www.mhlw.go.jp/shingi/2005/04/dl/s0418-6e.pdf（最終アクセス2019年5月）

[6] 最決昭和47・2・10刑集26巻1号52頁は、町役場民生課衛生係長として、町営のじん芥焼却場の設備の管理及びそこに就労する労働者の指揮監督の任にあった被告人について、同人に同設備改善のための費用支出の権限がないとしても、労働基準法42条にいう「使用者」というをさまたげないとしている。

う。

不当に拘束する手段には、労働基準法 14 条（長期の労働契約）、16 条（賠償予定の禁止）、17 条（前借金相殺の禁止）、18 条（強制貯金の禁止）等も該当するが、就業規則に規定する懲罰中、社会通念上認められるものは含まれない[7]。

なお、不当とは、不法なもののみに限らず、社会通念上是認し難い手段をもってすることを含む[8]。

「労働者の意思に反して労働を強制」するとは、不当な手段を用いることによって、使用者が労働者の意識ある意思を抑圧し、その自由な発言を妨げて労働するように強要することをいい、必ずしも労働者が現実に労働することを要しない[9]。

強制に当たるかどうかは、通常人として普通予想される意思を有する労働者を基準にして判断される。

本罪の手段である「暴行、脅迫、監禁」と刑法上の暴行罪（刑法 208 条）、脅迫罪（同 222 条）、監禁罪（同 220 条）との罪数関係は、罪質が異なることから、牽連犯又は観念的競合を解する[10]。

● 未払い賃金の不払い

労働基準法は「使用者は、労働者の死亡又は退職の場合において、権利

---

[7] 昭和 22 年 9 月 13 日発基第 17 号、昭和 63 年 3 月 14 日基発第 150 号等。
http://www.joshrc.org/~open/files/19880314-001.pdf、https://www.mhlw.go.jp/web/t_doc?dataId=00tb1896&dataType=1&pageNo=1（最終アクセス 2019 年 5 月）

[8] 賃金との相殺を伴わない前借金が周囲の具体的事情により労働者に明示又は黙示の威圧を及ぼす場合などがある。昭和 22 年 9 月 13 日発基第 17 号、昭和 23 年 3 月 2 日基発第 381 号、昭和 63 年 3 月 14 日基発第 150 号。
名古屋高判昭和 37・7・18 高検速 299 号 2 頁参照。

[9] 昭和 23 年 3 月 2 日基発第 381 号。もっとも、詐欺の手段が用いられても、それは、通常労働者は無意識の状態にあって意思を抑圧されるものではないから、必ずしもそれ自体としては 5 条に該当しない。荘子・前掲注（4）73 頁。

[10] 荘子・前掲注（4）73 頁。

者の請求があった場合においては、7日以内に賃金を支払い、積立金、保証金、貯蓄金その他名称の如何を問わず、労働者の権利に属する金品を返還しなければならない」と規定（23条1項）している。これに違反した場合は、30万円以下の罰金に処せられる（120条1号）。

なお、この規定には、両罰規定が適用される（121条1項）。

賃金の支払い及び金品の返還を請求できる「権利者」とは、退職した労働者本人又は死亡した労働者の相続人[11]をいい、労働者の一般債権者を含まない[12]。

支払うべき「賃金」とは、賃金、給料、手当、賞与その他名称のいかんを問わず、労働の対償として使用者が労働者に支払うすべてのものをいう（11条）。

退職金は、原則として賃金とみなさないこととされているが、退職金であっても労働協約、就業規則、労働契約等によって予め支給条件の明確なものは賃金に当たる[13]。

退職手当は、通常の賃金の場合と異なり、予め就業規則等で定められた支払時期に支払えば足りる[14]。

「7日以内」とは、権利者による請求のあった日から起算して7日以内をいう。

●賃金の不払い

労働基準法は、賃金は、原則として、通貨で、直接労働者に、その全額

---

[11] 死亡労働者の退職金につき、労働協約、就業規則等において、民法の遺産相続の順位によらず、法施行規則42条（遺族補償を受ける者）、43条（遺族補償の受給者及び順位）の順位による旨定めても違法ではない（昭和25年7月7日基収第1768号）。

[12] 昭和22年9月13日発基第17号。https://www.mhlw.go.jp/web/t_doc?dataId=00tb1896&dataType=1&pageNo=1（最終アクセス2019年5月）

[13] 昭和22年9月13日発基第17号。

[14] 昭和26年12月27日基収第5483号、昭和63年3月14日基発第150号。

を支払わなければならない（24条1項本文）、また、賃金は、毎月1回以上、一定の期日を定めて支払わなければならない（24条2項本文）と規定する。

　これに違反した場合は、30万円以下の罰金に処せられる（120条1号）。

　労働基準法24条1項は、労働者に支払われる賃金が、完全かつ確実に労働者の手に渡ることを期して通貨で直接支払うべきことを命じたものである[15]。したがって賃金の口座振込みによる支払いとするかは労働者各人の自由な意思が尊重されるべきであることになる。

　使用者に賃金支払可能性がなければ、本罪は成立しない[16]。

　賃金支払いに関しては、「使用者は、最低賃金の適用を受ける労働者に対し、その最低賃金額以上の賃金を支払わなければならない」（最低賃金法（昭和30年法律第137号）[17]4条1項）とされ、これに違反した者は50万円以下の罰金に処せられる（同40条）。

　東京高判平成25・3・7東高刑時報64巻1〜12号72頁は、会社の代表取締役である被告人が、雇用していた労働者に対して最低賃金以上の賃金を支払わなかったとして、最低賃金法違反に問われた事案で、労働基準法所定の給与全額の支払いはしないが、最低賃金額以上の賃金は支払う意思があり、かつ同賃金の支払いの準備もしている使用者に対して、労働者が、提示された額が賃金全額に満たないことを理由に賃金全ての受領を拒絶する場合に、労働基準法違反だけでなく、より重い罰則を定める最低賃金法違反も成立するというのは不合理であるとする。

　24条2項本文に規定する賃金不払いの罪についての罪数に関して、犯意が単一であると認めることができないときは、それぞれの労働者ごとに罪が成立すると認められる（最決昭和34・3・26刑集13巻3号401頁）[18]。

15　高松高判昭和56・9・22労働判例379号62頁。昭和50年2月25日基発第112号。
16　小川賢一編著『警察官のための充実・犯罪事実記載例（特別法犯）〔第4版〕』289頁（立花書房・2016年）。
17　最低賃金法は、「賃金の低廉な労働者について、賃金の最低額を保障することにより、労働条件の改善を図り、もって、労働者の生活の安定、労働力の質的向上及び事業の公正な競争の確保に資するとともに、国民経済の健全な発展に寄与することを目的」（1条）としている。
18　度量衡器の製造等を業とする甲株式会社の代表取締役乙及び常務取締役で労務担当の丙と

●時間外労働

1　労働基準法は、「使用者は、労働者に、休憩時間を除き1週間について40時間を超えて、労働させてはならない」(32条1項) とし、「使用者は、1週間の各日については、労働者に、休憩時間を除き1日について8時間[19]を超えて、労働させてはならない」(32条2項) と定める (法定労働時間)[20]。

また、使用者は、労働者に対して、毎週少くとも1回 (35条1項)、あるいは4週間を通じ4日以上 (同条2項) の休日を与えなければならない。

これらの規定は、労働からの解放を保障することにより、労働者の身体・精神の保護を図ることを目的としている。

これらに違反した場合は、6カ月以下の懲役又は30万円以下の罰金に処せられる (119条1号)。

労働基準法において、「労働時間」とは、始業時刻から終業時刻までの時間から命令時間を除いた時間をいい、労働者が使用者の指揮監督の下におかれる時間 (実働時間) をいう。必ずしも実際に作業に従事していることは要件ではなく、待機時間や途切れた資材の到着を待って作業の手を止めている場合など、実際には何もしていなくてもその場を離れることがで

　が、共謀の上、甲社に雇用されている労働者16名に対し賃金合計44万6431円をそれぞれ所定の支払期日である毎月末に支払わなかったという事案において、賃金不払の罪は、その犯意が単一であると認め難いときは、支払いを受け得なかった労働者各人ごとに同条違反の犯意が形成されているものと認められるとする。

　なお、この決定では、事業主たる法人の代表者は、121条1項の代理人に包含されている趣旨と解するのが相当とするしている。

19　「1日について8時間」にいう「1日」とは、通常、ある日 (暦日) の午前零時から午後12時までをいうが、労働時間が2暦日にまたがる場合であっても、継続して8時間を超える労働は許されない (昭23年7月5日基発968号)。

20　最決平成22・12・20刑集64巻8号1312頁は、労働基準法32条1項 (週単位の時間外労働の規制) 違反の罪と同条2項 (1日単位の時間外労働の規制) 違反の罪との罪数関係について、労働基準法32条1項と同条2項とは規制の内容及び趣旨等を異にすることに照らすと、同条1項違反の罪が成立する場合においても、その週内の1日単位の時間外労働の規制違反について同条2項違反の罪が成立するときは、それぞれの行為は社会的見解上別個のものと評価すべきであって、両罪は併合罪の関係にあると解するのが相当であるとする。

きない場合、これらの時間（一般に「手待時間」という）も労働時間である。

「始業時刻」は、入門時刻・タイムカード打刻（出勤簿捺印）時刻・作業場所到着時刻・作業準備時刻・作業開始時刻等のうち、いずれであるか一義的に定められず、就業規則、慣行等により、いつから使用者の指揮命令下に入ったかによって決せられる。

「終業時刻」は、原則として作業が現実に終了した時間であるが、使用者の明示・黙示の指示、慣行等により、作業終了後の後始末・掃除等を行うことになっている場合には、その終了時間をいう。

「労働させ」るとは、単に使用者が労働者にこれを指令したり依頼した場合に限らず、労働者からの申出により労働を許可した場合やこれを黙認した場合をも含むと解される（大阪高判昭和45・1・27刑集23巻1号17頁）。

使用者が多数日にわたり多数の労働者に時間外労働をさせた場合には、1日ごとに労働者各個人別に独立して1罪が成立する（62条違反につき、最決昭和34・7・2刑集13巻7号1026頁）から、1日ごと、労働者ごとに時間外労働を特定しなければならない。

2　使用者は、業務上の必要に応じるため、法定労働時間を超えて労働者に時間外労働を命じる場合や、法定休日に労働させる場合には、労働基準法36条に基づく「時間外労働・休日労働に関する協定」（一般に「36（サブロク）協定」といわれる）を締結し、所轄労働基準監督署長へ届け出ることによって、32条あるいは35条違反に問われることはない。

(1)　労働基準法36条は、「使用者は、当該事業場に、労働者の過半数で組織する労働組合がある場合においてはその労働組合、労働者の過半数で組織する労働組合がない場合においては労働者の過半数を代表する者との書面による協定をし、これを行政官庁に届け出た場合においては、第32条から第32条の5まで若しくは第40条の労働時間（以下この条において「労働時間」という。）又は前条の休日（以下この項において「休日」という。）に関する規定にかかわらず、その協定で定めるところによって労働時間を延長し、

又は休日に労働させることができる」と規定している[21]。

「当該事業場に、労働者の過半数で組織する労働組合がある場合」とは、当該事業場を単位として組織されているか否か、また他のいかなる労働者を組合員としているかなどを問わず、当該事業場の過半数の労働者が組合員となっている労働組合が存在するすべての場合をさす。

同一事業場に過半数を超える労働者で組織する甲組合と過半数以下の労働者で組織する乙組合がある場合には、甲組合と協定すれば足りる（昭23・4・5基発535号）。

労働者の過半数で組織する労働組合がない場合には、「労働者の過半数を代表する者」が協定当事者となる。当該事業場に労働組合がない場合だけでなく、労働組合があっても、その組合員が同事業場の労働者の過半数に達しない場合もここに含まれる。

(2) 協定は書面によることを要し、所轄労働基準監督署長に届け出なければならない（施行規則16条1項）こととされており、届出がなければ協定の効力は生じない。

36協定の内容は、①時間外・休日労働をさせる必要がある具体的事由、②業務の種類、③労働者の数、④1日・一定期間[22]について延長することができる時間、労働させることができる休日であり（労働基準法施行規則16条1項）、これについて労働協約による場合を除いて、協定の有効期間を定めるものとする（施行規則16条2項）。

(3) 36協定で定める時間外労働については、厚生労働大臣による「労働基準法第36条第1項の協定で定める労働時間の延長の限度等に関する基準」（いわゆる「限度基準告示」）[23] が示され、上限の基準が定められていた。

しかし、この限度基準告示による上限には、罰則がなかった。そのため

---

21 満18歳未満の年少者については、法36条協定による労働時間の延長が認められない（60条1項）。満18歳未満の者の深夜労働については、61条の制限がある。
22 労働基準法36条1項の協定で定める労働時間の延長の限度等に関する基準（平成10年12月28日労働省告示154号）2条は、1日を超え3カ月以内の期間及び1年間としなければならないと定める。
23 平成10年12月28日告示第154号（平成21年5月29日厚労告示第316号により改正）。

「限度時間を超えて労働時間を延長しなければならない特別の事情（臨時的なものに限る）」を労使で協定した場合には、当該上限基準を超えて労働させることができたことから、「特別な事情」が「一時的または突発的に時間外労働を行わせる必要があるときに限る」との要件が拡大解釈され、また延長できる時間外労働時間に上限時間が示されていなかったことからともすれば長時間労働を防ぐことができなかった。

そこで、政府は、「働き方改革を推進するための関係法律の整備に関する法律」（平成30年法律第71号）により、36協定で定める時間外労働について、罰則付きの上限を設けることした[24]。さらに特別条項の発効要件が「通常予見することのできない業務量の大幅な増加等に伴い臨時的に第3項の限度時間を超えて労働させる必要がある場合」に変更された（36条5項）。

これにより時間外労働の上限は、月45時間・年360時間（1年単位の変形で対象期間が3カ月を超える場合は月42時間、年間320時間）となり、臨時的な特別の事情がなければこれを超えることはできない（36条4項・5項）こととなった[25]。

(4) 使用者は、36協定で定めるところによって労働時間を延長して労働させ、又は休日において労働させる場合であっても、①坑内労働その他厚生労働省令で定める健康上特に有害な業務について、1日について労働時間を延長して労働させた時間（2時間を超えないこと）、②1カ月について労働時間を延長して労働させ、及び休日において労働させた時間（100時間未満であること）、③対象期間の初日から1カ月ごとに区分した各期間に当該

---

[24] 2019年4月1日施行。ただし、中小企業への適用は2020年4月1日。
[25] なお、①新たな技術、商品又は役務の研究開発に係る業務（36条11項）、②工作物の建設等の事業、③自動車の運転業務（タクシーの運転手やトラックの運転手）、④医師、⑤厚労省の定める業務（鹿児島県及び沖縄県における砂糖の製造事業）については、適用除外となる。もっとも、②、③及び⑤については、適用猶予措置が設けられ2024年3月31日までとされている。したがってこれらについては、2014年4月1日以降は36条の規定が全面的に適用される。また④についても同様とされるが、2014年4月1日以降の適用関係は別途適用関係が整備されている（平成30年9月7日基発第0907号）。
　https://www.mhlw.go.jp/hourei/doc/tsuchi/T180919K0010.pdf（最終アクセス2019年5月）

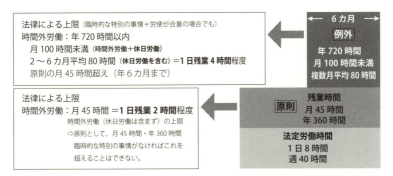

厚労省 HP（https://www.mhlw.go.jp/hatarakikata/overtime.html）を元に作成

各期間の直前の 1 カ月、2 カ月、3 カ月、4 カ月及び 5 カ月の期間を加えたそれぞれの期間における労働時間を延長して労働させ、及び休日において労働させた時間の 1 カ月あたりの平均時間（80 時間を超えないこと）とされ（36 条 6 項）、これに違反した使用者に対しては、6 カ月以下の懲役又は 30 万円以下の罰金に処することとしている（119 条 1 号）[26]。

3 裁判例

労働基準法 36 条 1 項に基づき月単位の時間外労働の協定が締結されている場合における協定時間を超えた時間外労働と同法 32 条 1 項違反の罪について、最決平成 21・7・16 刑集 63 巻 6 号 641 頁は、労働基準法 36 条 1 項に基づき月単位の時間外労働の協定が締結されている場合において、協定時間を超えた時間外労働があるときには、原則的な労働時間制の下では、始期から順次 1 週間について 40 時間の法定労働時間を超えて労働させた時間を積算し、協定時間に至るまでは協定の効力によって時間外労働

---

[26] 和歌山地判平成 20・6・3（判例集未登載、LLI 判例秘書 L606350298、労働基準 729 号 24 頁）は、縫製業を営む事業主である被告人が、労働者を指導監督していた被告人の妻と共謀の上、雇用していた中国人技能実習生に対し、労働者側といわゆる 36 協定を超えて時間外勤務、休日勤務、深夜労働の各割増賃金の差額を支払わず、被告人が代表理事を務める組合傘下の縫製会社の代表者らと共謀の上、同様に各割増賃金との差額を支払わなかった労働基準法違反の事案で、被告人を懲役 6 カ月執行猶予 3 年としている。

労働基準法　83

の違法性が阻却されるが、これを超えた時点以後は、1週間について40時間を超える時間外労働がある各週につき同法32条1項違反の罪が成立し、各違反の罪は併合罪の関係に立つと説示している[27]。

●両罰規定

　労働基準法は、同法違反について両罰規定を定めている（121条1項）。
　労働基準法違反者が、事業主のために行為した代理人、使用人その他の従業者である場合においては、事業主に対しても罰金刑を科すこととしている。事業主が違反の防止に必要な措置をした場合においては罰せられない[28]。事業主処罰の根拠については、違反行為防止についての過失責任（過失推定説）と解せよう（最大判昭和32・11・27刑集11巻12号3113頁参照）。
　大阪地判平成12・8・9判時1732号152頁は、独自の経営理念に基づき

---

[27] この判決の事案は、石油製品の運搬等を目的とする会社の代表取締役である被告人が、同社の運転者に、労使協定によって定められた1カ月130時間の延長労働時間を超えて時間外労働をさせるなどしたというものである。なお、この判決の考え方によれば、例えば、連続する数カ月分の時間外労働が起訴された場合、1週間が、単位となる月をまたぐことがあるが、次の1カ月の始まりを改めて1週間の始期とするのではなく、前の月からの続きで構成要件となる1週間は考え、ただ、月をまたぐことから、週の途中からは新たな月の違法性阻却事由によってそれ以後の時間外労働が許容され、それより前の部分の違法な時間外労働に係る32条1項違反の罪がその週について成立することとなる。入江猛・最判解刑事篇平成21年度278頁。

[28] この規定は、労働基準法の立法趣旨から事業主に対して違反防止措置義務を課すことにより、義務を履行させることにより従業者の違反行為の防止又は是正を図ろうとするものである。荘子・前掲注（4）40頁参照。

[29] フレックスタイム制は、一定の期間についてあらかじめ定めた総労働時間の範囲内で、労働者が日々の始業・終業時刻、労働時間を自ら決めることのできる制度である（32条の2）。フレックスタイム制を導入した場合、各日又は各週の労働時間の長さにかかわらず、清算期間を通じて週平均40時間を超える時間が時間外労働となる。従来、清算期間の上限は1カ月とされていたところ、働き方改革関連法による法改正により、3カ月を上限として清算期間とすることが認められた。清算期間が1カ月を超える場合には、①清算期間における総労働時間が法定労働時間の総枠を超えないこと（＝清算期間全体の労働時間が、週平均40時間を超えないこと）に加え、②1カ月ごとの労働時間が、週平均50時間を超えないことを満たさなければならず、いずれかを超えた時間は時間外労働となる。
　詳細については厚生労働省ほか「フレックスタイム制のわかりやすい解説＆導入の手引き」参照（https://www.mhlw.go.jp/content/000476042.pdf、最終アクセス2019年5月）。

労働基準法に定める手続を履行しないまま、就業時間についてはフレックスタイム制度[29]を、給与については年俸制度をとっているとして、時間外労働や休日労働について特段の配慮をせず、割増賃金を支払わなかったものであり、その結果82日間、総計で158時間（1000分）の時間外労働をさせ、割増賃金34万2053円を支払わなかったという事案で労働基準法違反の罪を認めている。

なお、事業主が違反の計画を知りその防止に必要な措置を講じなかった場合、違反行為を知り、その是正に必要な措置を講じなかった場合又は違反を教唆した場合においては、事業主も行為者として処罰される（121条2項）。

労働基準法の主な罰則一覧

	内容	罰条・法定刑
強制労働の禁止（5条）	使用者は、暴行、脅迫、監禁その他精神又は身体の自由を不当に拘束する手段によって、労働者の意思に反して労働を強制してはならない。	[117条] 1年以上10年以下の懲役又は20万円以上300万円以下の罰金
中間搾取の排除（6条）	何人も、法律に基づいて許される場合のほか、業として他人の就業に介入して利益を得てはならない。	[118条1項] 1年以下の懲役又は50万円以下の罰金
最低年齢（56条）	使用者は、児童が満15歳に達した日以後の最初の3月31日が終了するまで、これを使用してはならない。	
年少者の坑内労働の禁止（63条）	使用者は、満18歳に満たない者を坑内で労働させてはならない。	
女性の坑内労働の禁止（64条の2）	使用者は、満18歳以上の女性を坑内で労働させてはならない。	

均等待遇（3条）	使用者は、労働者の国籍、信条又は社会的身分を理由として、賃金、労働時間その他の労働条件について、差別的取扱をしてはならない。	
男女同一賃金の原則（4条）	使用者は、労働者が女性であることを理由として、賃金について、男性と差別的取扱いをしてはならない。	
公民権行使の保障（7条）	使用者は、労働者が労働時間中に、選挙権その他公民としての権利を行使し、又は公の職務を執行するために必要な時間を請求した場合においては、拒んではならない。	
賠償予定の禁止（16条）	使用者は、労働契約の不履行について違約金を定め、又は損害賠償額を予定する契約をしてはならない。	
前借金相殺の禁止（17条の2）	使用者は、前借金その他労働することを条件とする前貸の債権と賃金を相殺してはならない。	
強制貯蓄（18条1項）	使用者は、労働契約に付随して貯蓄の契約をさせ、又は貯蓄金を管理する契約をしてはならない。	
解雇制限（19条）	使用者は、労働者が業務上負傷し、又は疾病にかかり療養のために休業する期間及びその後30日間、並びに産前産後の女性が休業する期間及びその後30日間は、解雇してはならない。	
解雇の予告（20条）	使用者は、労働者を解雇しようとする場合においては、少なくとも30日前に解雇予告をしなければならない。 30日前に予告をしない使用者は、30日分以上の平均賃金を支払わなければならない。	[119条1項] 6月以下の懲役又は30万円以下の罰金
退職時等の証明（22条4項）	使用者は、あらかじめ第三者と諜り、労働者の就業を妨げることを目的として、労働者の国籍、信条、社会的身分若しくは労働組合運動に関する通信をし、又は証明書に秘密の記号を記入してはならない。	
労働時間（32条）	使用者は、労働者に、休憩時間を除き1週間について40時間を超えて労働させてはならない。 また、使用者は、1週間の各日については、労働者に休憩時間を除き1日について8時間を超えて労働させてはならない。	
休憩（34条）	使用者は、労働時間が6時間を超える場合においては少くとも45分、8時間を超える場合においては少なくとも1時間の休憩時間を労働時間の途中に与えなければならない。また、休憩時間は、一斉に与えなければならない。	
休日（35条）	使用者は、労働者に対して、毎週少なくとも1回の休日を与えなければならない。	
時間外及び休日の労働（36条6項）	坑内労働その他厚生労働省令で定める健康上特に有害な業務の労働時間の延長は、1日について2時間を超えてはならない。	
時間外・休日及び深夜の割増賃金（37条）	使用者が、労働時間を延長し、又は休日に労働させた場合においては、その時間又はその日の労働については、通常の労働時間又は労働日の賃金の計算額の2割5分以上5割以下の範囲内でそれぞれ政令で定める率（延長した労働時間の労働については2割5分、休日の労働については3割5分）以上の率で計算した割増賃金を支払わなければならない。また、使用者が、午後10時から午前5時（地域・期間により午後11時から午前6時）までの間において労働させた場合においては、その時間の労働については、通常の労働時間の賃金の計算額の2割5分以上の率で計算した割増賃金を支払わなければならない。	

年次有給休暇（39条）	使用者は、その雇入れの日から起算して6カ月間継続勤務し、全労働日の8割以上出勤した労働者に対して、継続し又は分割した10労働日の有給休暇を与えなければならない。	
年少者の深夜業（61条）	使用者は、満18歳に満たない者を午後10時から午前5時（地域・期間を限って、午後11時から午前6時）までの間において使用してはならない。ただし、交代制によって使用する満16歳以上の男性については、この限りでない。	
年少者の危険有害業務の就業制限（62条）	使用者は満18歳に満たない者を、危険な業務又は厚生労働省令で定める重量物を取り扱う業務に就かせてはならない。	
妊産婦の危険有害業務の就業制限（64条の3）	使用者は、妊娠中の女性及び産後1年を経過しない女性を、重量物を取り扱う業務、有害ガスを発散する場所における業務その他妊産婦の妊娠、出産、哺育等に有害な業務に就かせてはならない。	
産前産後休業（65条）	使用者は、6週間（多胎妊娠の場合14週間）以内に出産する予定の女性が休業を請求した場合においては、その者を就業させてはならない。 また、使用者は、産後8週間を経過しない女性を就業させてはならない。ただし、産後6週間を経過した女性が請求した場合において、その者について医師が支障がないと認めた業務に就かせることは差し支えない。	
育児時間（67条）	生後満1年に達しない生児を育てる女性は、休憩時間のほか、1日2回各々少なくとも30分、その生児を育てるための時間を請求することができ、使用者は、育児時間中は、その女性を使用してはならない。	[119条1項] 6月以下の懲役又は30万円以下の罰金
職業訓練に関する特例（72条）	職業能力開発促進法の認定を受けて行う職業訓練で、厚生労働省令の適用を受ける未成年者についての特例違反。	
療養補償（75条）	労働者が業務上負傷し、又は疾病にかかった場合においては、使用者は、その費用で必要な療養を行い、又は必要な療養の費用を負担しなければならない。	
休業補償（76条）	労働者が療養のため労働することができずに賃金を受けない場合においては、使用者は、労働者の療養中平均賃金の100分の60の休業補償を行わなければならない。	
障害補償（77条）	労働者が業務上負傷し、又は疾病にかかり、治った場合において、その身体に障害が存するときは、使用者は、その障害の程度に応じて、平均賃金に一定の日数を乗じて得た金額の障害補償を行わなければならない。	
遺族補償（79条）	労働者が業務上死亡した場合においては、使用者は、遺族に対して、平均賃金の1000日分の遺族補償を行わなければならない。	
葬祭料（80条）	労働者が業務上死亡した場合においては、使用者は、葬祭を行う者に対して、平均賃金の60日分の葬祭料を支払わなければならない。	
寄宿舎生活の自治（94条2項）	使用者は、寮長、室長その他寄宿舎生活の自治に必要な役員の選任に干渉してはならない。	
寄宿舎の設備及び安全衛生（96条）	使用者は、事業の附属寄宿舎について、換気、採光、照明、保温、防湿、清潔、避難、定員の収容、就寝に必要な措置その他労働者の健康、風紀及び生命の保持に必要な措置を講じなければならない。	

監督機関に対する申告をした労働者に対しての不利益扱い等（104条2項）	事業場に、労働基準法又は労働基準法に基いて発する命令に違反する事実がある場合においては、労働者は、その事実を行政官庁又は労働基準監督官に申告することができる。使用者は、当該申告をしたことを理由として、労働者に対して解雇その他不利益な取扱いをしてはならない。	[119条1項] 6月以下の懲役又は30万円以下の罰金
契約期間等（14条）	労働契約は、期間の定めのないものを除き、一定の事業の完了に必要な期間を定めるもののほか、一部を除き3年を超える期間について締結してはならない。	[120条1項] 30万円以下の罰金
労働条件の明示 （15条1項、3項）	使用者は、労働契約の締結に際し、労働者に対して賃金、労働時間その他の労働条件を明示しなければならない。	
強制貯金（18条7項）	貯蓄金の管理を中止すべきことを命ぜられた使用者は、遅滞なく、その管理に係る貯蓄金を労働者に返還しなければならない。	
退職時等の証明（22条1項～3項）	労働者が、退職の場合において、使用期間、業務の種類、その事業における地位、賃金又は退職の事由（退職の事由が解雇の場合にあっては、その理由を含む）について証明書を請求した場合においては、使用者は、遅滞なくこれを交付しなければならない（1項）。 労働者が、20条1項の解雇の予告がされた日から退職の日までの間において、当該解雇の理由について証明書を請求した場合においては、使用者は、遅滞なくこれを交付しなければならない。ただし、解雇の予告がされた日以後に労働者が当該解雇以外の事由により退職した場合においては、使用者は、当該退職の日以後、これを交付することを要しない（2項）。 前2項の証明書には、労働者の請求しない事項を記入してはならない（3項）。	
金品の返還（23条）	使用者は、労働者の死亡又は退職の場合において、権利者の請求があった場合においては、7日以内に賃金を支払い、積立金、保証金、貯蓄金その他名称の如何を問わず、労働者の権利に属する金品を返還しなければならない。	
賃金の支払（24条）	賃金は、通貨で、直接労働者に、その全額を支払わなければならない。	
非常時払（25条）	使用者は、労働者が出産、疾病、災害その他厚生労働省令で定める非常の場合の費用に充てるために請求する場合においては、支払期日前であっても、既往の労働に対する賃金を支払わなければならない。	
休業手当（26条）	使用者の責に帰すべき事由による休業の場合においては、使用者は、休業期間中当該労働者に、その平均賃金の100分の60以上の手当を支払わなければならない。	
出来高払の保障給(27条)	出来高払制その他の請負制で使用する労働者については、使用者は、労働時間に応じ一定額の賃金の保障をしなければならない。	
その他 （32条の2第2項（32条の4第4項及び32条の5第3項において準用する場合を含む）、32条の5第2項、33条1項但書、38条の2第3項（38条の3第2項において準用する場合を含む）、57条から59条まで、64条、68条、89条、90条1項、91条、95条1項若しくは2項、96条の2第1項、105条（100条3項において準用する場合を含む）又は106条から109条まで）		

労働安全衛生法

―― 労働者の安全に対する違反と罰則

●労働安全衛生法とは

　労働安全衛生法は、職場における労働者の安全・健康を確保するともに、快適な職場環境の形成を促進することを目的とする法律である。

　労働安全衛生法（昭和47年法律第57号）は、労働基準法（昭和22年法律第49号）第5章（安全及び衛生）並びに労働災害防止団体等に関する法律（昭和39年法律118号、昭和47年法律57号改正により、「労働災害防止団体法」に改題）旧第2章（労働災害防止計画）及び旧第4章（特別規制）を統合し、さらに新たな規制を付け加えて単独立法として制定されたものである[1]。

　罰則については、労働安全衛生法及びじん肺法の一部を改正する法律（昭和52年法律第76号）により改正で下限が引き上げられている。

　労働安全衛生法は、労働基準法[2]と相まって、「労働災害の防止のための危害防止基準の確立、責任体制の明確化及び自主活動の促進の措置を講ずる等その防止に関する総合的計画的な対策を推進することにより職場に

1　労務行政研究所編『労働安全衛生法［労働法コンメンタールNo.10］』183頁（労務行政・2017年）。
2　労働基準法42条が、労働者の安全及び衛生に関しては、労働安全衛生法の定めるところによる、と定めている。

おける労働者の安全と健康を確保するとともに、快適な職場環境の形成を促進することを目的」としている（1条）[3]。

わが国において産業社会が急速に進展した1960年代以降、深刻な労働災害の危険性が増大し、罹災者が増加したことから、労働災害をなくすために労働基準法の規制を抜本的に充実させる意図で本法が制定された[4]。すなわち、本法は、産業活動の変化に即応した労働安全衛生対策を推進していくために、法整備が必要であるとの認識から、労働災害の防止に関する総合的、計画的な対策を推進することにより、労働基準法と相まって、労働者の安全と健康を確保し、さらに快適な作業環境を形成するため、労働災害防止計画の策定、安全衛生管理体制の整備、危害防止基準の明確化、望ましい作業環境の標準の公表、機械等及び有害物に関する規制の強化、安全衛生教育の拡充、健康管理の充実、安全衛生改善計画の作成による自主的な労働災害防止活動の推進、危険有害事業についての事前届け出制の整備、その他監督機関の権限、国の援助等について必要な規定を設けることとされたのである[5]。

3　労働安全衛生法は、「形式的には労働基準法から分離独立したものとなっているが、安全衛生に関する事項は労働者の労働条件の重要な一端を占めるものというべく、第1条（目的）、第3条第1項（事業者の責務）、附則第4条による改正後の労働基準法第42条等の規定により、この法律と労働条件についての一般法である労働基準法とは、一体としての関係に立つものであることが明らかにされている。したがって、労働基準法の労働憲章的部分（具体的には第1条から第3条まで）は、この法律の施行にあたっても当然その基本とされなければならない」（昭和47年9月18日発基91号）。
　　菅野和夫『労働法〔第11版補正版〕』549頁（弘文堂・2017年）参照。
4　菅野・前掲注（3）547頁参照。
5　第68回国会衆議院会議録第24号（昭和47年4月25日）25頁参照。

●労働災害の防止

　労働安全衛生法において、「労働災害」とは、労働者[6]の就業に係る建設物、設備、原材料、ガス、蒸気、粉じん等により、又は作業行動その他業務に起因して、労働者が負傷し、疾病にかかり、又は死亡することをいう（2条1号）[7]。

　事業者[8]は、労働災害の防止のための最低基準の遵守だけでなく、快適な職場環境の実現と労働条件の改善を通じて職場における労働者の安全と健康を確保するようにしなければならない責務を負う（3条1項）。また、労働者も、労働災害を防止するため必要な事項を守るほか、事業者その他の関係者が実施する労働災害の防止に関する措置に協力するように努めなければならない（4条）。

　労働安全衛生法では、労働災害の防止のために、①安全衛生管理体制の整備（10条～19条の3）、②危険防止の措置（20条～58条）、③安全衛生教育の実施（59条～63条）、④健康の保持増進の措置（65条～71条の4）、などを事業者に求めている。

---

[6] 労働基準法9条に定める労働者をいう。
　東京高判昭和56・8・11高刑集34巻3号374頁は、労働安全衛生法2条2号の「労働者」は、労働基準法9条に定める労働者をいうとして、①労働基準法8条の事業に使用され、かつ②賃金を支払われる者であることが要件と解して、被告会社が請け負った倉庫の屋根及び側壁のスレート工事について、被告会社の現場責任者が、被害者甲らを使用して屋根上でスレートを葺く作業を行わせるにあたり、危険防止の措置を講じなかったという事案で、被害者と被告会社の間に雇用関係はなく、同人は独立した請負人であって、労働安全衛生法上の労働者ではないとの被告会社の主張を斥け、被害者について労働安全衛生法2条2号の「労働者」に当たるとしている。

[7] この規定は、労働災害の防止という法の目的に即して、そのような労働災害の定義のなかに同災害をもたらしうる代表的な要因を例示したもので、この定義では、「業務災害」と同様に時間的場所的に識別できる出来事（事故）による負傷、疾病、死亡のみならず、そのような出来事を識別できない（非災害性の）負傷、疾病、死亡も含まれるとされる（菅野・前掲注（3）551頁）。

[8] 事業を行う者で、労働者を使用するものをいう（2条3号）。

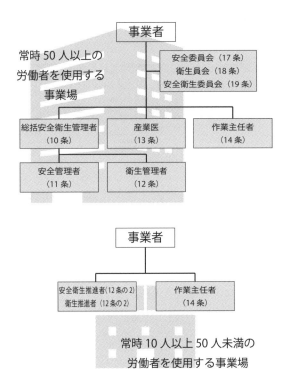

●違反の態様

　労働安全衛生法は、使用者に対して労働者の安全等を守るためにさまざまな規制を定め、その違反行為に対して罰則をもって臨んでいる。もっとも、労働者の作業環境やその業務内容も多様であることから、その規制の内容は政令や規則に委ねられているものが少なくない[9]。

9　119条4項は、「61条第4項の規定に基づく厚生労働省令に違反した者」として、就業制限について職業能力開発促進法（昭和44年法律第64号）24条1項（同法27条の2第2項において準用する場合を含む）の認定に係る職業訓練を受ける労働者について必要がある場合においては、その必要の限度で、前3項の規定について、厚生労働省令で別段の定めをすることができると省令に委任している。

ところで、労働災害事故の場合、使用者の過失によって引き起こされたような場合は、事故は1つであっても、労働安全衛生法だけでなく、刑法上の業務上過失致死傷罪として処罰されることになる[10]。

　労働安全衛生法違反の態様については、(1)労働者に何らかの危険を伴う作業をさせるとき、①その作業を行うにあたっての資格を求めているのに、無資格者にその作業をさせた場合、また、②個々の労働者に一定の資格の保持までは求めないものの、その集団の中に、その監督のできる主任としての有資格者を求めたにもかかわらず、そのような有資格者を選んで入れておかなかった場合、(2)労働者の作業環境内の機械や、設備などに対する危険防止措置を怠ったという場合[11]、(3)労災事故が発生したのに、それを労働基準監督署に届け出なかったり、仮に届け出ても、虚偽の報告をしたような場合に整理される[12]。

●罰則

　労働安全衛生法は、この法律の厳正な実施を担保するため、①特定業務に従事する特定機関の役員又は職員が、職務に関して、賄賂の収受、要求、約束をしたときは、5年以下の懲役、またこれによって不正の行為をし、又は相当の行為をしなかったときは、7年以下の懲役（115条の2第1項）、②特定業務に従事する特定機関の役員又は職員になろうとする者が、就任

---

[10] 労働安全衛生法違反については、通常、労働基準監督署が捜査をして、検察庁に送致し、業務上過失致死傷罪については、警察が捜査をして、検察庁に送致する。

[11] 既遂時期について、①一定の機械に危険防止の設備を設けなかった罪については、その措置を必要とする機械を用いる作業の開始が予想される状態にいたったとき、②作業を行う場合において「……しなければならない」との措置義務に違反する罪については、その作業開始のとき、③「してはならない」又は「させてはならない」という義務に違反する罪については、その禁止行為とみられる行為があったときと解される。なお、第三者の行為により違反状態がすでに生じていた場合には、その違反状態を認識しながら是正措置をとらず、それを認容することを決意したときと解される。伊藤榮樹ほか編『注釈特別刑法　第4巻』480頁〔渡辺達夫〕（立花書房・1988年）。

[12] 城祐一郎『特別刑事法犯の理論と捜査1』103頁（立花書房・2010年）参照。

後担当すべき職務に関し、請託を受けて賄賂を収受、要求、約束したときは、役員又は職員になった場合、5年以下の懲役 (115条の2第2項)、③特定業務に従事する特定機関の役員又は職員であった者が、その在職中に請託を受けて、職務上不正の行為をしたこと又は相当の行為をしなかったことに関して、賄賂を収受、要求、約束したときは、5年以下の懲役 (115条の2第3項)、④上記の場合に賄賂の供与、申込み、約束をした者は、3年以下の懲役又は50万円以下の罰金 (115条の3) に処すると定めている[13]。

その他、労働者に重度の健康障害を生ずる政令で定める物の製造等の禁止違反 (116条)、特に危険な作業を必要とする機械等の製造の許可違反、個別検定・型式検定違反、秘密保持義務等遵守違反 (117条)、登録の取消し、指定の取消し等違反 (118条)、作業主任者選任、事業者の講ずべき措置等、特定元方事業者等の講ずべき措置、注文者の講ずべき措置、機械等貸与者等の講ずべき措置等、重量表示、製造時等検査等、使用等の制限、譲渡等の制限等、個別検定、型式検定、製造の許可、化学物質の有害性の調査、安全衛生教育、就業制限、作業環境測定、作業時間の制限病者の就業禁止、厚生労働大臣の審査等、労働者の申告、健康診断等に関する秘密の保持、疫学的調査等の規定違反等 (119条)、その他の事業者の義務違反 (120条)、登録製造時検査機関等の役員又は職員の違反 (121条)、両罰規定 (122条)、コンサルタント会の理事、監事又は清算人の違反 (122条の2) などに対する罰則を設けている[14]。

労働安全衛生法違反の行為が成立し、刑罰による制裁が相応しいかは、本法の目的が、職場における労働者の安全と健康を確保するとともに、快

13　平成14年3月に公益法人に対する行政の関与の在り方の改革実施計画が閣議決定されたことに伴う、厚生労働省関係の6つの法律について、厚生労働大臣がその事務及び事業を行わせる者を指定する制度から、法律で定める一定の要件に適合し、かつ、行政の裁量の余地のない形で登録を受けた者がこれを行う制度へと改める等の措置を講じることを目的として法律改正が行われたことで制定された (平成15年5月8日・第156回国会参議院厚生労働委員会会議録第11号1頁)。「公益法人に係る改革を推進するための厚生労働省関係法律の整備に関する法律」(第156回国会閣法第84号) (平成15年7月2日法律第102号)。
14　罰則の考え方について、寺西輝泰『労働安全衛生法違反の刑事責任　総論〔改訂版〕』208頁以下参照 (日労研・2004年)。

適な職場環境の形成を促進することにあることから、本法各本条に規定する行政規制に違反するというだけでなく、その違反行為が上記の本法の目的に照らして実質的な処罰根拠となる内実を明らかにする必要があろう。

　労働安全衛生法は、本法に定める行政目的を達成するために、一部の規定を除いて[15]、対象者に必要な措置を講ずるように義務づけている。そこで、労働安全衛生法違反として、処罰の対象となるのは、事業者等の地位にある者であることから身分犯となる[16]。

　労働安全衛生法違反の罪は、故意犯である。したがって、労働安全衛生法の構成要件に該当する事実を認識していなければならない。

●裁判例

1　労働安全衛生法15条1項にいう「特定元方事業者」

　最決平成17・12・21判タ1199号197頁は、被告会社が受注したマグネシウム集じん機へのダクト配管等の工事（以下「本件工事」という）の作業現場で、作業員がアーク溶接により配管部分を同集じん機に取り付けようとした際、内部に残存していたマグネシウム粉じん又は内部で発生した水素ガスに溶接機の火花が引火して爆発する事故が発生し、作業員3名が負傷した労働災害に関し、被告会社の従業員が、関係請負人の労働者の作業が同一の場所において行われることにより生ずる労働災害を防止するために必要な労働安全衛生法30条1項2号所定の措置（作業間の連絡及び調整を行うこと）を講じなかったとして、被告会社が、両罰規定である同法122条により刑事責任を問われた事案において、同法30条1項にいう「特定元

---

[15] 40条1項、42条、43条（罰則119条1項）、44条5項（罰則120条1項）、44条6項（罰則119条1項）、44条の2第6項（罰則120条1項）、44条の2第7項（罰則119条1項）、55条（罰則116条）、87条6項（罰則120条1項）は、特に主体を定めていない。

[16] 両罰規定（122条）により処罰されることとなった者も、各本条の義務主体となっている者の代表者、代理人、使用人その他の従業者という地位にあり、その地位にあるために違反行為が犯罪となることから、これらの者も身分犯である。

方事業者」とは同法 15 条 1 項に規定するところであるが、被告会社が同法所定の「特定元方事業者」であり、被告会社から本件工事を下請けした者は同法 122 条所定の被告会社の「従業者」に当たるとして、被告会社の刑事責任を肯定した。

この決定では、特定元方事業者であるためには、事業者自らも仕事の一部を行う必要があるところ、これにはいわゆる「施工管理」[17]のみを行う場合も含まれると解している[18]。

2　労働安全衛生法 20 条 1 項

労働安全衛生法 20 条 1 項は、事業者に危険防止に必要な措置を講じることを求めており、「事業者は、食品加工用成形機又は食品加工用圧縮機に労働者が身体の一部を挟まれること等により当該労働者に危険を及ぼすおそれ[19]のあるときは、覆い、囲い等を設けなければならない」（労働安全衛生規則 130 条の 2）としている。

東京高判平成 28・11・8 高刑速平成 28 年 151 頁は、労働者にアルミ鋳造機（ダイカストマシン）を使用させていた被告会社に、同機械に安全扉を設置する義務があるか否かが争われた事案において、「労働安全衛生規則 147 条 1 項[20]の『労働者が身体の一部を挟まれるおそれ』とは、労働者が、

17　施工管理とは、工事の実施を管理することで、工程管理、作業管理、労務管理等の管理を総合的に行う業務をいい、通常総合工事業者が行っている業務がこれに該当するとされている（昭和 47 年 11 月 15 日基発第 725 号）。

18　昭和 47 年 9 月 18 日基発第 602 号。金谷暁「労働安全衛生法（三）」研修 410 号 32 頁（1982 年）等参照。

19　「労働者に危険を及ぼすおそれ」についての認識の対象は、危険を及ぼすおそれがあるか否かの判断の基礎となる具体的な状況事実であれば足り、「危険を及ぼすおそれ」は、法的価値判断として認識は要しない。渡辺・前掲注（11）479 頁。

20　改正前の 147 条 1 項は、「事業者は、射出成形機、鋳型造形機、型打ち機等（本章第 4 節に規定する機械を除く。）に労働者が身体の一部をはさまれるおそれのあるときは、戸、両手操作式による起動装置その他の安全装置を設けなければならない」と規定し、食品加工用のものを含めた射出成形機等について、労働者の身体の一部が挟まれることを防止する措置を規定していたが、平成 25 年厚生労働省令第 58 号による労働安全衛生規則の一部を改正する省令第 3 節の 2 の新設に伴い、130 条の 9 において、食品加工用成形機及び食品加工用圧縮機について必要な措置が規定された。なお、食品加工用成形機及び食品加工用圧縮機については、駆動力の小さいものがあり、労働者が身体の一部を挟まれたとしても労働者に危険を

作業の過程において、射出成形機等の機械の可動部に近づき、過失の有無を問わず、その身体の一部を挟まれるおそれがある場合をいうものと解するのが相当である。同条項が設けられた趣旨からすると、労働者が作業中に機械の可動部に近づくことがおよそ想定し難い場合にまで安全装置の設置を義務付けるものとは考えられないが、労働者が何らかの事情により近づくことが想定される場合には、労働者の過失の有無を問わず、労働者の身体の安全を図ろうという趣旨のものである」として、被告会社に作為義務を認めている。

3　労働安全衛生法 21 条 2 項

「事業者は、労働者が墜落するおそれのある場所、土砂等が崩壊するおそれのある場所等に係る危険を防止するため必要な措置を講じなければならない」(21 条 2 項)。また、27 条 1 項は、「第 20 条から第 25 条までの規定により事業者が講ずべき措置……は、厚生労働省令で定める」と規定する。これを受けて労働安全衛生規則 533 条は、「事業者は、労働者に作業中又は通行の際に転落することにより火傷、窒息等の危険を及ぼすおそれのある煮沸槽(そう)、ホッパー、ピット等があるときは、当該危険を防止するため、必要な箇所に高さが 75 センチメートル以上の丈夫なさく等を設けなければならない。ただし、労働者に安全帯を使用させる等転落による労働者の危険を防止するための措置を講じたときは、この限りでない」としている。

最決昭和 51・12・10 刑集 30 巻 11 号 1919 頁は、清掃事務組合が、し尿処理施設を有し、そこに設置されている活性汚泥槽が、長さ約 27.7 メートル、幅約 3.9 メートル、深さ約 5.4 メートルのコンクリート造りの槽 4

及ぼすおそれのない場合があることから、労働災害防止措置が必要となる場合を「労働者に危険を及ぼすおそれのあるとき」に限定し、また、連続的に加工を行うことが少なくないことから、「戸、両手操作式による起動装置その他の安全装置」ではなく、「覆い、囲い等」の設置を義務付けた。平成 25 年 4 月 12 日基発 0412 第 13 号。https://www.jaish.gr.jp/anzen/hor/hombun/hor1-54/hor1-54-28-1-0.htm（最終アクセス 2019 年 5 月）

槽からなり、常時汚水が滞留し、その汚水が常に上下に攪拌されていて、その周囲には、昼夜作業員が巡回する通路があるのに、その周囲に高さが75センチメートル以上の丈夫な柵を設けるなどして、作業員の危険防止に必要な措置を講じなかった、として起訴された事案である。本件は、「活性汚泥槽」が、労働安全衛生規則533条にいう「煮沸槽、ホッパー、ピット」に含まれるかが争点となったが、決定ではこの点を積極に解している。「煮沸槽、ホッパー、ピット等」は、労働者が作業等をする現場に存在する上部開口の穴、窪み状のもの一般をいうものであることから、労働者の生命、身体に対し危険を及ぼす可能性が相当程度にあるといえることから決定は妥当である。

なお、清掃センターのごみピットの投入口における墜落防止措置を講じなかったことが、労働安全衛生法21条2項、労働安全衛生規則519条及び533条に違反するとして起訴された事案で、本件ごみピットが、同規則533条所定のピット等に該当するか否か、これに該当しない場合、同規則519条所定の「墜落により労働者に危険を及ぼすおそれのある場所」に該当し、被告において、同規則519条所定の墜落防止措置を講じるべきであったかどうかについて審理不尽としたものがある（東京高判平成18・8・1東高刑時報57巻1〜12号31頁）。

●両罰規定

労働安全衛生法122条は、「法人の代表者又は法人若しくは人の代理人、使用人その他の従業者が、その法人又は人の業務に関して、第116条、第117条、第119条又は第120条の違反行為をしたとき[21]は、行為者を罰す

---

[21] ここで「違反行為をしたとき」とは、116条、117条、119条又は120条が引用する各本条の規定に違反した行為であり、①不特定の者や労働者を措置義務者にしている規定の違反行為をしたとき、②形式的には事業者など特定の身分がある者を措置義務者としていても、内容的にはその使用する労働者などを対象としている規定について使用人等が違反行為を

るほか、その法人又は人に対しても、各本条の罰金刑を科する」と両罰規定を設けている。

両罰規定については、判例は、事業主が自然人である場合について、業務主体の処罰は、業務主体の過失を推定するものであるとしている[22]。したがって、事業主は、従業者の選任、監督その他法令の違反行為を防止するために必要な注意を怠ったときにはこの両罰規定が適用されることになるが、事業者が必要な措置を尽くしたことを証明すれば、その事業者は免責される[23]。

従来の労働基準法121条1項には、但書として、この旨の規定が明文化されていたが、本法においても、その趣旨は同じであり、但書が削除されたことによって実質的な変更があるわけではない[24]。

行ったとき、又は、③受任者若しくは補助者など権限を与えられた者が違反行為を行ったときに限定される。寺西・前掲注（14）243頁。
[22] 最大判昭和32・11・27刑集11巻12号3113頁。
[23] 例えば、ある会社が製造許可を受けなければならない物質を、許可を受けずに製造した場合には、具体的な実行行為は、法人の役員又は従業者である自然人が行うことから、その者が刑事責任を問われることになるが、事業者である会社にも罰金刑が科せられる。この場合において、事業者である会社が、製造の許可を受けるために必要な措置を講じたり、また、その物質の製造を行わせないような措置を講じていれば、両罰規定の適用を受けないことになる。労務行政研究所・前掲注（1）882頁。
[24] 労務行政研究所・前掲注（1）882頁。

労働安全衛生法の主な罰則一覧

内容		罰条	法定刑
製造等の禁止違反（55条）	何らの許可を受けずに、労働者に重度の健康障害を生ずるもので、政令で定めているものを製造・輸入・譲渡・提供・使用すること	116条	3年以下の懲役又は300万円以下の罰金
製造の許可違反（37条1項）	許可を得ずに特に危険な作業を必要とする機械等として別表第1で定められているものを製造すること	117条	1年以下の懲役又は100万円以下の罰金
秘密保持義務等違反（75条の8）	各種免許試験における指定試験機関の役員や免許試験員などが、試験事務に関して知り得た秘密を洩らすこと		
計画の届出等違反（86条2項）	労働安全コンサルタント、労働衛生コンサルタントがその業務において知り得た秘密を洩らし、あるいは盗用すること		
登録取消し等違反（53条1項、54条の6第2項、75条の11第2項）＊処罰対象は役員や職員	登録製造時等検査機関等が、業務の停止命令に違反すること	118条	
作業主任者選任違反（14条）	高圧室内作業、その他労働災害を防止するための管理を必要とする作業にあたり、作業主任者を選任しなかったこと	119条1号	6月以下の懲役又は50万円以下の罰金
事業者の講ずべき措置等違反（20～25条）	労働者の危険又は健康障害を防止するための措置を講じなかったこと		
機械等貸与者等の講ずべき措置等違反（33条1項、2項）	政令で定められた機械を他の労働者に貸与する場合に労働災害を発生させないために必要な措置を講じなかったこと、又は貸与を受けた事業者が操作による労働災害を防止するために必要な措置を講じなかったこと		
重量表示違反（35条）	1つの貨物で1トン以上のものを発送しようとする場合に、見やすく、かつ、容易に消滅しない方法で当該貨物の重量を表示しなかったこと		
作業環境測定違反（65条）	有害な業務を行う屋内作業場その他の作業場で、必要な作業環境測定を行わなかった、又はその結果を記録していなかったこと		
病者の就業禁止違反（68条）	伝染性の疾病で厚生労働省令に定められている疾病に罹患した従業員の就業を禁止しなかったこと		
安全管理者等選任違反（10条、11条、12条、13条、15条、16条）	総括安全衛生管理者、安全管理者、衛生管理者、産業医、統括安全衛生責任者、安全衛生責任者である事業者が選任をしていなかったこと	120条1号	50万円以下の罰金
定期自主検査違反（45条1項）	ボイラー等の政令で定められている機械に対して、政令で定められた通りの検査の実施、記録を行わなかった		
安全衛生教育違反（59条1項）	厚生労働省令の定めに沿って、安全衛生教育を実施しなかったこと		

職業安定法

——職業紹介・労働者供給事業 に関する規制と罰則

● 職業安定法とは

　職業安定法（昭和22年法律第141号）は、日本国憲法に規定された勤労権（憲法27条）を保障し、職業選択の自由（憲法22条）の趣旨を尊重しつつ、職業紹介や労働者供給について定めている。

　同法は、労働施策の総合的な推進並びに労働者の雇用の安定及び職業生活の充実等に関する法律（昭和41年法律第132号）[1]と相まって、公共に奉仕する公共職業安定所その他の職業安定機関が関係行政庁又は関係団体の協力を得て職業紹介事業等を行うこと、職業安定機関以外の者の行う職業紹介事業等が労働力の需要供給の適正かつ円滑な調整に果たすべき役割にか

---

1 「労働施策の総合的な推進並びに労働者の雇用の安定及び職業生活の充実等に関する法律」は、従前は「雇用対策法」と呼ばれていた法律が、2018年7月6日に施行された「働き方改革を推進するための関係法律の整備に関する法律」（平成30年法律第71号）により改称された。
　同法は、国が、少子高齢化による人口構造の変化等の経済社会情勢の変化に対応して、雇用に関し、その政策全般にわたり、必要な施策を総合的に講ずることにより、労働市場の機能が適切に発揮され、労働力の需給が質量両面にわたり均衡することを促進して、労働者がその有する能力を有効に発揮することができるようにし、これを通じて、労働者の職業の安定と経済的社会的地位の向上とを図るとともに、経済及び社会の発展並びに完全雇用の達成に資することを目的としている（1条1項）。

んがみその適正な運営を確保すること等により、各人にその有する能力に適合する職業に就く機会を与え、及び産業に必要な労働力を充足し、もって職業の安定を図るとともに、経済及び社会の発展に寄与することを目的としている（1条）。

●職業選択の自由及び均等待遇の原則

　職業安定法は、「何人も、公共の福祉に反しない限り、職業を自由に選択することができる」（2条）と職業選択の自由を定めるとともに、「何人も、人種、国籍、信条、性別、社会的身分、門地、従前の職業、労働組合の組合員であること等を理由として、職業紹介、職業指導等について、差別的取扱を受けることがない」（3条）と均等待遇[2]を定めている。

　「職業紹介」とは、求人及び求職の申込みを受け、求人者と求職者との間における雇用関係の成立をあっせんすることをいう（4条1項）[3]。

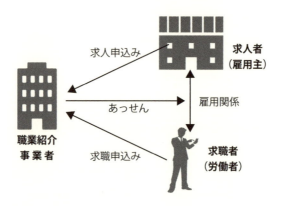

2　なお、労働組合法の規定によって、雇用主と労働組合との間に締結された労働協約に別段の定のある場合は、例外とされる（3条但書）。
3　最判昭和30・10・4刑集9巻11号2150頁は、職業紹介とは、求人及び求職の申込を受けて求人者と求職者の間に介在し、両者間における雇用関係成立のための便宜をはかり、その成立を容易ならしめる行為一般を指称し、必ずしも、雇用関係の現場にあって直接これに関与・介入する必要はないとする。

「職業指導」とは、職業に就こうとする者に対し、実習、講習、指示、助言、情報の提供その他の方法により、その者の能力に適合する職業の選択を容易にさせ、及びその職業に対する適応性を増大させるために行う指導をいう（4条4項）。

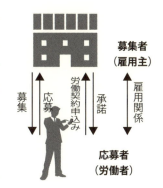

「労働者の募集」とは、労働者を雇用しようとする者が、自ら又は他人に委託して、労働者となろうとする者に対し、その被用者となることを勧誘することをいう（4条5項）。

労働者の募集には、文書募集、直接募集、委託募集がある。

「労働者の供給」とは、供給契約に基づいて労働者を他人の指揮命令を受けて労働に従事させることをいい、労働者派遣事業の適正な運営の確保及び派遣労働者の保護等に関する法律（昭和60年法律第88号）2条1号に規定する労働者派遣[4]に該当するものを含まない（4条7項）。

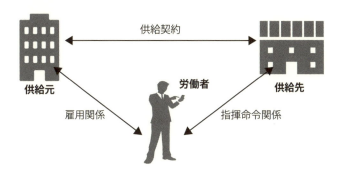

4　労働者派遣とは、自己の雇用する労働者を、当該雇用関係の下に、かつ、他人の指揮命令を受けて、当該他人のために労働に従事させることをいう。当該他人に対し当該労働者を当該他人に雇用させることを約してするものを含まない。本書「労働者派遣法」111頁参照。

職業安定法　103

●規制態様と罰則

1 精神又は身体の自由を不当に拘束する手段による職業紹介、労働者の募集若しくは労働者の供給等

　暴行、脅迫、監禁その他精神又は身体の自由を不当に拘束する手段によって、職業紹介、労働者の募集若しくは労働者の供給を行った者又はこれらに従事した者は、1年以上10年以下の懲役又は20万円以上300万円以下の罰金に処せられる（63条1号）。

　職業紹介、労働者の募集若しくは労働者の供給、労働者派遣に該当するか否かは、契約の名称にかかわらず、その実態により判断される。

　「暴行、脅迫、監禁」は、刑法にいう「暴行」（刑法208条）、「脅迫」（同222条）、「監禁」（同220条）をいう。

　「その他精神又は身体の自由を不当に拘束する手段」とは、暴行、脅迫、監禁のほか、事業者が労働者の意思に反して労働を強制しうる程度の拘束を加える一切をいう。

　最決昭和37・6・5裁判集刑事143号15頁は、①被告人は、Cと同棲中同女を働かせてその周旋料を取得しようと企て、同女に対し短刀を示しながら、「逃げたら只ではおかんぞ。」と申し向けて同女を脅迫し、料理店AことBに対し、同女を同人方女給として雇入方斡旋し、もって脅迫による職業紹介を行ったものであるとの職業安定法63条1項該当の「公訴事実」と、②被告人は相被告人と共謀の上、法定の除外事由がないのに営利の目的でBに対し右Cを仲居として雇用するよう斡旋し、もって有料の職業紹介事業を行ったものであるとの職業安定法64条1号、32条1項本文、刑法60条該当の第1審判決「認定事実」とは、基本的事実関係においては同一であると認められるので、いわゆる公訴事実の同一性には欠けるところはないとする。

2　有害な業務に就かせる目的での職業紹介、労働者の募集若しくは労働者の供給等

　職業安定法63条2号は、公衆衛生又は公衆道徳上有害な業務に就かせる目的で、職業紹介、労働者の募集若しくは労働者の供給を行った者又はこれらに従事した者について、1年以上10年以下の懲役又は20万円以上300万円以下の罰金に処するとしている[5]。

　「公衆衛生上有害な業務」とは、国民の健康の維持増進にとって危害を及ぼすおそれのある業務をいうが、有害とは単なる抽象的危険性若しくは害悪の可能性があるだけでは足りず、社会的にみて相当高度な具体的危険性又は害悪の可能性があることを要する[6]。

　「公衆道徳上有害な業務」とは、社会共同生活において守らなければならない道徳に著しく反し、社会の善良な風俗を害するおそれのある業務をいう[7]。

　「公衆衛生上有害な業務」又は「公衆道徳上有害な業務」に該当するか否かは個別の事案に応じて判断される。

　「職業紹介、労働者の募集若しくは労働者の供給」は、それぞれ職業安定法4条1項[8]、5項、7項に定めるとおりである。

---

[5]　労働者派遣法も、「公衆衛生又は公衆道徳上有害な業務に就かせる目的で労働者派遣をした者は、1年以上10年以下の懲役又は20万円以上300万円以下の罰金に処する」（58条）と規定している。本書「労働者派遣法」113頁参照。

[6]　東京地判昭和41・12・16判タ204号180頁。同判決では、トルコ風呂におけるいわゆるスペシャル・サービスの業務は、職業安定法63条2号にいう「公衆道徳上有害な業務」に当たるが、「公衆衛生上有害な業務」には当たらないとする。

[7]　福岡高判昭和60・3・12高刑速昭和60年337頁は、売春類似行為によって収益を図るいわゆる「男性クリニック」営業は、社会一般の通常の倫理観念に抵触しその維持に支障を来し、社会共同生活に害を流すものであるから、公衆道徳上有害性は否定できないところであり、公衆道徳上有害な業務に就かせる目的で労働者の募集を行えば、それが人身売買行為とはいえなくても、職業安定法63条2号に該当するとしている。

　東京地判平成8・11・26判タ942号261頁は、わいせつビデオ映画の製作販売会社が制作するわいせつビデオの女優として稼働することを説得勧誘した事案につき、心身の発達途上にある15歳の女子中学生が自慰などをし、その場面を撮影させて報酬を得るということは、現代社会における善良な風俗を害するものであるから、「公衆道徳上有害な業務」に該当するとしている。

[8]　職業紹介に当たるとしたものとして、最決昭和34・9・22裁判集刑事131号607頁。

公衆衛生又は公衆道徳上有害な業務に就かせる目的で労働者の募集を行った者について、63条2号の罪が成立するためには、被用者となることを勧誘すれば足り、被用者となろうとする者にその旨の認識があることまで問うものではなく、被用者となろうとする者に公衆衛生又は公衆道徳上有害な業務を為すべきことの認識を与えることは必要ではない[9]。

　「労働者の募集」では、被用者となることを「勧誘すること」が要件とされる（4条5項）が、勧誘があるというためには、労働者となろうとする者に対し、被用者となるように勧め、あるいは誘うなどの働きかけのあることが必要である。したがって、契約締結の際における単なる面接や雇用条件の告知など「労働契約締結に当然伴う行為」は、労働者となろうとする者の意思決定に事実上影響を及ぼすことがあっても、「勧誘」には当たらない[10]。

　「労働者の供給」を行ったというためには、労働者と供給者との間に事実上の支配関係があれば足り、強い支配従属関係の存在を必要とするものではない[11]。また、労働者の供給については、供給元が労働者を供給先に

9　東京高判昭和31・7・17高刑集9巻7号754頁。
10　大阪高判平成3・5・9高刑集44巻2号113頁は、職安法63条2号は、売春防止法10条のように、有害な業務に就くことを内容とする契約の締結行為自体を処罰の対象としていないこと、有害な業務に就くことを内容とする契約も労働基準法15条（使用者に、労働契約締結に際し、労働者に対して賃金、労働時間その他の労働条件を明示することを義務付けている規定）の適用がある労働契約であることを指摘し、職業安定法4条5項にいう「勧誘があるというためには、労働者となろうとする者に対し、被用者となるように勧め、あるいは誘うなどの働きかけのあることが必要であって、面接のなかでこのような働きかけをしたり、殊更雇用（労働）条件を偽るなど特別の事情がある場合は別として、前記契約締結の際における単なる面接や雇用（労働）条件の告知など労働契約締結に当然伴う行為は、労働者となろうとする者の意思決定に事実上影響を及ぼすことがあっても、なお勧誘に当たらないと解するのが相当である」と説示している。
　東京地判平成8・11・26判タ942号261頁は、「働きかけ」は他人を介してされることも当然に含むから、芸能プロダクションを介して労働者を雇い入れたとしても、それによって当然に労働者の募集をしたことが否定されるわけではないが、その場合の特殊性として、労働者を雇用しようとする者が働きかける必要性が弱くなり、労働の内容を説明すれば足りるということがあるばかりでなく、労働の内容を説明するだけで芸能プロダクション側から売込みがなされ、それに応じて雇い入れるということがあり得るとし、芸能プロダクションを通してアダルトビデオの女優を雇い入れた事案につき、「労働者の募集」を行ったとは認められないとして、この点について無罪としている。
11　福岡高判昭和49・6・6刑月6巻6号633頁は、63条2号は、44条の労働者供給事業禁

供するにつき、労働者に対し単なる紹介にとどまらず、その意思決定に当たって何らかの指示ないし影響を与え得る関係があれば足りる[12]。

3 有料職業紹介事業

「有料の職業紹介」とは、無料の職業紹介以外の職業紹介をいう（4条3項）。ここにいう「無料の職業紹介」とは、職業紹介（4条1項）に関し、いかなる名義でも、その手数料又は報酬を受けないで行う職業紹介をいう（4条2項）。有料には、営利を目的とするもののほか実費の徴収を含む。

「職業紹介」とは、職業安定法4条1項にいう「雇用関係の成立をあっせんすること」をいい、媒介又は周旋をするなどその雇用関係についてなんらかの因果関係を有する関与があれば足り、必ずしも雇用契約の成立を必要とするものではない[13]。

ここにいう「雇用関係」とは、必ずしも厳格に民法上の「雇用」（同法623条）と同意義に解すべきものではなく、広く社会通念上被用者が有形無形の経済的利益を得て、一定の条件の下に使用者に対し肉体的、精神的労務を供給する関係にあれば足りると解される[14]。

「事業」とは、反復継続する意思をもって職業紹介を行うことをいい、現実に反復して行われることを要せず、1回の行為でも、継続的意思のも

止の規定と異なり、労働者が公衆衛生又は公衆道徳上有害な業務に就くのを防止することを目的としているのであるから、労働者をそのような業務に就かせる目的で1回でも職業紹介、労働者の募集若しくは労働者の供給を行えば処罰の対象となると解すべきであるとして、労働者の供給を行ったというためには、労働者と供給者との間に強い支配従属関係の存在を必要としないと説示している。

12　東京高判平成5・11・11高刑集46巻3号294頁。
13　最決昭和35・4・26刑集14巻6号768頁。
　　大阪地判昭和43・7・15判タ228号227頁は、4条1項の「職業紹介」の意義について、あっせん行為さえあれば雇用関係の成立を要しないという最高裁の立場からは、求人及び求職双方の申込みが必要であるともいえるが、求人申込みが求職申込みに先行することを要しないし、あっせん者のあっせん行為に先行して、これと無関係に存在することを要するものでもないので、求職の申込みを受けたあっせん者が、使用者側に人を雇い入れる意思はないかと打診した際に、その意思とあっせん方を依頼する意思のあることを言葉で明確に表明した場合はもとより、言葉では明確に表明していなくとも、あっせんに応ずることを態度で示した場合にも、求人の申込みがあったものと解するとしている。
14　最判昭和29・3・2刑集8巻3号240頁。

とで行われれば、これに当たる。

　求職の申込みをした者の氏名、住所、年令、学歴、希望職種等を求職者リストに登載したうえ、求人の申込みをした者に対し求職者リストから選び出した数名の求職者の氏名等を記載した名簿を交付するなどの方法で、求人者をして求職者と面接するように仕向ければ、職業紹介に当たる[15]。

　なお、最判昭和36・4・11刑集15巻4号716頁は、公衆衛生又は公衆道徳上有害な業務に就かせる目的で職業紹介をすることを処罰することを定めた職業安定法63条2号は、憲法22条に違反しないとする。また、最決昭和36・12・6裁判集刑事140号375頁は、職業安定法63条2号は憲法31条に違反しないとする[16]。

4　労働者供給事業

　労働者供給事業とは、労働者供給を業として行うことをいうものである（64条9号、44条前段）。

　「業として行う」とは、一定の目的をもって同種の行為を反復継続的に遂行することをいい、1回限りの行為であったとしても反復継続の意思をもって行えば事業性があるが、形式的に繰り返し行われたとしても、すべて受動的、偶発的行為が継続した結果であって反復継続の意思をもって行われていなければ、事業性は認められない[17]。

　労働者供給事業は、労働組合等が、厚生労働大臣の許可を受けた場合に、無料で労働者供給事業を行うことができるほかは、何人も行うことはできない（44条、45条、罰則は64条9号）。また、労働者供給事業を行う者から

---

[15]　最決昭和57・4・2刑集36巻4号538頁。
[16]　売春を業とする接客婦の雇用をあっせんした場合の事案で、およそ売春を業とすることが職業安定法63条2号にいわゆる公衆衛生、公衆道徳上有害な業務に該当することは明白であると説示している。
[17]　一般的には、労働者の供給を行う旨宣伝、広告している場合や事務所を構え労働者供給を行う旨看板を掲げている場合等については、原則として事業性ありと判断されよう。https://www.mhlw.go.jp/general/seido/anteikyoku/jukyu/kyoukyu/dl/01.pdf（最終アクセス2019年5月）

供給される労働者を自らの指揮命令の下に労働させることも禁止されている（44条）。

　労働者供給事業においては、労働者供給事業を行う者の一方的な意思によって、労働者の自由意思を無視して労働させる等のいわゆる強制労働の弊害や支配従属関係を利用して本来労働者に帰属すべき賃金をはねるといういわゆる中間搾取の弊害が生じるおそれがあることから、職業安定法は上記のような規制を設けている[18]。

　職業安定法67条は、「法人の代表者又は法人若しくは人の代理人、使用人その他の従業者が、その法人又は人の業務に関して、第63条から前条までの違反行為をしたときは、行為者を罰するほか、その法人又は人に対しても、各本条の罰金刑を科する」[19]と規定して、両罰規定を設けて法人の代表者が法人の行為として行った労働者供給事業について、代表者の行為について代表者個人及び法人を処罰することとしている。

---

[18]　https://www.mhlw.go.jp/general/seido/anteikyoku/jukyu/kyoukyu/dl/01.pdf（最終アクセス2019年5月）

[19]　本条は、平成11年に全面改正された（平成11年7月7日法律第85号、施行平成11年12月1日）。改正前は、「この法律の違反行為をした者が、法人又は人の事業又は業務について、当該法人又は人のために行為をした代理人又は被用者である場合においては、行為者を罰する外、当該法人の代表者又は人が普通の注意を払えば、その違反行為を知ることができるべきときは、その法人の代表者又は人に対しても各本条の罰金刑を科する」（1項）とし、「法人又は人が違反の計画を知り、その防止に必要な措置を講じなかった場合、違反行為を知り、その是正に必要な措置を講じなかった場合又は違反を教唆した場合においては、当該法人の代表者又は人も行為者として、これを罰する」（2項）と規定していたことから、両罰規定の趣旨が明確ではなかった。そのため、改正前においては、東京高判昭和51・3・1高刑集29巻2号205頁は、労働者を雇傭する会社の代表者が、他の会社との間に自社の労働者を供給する契約を締結し、労働者をその被供給会社に派遣して、同会社の担当者を介しその会社に使用させた場合には、その労働者の供給が会社の事業として行われたものであっても、代表者の行為はすべて会社自体の行為に転化するものではなく、会社代表者個人の行為としても存在するものであり、会社代表者は個人として労働者供給事業の禁止規定に違反する行為をしたというように両罰規定の趣旨を解釈する裁判例があった。

職業安定法の主な罰則一覧

行為	罰条	法定刑
暴行、脅迫、監禁その他精神又は身体の自由を不当に拘束する手段によって、職業紹介、労働者の募集若しくは労働者の供給を行うこと又はこれらに従事すること	63条1号	1年以上10年以下の懲役又は20万円以上300万円以下の罰金
公衆衛生又は公衆道徳上有害な業務に就かせる目的で、職業紹介、労働者の募集若しくは労働者の供給を行うこと、又はこれらに従事すること	63条2号	
偽りその他不正の行為により、労働者供給事業の許可を受けること	64条1号の2	1年以下の懲役又は100万円以下の罰金
法46条において準用する41条の規定による労働者供給事業の停止の命令に違反して労働者供給事業を行うこと	64条8号	
厚生労働大臣の許可を受けずに労働者供給事業を行うこと	64条9号	
改善命令に違反すること	65条7号	6月以下の懲役又は30万円以下の罰金
虚偽の広告をし、又は虚偽の条件を呈示して、労働者の供給を行うこと又はこれに従事すること	65条8号	
虚偽の条件を提示して、公共職業安定所又は職業紹介を行う者に求人の申込みを行うこと	65条9号	
労働条件が法令に違反する工場事業所等のために労働者の供給を行うこと又はこれに従事すること	65条10号	
法49条又は法50条1項の規定に違反して、故なく報告せず、又は虚偽の報告をすること	66条7号	30万円以下の罰金
法50条2項の規定による立入り若しくは検査を拒み、妨げ、若しくは忌避し、又は質問に対して答弁をせず、若しくは虚偽の陳述をすること	66条8号	
秘密を守る義務に違反すること	66条9号	

労働者派遣法

――労働者派遣事業に対する罰則

●労働者派遣法とは

　労働者派遣事業の適正な運営の確保及び派遣労働者の保護等に関する法律（昭和60年法律第88号）（以下「労働者派遣法」という）[1]は、「職業安定法（昭和22年法律第141号）と相まって労働力の需給の適正な調整を図るため労働者派遣事業の適正な運営の確保に関する措置を講ずるとともに、派遣労働者の保護等を図り、もって派遣労働者の雇用の安定その他福祉の増進に資すること」（1条）を目的とする[2]。

　労働者派遣法は、労働者派遣事業[3]を規制するいわゆる「業法」である。

　労働者派遣法は、「船員」を除き（3条）、公務員も含めたあらゆる労働者、あらゆる事業に適用される。

　労働者派遣とは、「自己の雇用する労働者を、当該雇用関係の下に、かつ、他人の指揮命令を受けて、当該他人のために労働に従事させることを

---

[1] 本法は、「労働者派遣事業の適正な運営の確保及び派遣労働者の就業条件の整備等に関する法律」という題名の法律として制定されたが、第180回国会（平成24年4月6日法律第27号）において、現在の名称に改題された。

[2] 本法は、「請負」契約による「派遣」という実態の業務に対する事業形態を規制することが企図されて制定された法律といえる。

[3] 労働者派遣事業とは、「労働者派遣を業として行うこと」をいう（2条3号）。

いい、当該他人に対し当該労働者を当該他人に雇用させることを約してするものを含まない」ことをいう（2条1号）[4]。したがって、労働者派遣における派遣元、派遣先及び派遣労働者[5]の3者間の関係は、①派遣元と派遣労働者との間に雇用関係があり、②派遣元と派遣先との間に労働者派遣契約が締結され、この契約に基づき、派遣元が派遣先に労働者を派遣し、③派遣先は派遣元から委託された指揮命令の権限に基づき、派遣労働者を指揮命令するというものである[6]。

　労働者派遣法が労働者派遣事業を制度化したのは、派遣労働者の保護と雇用の安定を図ることにある。派遣労働では、派遣労働者は、派遣先の指揮命令を受けるが、派遣先との間に直接の雇用関係がないことから、労働条件が、実質的には、派遣先・派遣元間の労働者派遣契約の契約内容によって制約されることになる。
　そこで、労働者派遣法は、派遣労働者の就業に関する条件を適正に整備するため、派遣元との雇用関係のみならず、派遣先との関係にも一定の規制を加えている。また、労働者派遣法は、派遣先事業所の同一組織に継続

---

[4] 労働者派遣は、労働者を「他人の指揮命令を受けて、当該他人のために労働に従事させること」であり、この有無により、労働者派遣を業として行う労働者派遣事業と請負により行われる事業とが区分されることになる。労働者派遣事業と請負により行われる事業との区分に関する基準（昭和61年労働省告示第37号）。

[5] 派遣労働者とは、「事業主が雇用する労働者であって、労働者派遣の対象となるもの」をいう（2条2号）。

[6] 厚生労働省職業安定局「労働者派遣事業関係業務取扱要領」1頁（2019年）。https://www.mhlw.go.jp/general/seido/anteikyoku/jukyu/haken/youryou_h24/2019/dl/01.pdf（最終アクセス2019年5月）

して3年間就業見込みのある有期雇用派遣労働者に一定の雇用安定措置を義務付け、さらに、派遣元事業主に対して、派遣先の社員との均衡を考慮して待遇を決定するよう配慮する義務を課すほか、派遣先についても均衡待遇について配慮義務を課すなどしている[7]。

労働者派遣法は、労働者派遣事業を行ってはならない業務（禁止業務）の規定（4条）、労働者派遣事業の許可に関する規定（5条～11条、14条）、労働者派遣事業の厚生労働大臣への事業報告（23条）、派遣元事業主の関係派遣先に対する労働者派遣の制限（23条の2）、個人情報の取扱い（24条の3）等を規定し、さらに第3章で「派遣労働者の保護等に関する措置」を規定し、第5章において「罰則」を規定している。

●罰則

労働者派遣法58条は、「公衆衛生又は公衆道徳上有害な業務に就かせる目的で労働者派遣をした者は、1年以上10年以下の懲役又は20万円以上300万円以下の罰金に処する」と定める。

「公衆衛生又は公衆道徳上有害な業務」とは、職業安定法63条2号に定めるものと同義である[8]。

東京地判平成6・3・7判時1530号144頁は、「労働者派遣法は、労働者派遣事業の適正な運営の確保及び派遣労働者の就業条件の整備等を図ることにより、派遣労働者の雇用の安定その他の福祉の増進に資することを目的とするもので（同法1条）、労働者保護立法としての色彩も有するものである。労働者派遣法58条の規定は、労働者派遣が労働者供給の一形態であることにかんがみ、職業安定法63条2号が処罰の対象としている行為

---

[7] 鎌田耕一・諏訪康雄編『労働者派遣法』〔諏訪康雄〕30頁（三省堂・2017年）。
[8] 職業安定法63条2号は、職業紹介、労働者の募集若しくは労働者の供給について定めるが、本条は労働者派遣を定めていることが異なる。本書「職業安定法」105頁参照。

のうち、同号所定の有害業務に就かせる目的で労働者派遣をする行為については、労働者派遣法において、同様に禁止し、処罰することとしたものと解される。すなわち、労働者派遣法58条の規定は、同条所定の有害業務に就かせる目的で労働者派遣をすることを禁止することにより、その業務の存立を困難ならしめるとともに、派遣労働者一般の保護を図ることを目的としたものと解される」とする。そして、芸能プロダクションである有限会社及びその代表者らが、会社の業務について雇用労働者をアダルトビデオ制作会社に派遣したという事案につき、労働者派遣法58条にいう「公衆道徳上有害な業務」に該当するかどうかは、「派遣労働者の従事する業務内容自体から判断すべきであって、派遣労働者の従事する業務から作り出された結果（本件においては、製作発表されたビデオ映画）によって判断すべきではないことは、いうまでもない」として、アダルトビデオへの出演行為は、社会共同生活において守られるべき性道徳を著しく害するものというべきであり、ひいては、派遣労働者一般の福祉を害することになることから、「公衆道徳上有害な業務」に該当すると結論づけた[9]。

東京地判平成20・4・11（平成19年（合わ）591号）は、被告会社の社長等であった被告人両名が、共謀の上、被告会社の業務に関し、雇用した被害女性をAV女優として制作会社に複数回派遣し、男優を相手に性交させるなどの有害業務に就かせたという事案で、本罪が労働に従事させることによって成立するものと解されるとの前提で、派遣が少なくとも3週間以上の間隔をおいて行われたもので、派遣場所もいずれも異なっており、日時場所が近接しているとはいえないこと、また各公訴事実ごとに監督も異なる別個のアダルトDVDに出演させたものであり、従事させた労働の内容の独立性が高いことからすれば、各事実ごとに別罪が成立し、その罪数関係は併合罪となると評価するのが相当であるとして、検察官が全体を包括一罪と主張したのを斥けた判断をしている。

9　横浜地判昭和63・5・25判時1277号169頁は、派遣先のストリップ劇場経営者が卑わいなショーを演じさせることを知りながら、自己の雇用する女性を踊り子として派遣した事案につき、労働者派遣法58条が成立するとしている。

労働派遣法の主な罰則一覧

行為等	罰条	法定刑
適用除外業務について、労働者派遣事業を行った者（4条1項）	59条1号	1年以下の懲役又は100万円以下の罰金
厚生労働大臣の許可を受けないで労働者派遣事業を行った者（5条1項）	59条2号	
偽りその他不正の行為により労働者派遣事業の許可を受けた者（5条1項）	59条3号	
労働者派遣事業の許可又は許可の有効期間の更新の申請書、事業計画書等の書類に虚偽の記載をして提出した者（5条2項又は3項（10条5項の準用を含む））	61条1号	30万円以下の罰金
偽りその他不正の行為により労働者派遣事業の許可の有効期間の更新を受けた者（10条2項）	59条3号	1年以下の懲役又は100万円以下の罰金
①労働者派遣事業の氏名等の変更の届出をせず、又は虚偽の届出をした者、②労働者派遣事業を行う事業所の新設に係る変更届出の際、事業計画書等の添付書類に虚偽の記載をして提出した者（11条1項）	61条2号	30万円以下の罰金
労働者派遣事業の廃止の届出をせず、又は虚偽の届出をした者（13条1項）		
期間を定めた労働者派遣事業の全部又は一部の停止についての厚生労働大臣の命令に違反した者（14条2項）	59条4号	1年以下の懲役又は100万円以下の罰金
派遣元事業主の名義をもって、他人に労働者派遣事業を行わせた者（15条）	59条1号	
海外派遣の届出をせず、又は虚偽の届出をした者（23条4項）	61条2号	30万円以下の罰金
労働者派遣をしようとする場合に、あらかじめ、当該派遣労働者に就業条件等の明示を行わなかった者（34条）	61条3号	
労働者派遣をするとき、派遣労働者の氏名等を派遣先に通知をせず、又は虚偽の通知をした者（35条）	61条4号	
派遣先の事業所等ごとの業務について派遣可能期間の制限に抵触することとなる最初の日以降継続して労働者派遣を行った者（35条の2）	61条3号	
派遣先の事業所等における組織単位ごとの業務について、3年を超える期間継続して同一の派遣労働者に係る労働者派遣を行った者（35条の3）		
派遣元責任者を選任しなかった者（36条）		
派遣元管理台帳を作成若しくは記載せず、又はそれを3年間保存しなかった者（37条）		
派遣先責任者を選任しなかった者（41条）		
派遣先管理台帳を作成若しくは記載せず、それを3年間保存せず、又はその記載事項（派遣元事業主の氏名及び名称は除く）を派遣元事業主に通知しなかった者（42条）		
派遣労働者に係る雇用管理の方法の改善その他当該労働者派遣事業の運営を改善するために必要な措置を講ずべき旨の厚生労働大臣の命令（改善命令）に違反した者（49条1項）	60条1号	6月以下の懲役又は30万円以下の罰金
継続させることが著しく不適当であると認められる派遣就業に係る労働者派遣契約による労働者派遣を停止する旨の厚生労働大臣の命令に違反した者（49条2項）		
法又はこれに基づく命令の規定に違反する事実がある場合において、派遣労働者がその事実を厚生労働大臣に申告したことを理由として、当該派遣労働者に対して解雇その他不利益な取扱いをした者（49条の3第2項）	60条2号	

必要な報告をせず、又は虚偽の報告をした者（50条）	61条5号	30万円以下の罰金
関係職員の立入検査に際し、立入り若しくは検査を拒み、妨げ、若しくは忌避し、又は質問に対して答弁せず、若しくは虚偽の陳述をした者（51条1項）	61条6号	
公衆衛生又は公衆道徳上有害な業務に就かせる目的で労働者派遣をした者	58条	1年以上10年以下の懲役又は20万円以上300万円以下の罰金
法人の代表者又は法人若しくは人の代理人、使用人その他の従業者が、その法人又は人の義務に関して、58条から61条までの違反行為をしたときは、その法人又は人に対しても、各々の罰金刑を科す。	62条	（両罰規定）

技能実習法

——外国人技能実習の違反行為と罰則

●外国人の技能実習の適正な実施及び技能実習生の保護に関する法律とは

　外国人の技能実習の適正な実施及び技能実習生の保護に関する法律（平成28年法律89号）（以下「技能実習法」という）は、わが国で開発され培われた技能、技術又は知識の開発途上国等への移転を図り、その開発途上国等の経済発展を担う「人づくり」に協力することを目的とする技能実習制度について、制度の趣旨を理解せず、国内の人手不足を補う安価な労働力の確保策として使われており、その結果、労働関係法令の違反や人権侵害が生じている等の指摘があったことから、指摘されている問題点の改善を行い、制度の趣旨に沿った運用の確保を図る必要があるとして制定された[1]。

●技能実習法における技能実習生の保護

　技能実習生の保護のため、技能実習の強制、違約金設定、旅券又は在留

1　第189回国会衆議院会議録第44号4頁（平成27年9月3日）。

カードの保管等に対する禁止規定を法律に定めるほか、これに違反した場合の罰則に関する規定を定めている。

　また、実習実施者又は監理団体の法令違反があった場合に、技能実習生が当該事実を主務大臣に通報・申告することができることとし、技能実習生からの相談に応じる体制も整備された。

　さらに、人権侵害行為を受けた技能実習生が引き続き技能実習を継続することができるよう、外国人技能実習機構において転籍を支援する体制も整備している[2]。

●禁止行為と罰則

1　暴力、脅迫、監禁等による技能実習の強制の禁止

　技能実習法 46 条は、「実習監理を行う者（第 48 条第 1 項において「実習監理者」という。）又はその役員若しくは職員（次条において「実習監理者等」という。）は、暴行、脅迫、監禁その他精神又は身体の自由を不当に拘束する手段によって、技能実習生の意思に反して技能実習を強制してはならない」と定める。

　これに違反した場合には、技能実習法 108 条により、1 年以上 10 年以下の懲役又は 20 万円以上 300 万円以下の罰金に処せられる。

　技能実習法 46 条は実習実施者について触れていないが、使用者である実習実施者については、労働基準法 5 条（強制労働の禁止）の適用がある。

　ここでいう「暴行、脅迫、監禁その他精神又は身体の自由を不当に拘束する手段」とは、労働基準法 5 条でいう「暴行、脅迫、監禁その他精神又は身体の自由を不当に拘束する手段」と同様である。

2　法務省・厚生労働省編『技能実習制度　運用要領』259 〜 264 頁参照。

2 技能実習に係る契約の不履行についての違約金等の禁止

技能実習法47条1項は「実習監理者等は、技能実習生等(技能実習生又は技能実習生になろうとする者をいう。以下この条において同じ。)又はその配偶者、直系若しくは同居の親族その他技能実習生等と社会生活において密接な関係を有する者との間で、技能実習に係る契約の不履行について違約金を定め、又は損害賠償額を予定する契約をしてはならない」とし、2項で「実習監理者等は、技能実習生等に技能実習に係る契約に付随して貯蓄の契約をさせ、又は技能実習生等との間で貯蓄金を管理する契約をしてはならない」と定める。

技能実習生との間で違約金等の契約がされることは、実習実施者における業務従事の強制等の問題を引き起こし、技能実習生の自由意思に反した人権侵害行為を惹起するおそれがある。そこで、実習監理者又はその役職員が、技能実習生等又はその配偶者、直系若しくは同居の親族その他技能実習生等と社会生活において密接な関係を有する者との間で、技能実習に係る契約の不履行について違約金を定め、又は損害賠償額を予定する契約をすることは禁止されている。

これに違反した場合には、技能実習法111条4号により6カ月以下の懲役又は30万円以下の罰金に処せられる。

実習実施者による技能実習に係る契約の不履行についての違約金等の禁止について47条では実習実施者について触れていないが、使用者である実習実施者には、労働基準法16条(賠償予定の禁止)及び18条(強制貯金)の適用がある。

また、保証金の徴収は、47条が禁止する「技能実習に係る契約の不履行について違約金を定め、又は損害賠償額を予定する契約」に該当する。保証金の徴収その他名目のいかんを問わず金銭その他の財産を管理することは許されない。

技能実習生が技能実習に係る契約の不履行をした場合を想定して、監理団体が外国の送出機関に対して違約金等の設定を行うことは、技能実習生

等との直接の契約でなくとも、違約金を払う立場の外国の送出機関が技能実習生等から保証金や高額な手数料等を徴収するおそれがあるため許されない[3]。

3 旅券・在留カードの保管等の禁止

技能実習法48条1項は、「技能実習を行わせる者[4]若しくは実習監理者又はこれらの役員若しくは職員（次項において「技能実習関係者」という。）は、技能実習生の旅券（入管法第2条第5号に規定する旅券をいう。第111条第5号において同じ。）又は在留カード（入管法第19条の3に規定する在留カードをいう。同号において同じ。）を保管してはならない」とし、2項において「技能実習関係者は、技能実習生の外出その他の私生活の自由を不当に制限してはならない」と定める。

技能実習生の旅券や在留カードの保管や外出等の私生活の自由の制限は、技能実習生の国内における移動を制約することで実習実施者における業務従事の強制等の問題を引き起こし、技能実習生の自由意思に反した人権侵害行為を惹起するおそれがある。

そこで、技能実習を行わせる者若しくは実習監理者又はこれらの役員が、技能実習生の旅券や在留カードを保管することは禁止されている（1項）。

これに違反して、技能実習生の意思に反して技能実習生の旅券や在留カードを保管した場合には、技能実習法111条5号の規定により6カ月以下の懲役又は30万円以下の罰金を科すこととしている。

---

[3] 外国人の技能実習の適正な実施及び技能実習生の保護に関する法律施行規則（平成28年法務省・厚生労働省令第3号）10条は「技能実習の目標及び内容の基準」を定めるが、このような違約金等の設定を行うことは、規則10条2項6号ロに定める「申請者又は外国の準備機関（団体監理型技能実習に係るものである場合にあっては、申請者、監理団体、取次送出機関又は外国の準備機関）が、他のこれらの者との間で、技能実習生等が本邦において行う技能実習に関連して、技能実習に係る契約の不履行について違約金を定める契約その他の不当に金銭その他の財産の移転を予定する契約をしていないこと」にも違反する。

[4] 「実習実施者」ではなく「技能実習を行わせる者」としているのは、本条が、技能実習計画の認定を受けた者のみをその対象とするのではなく、認定を受けずに技能実習を行わせる者についてもその対象とすることとしたことによる。

また、技能実習を行わせる者若しくは実習監理者又はこれらの役員が、技能実習生の外出その他の私生活の自由を不当に制限することも禁止されている（2項）。

　これに違反して、技能実習生に対し、解雇その他の労働関係上の不利益又は制裁金の徴収その他の財産上の不利益を示して、技能実習が行われる時間以外における他の者との通信若しくは面談又は外出の全部又は一部を禁止する旨を告知した場合には、111条6号の規定により6カ月以下の懲役又は30万円以下の罰金を科すこととしている。

4　技能実習の中止等

　技能実習法49条1項は、「実習実施者若しくは監理団体又はこれらの役員若しくは職員（次項において「実習実施者等」という。）がこの法律又はこれに基づく命令の規定に違反する事実がある場合においては、技能実習生は、その事実を主務大臣に申告することができる」とし、2項において「実習実施者等は、前項の申告をしたことを理由として、技能実習生に対して技能実習の中止その他不利益な取扱いをしてはならない」と定める。

　技能実習生本人が、技能実習法令に違反する行為に遭遇した際に、自ら実習実施者、監理団体等の不法行為を申告する[5]ことによって、迅速かつ的確な主務大臣の権限行使ができ、不法行為を是正することが可能となる。

　そこで、実習実施者若しくは監理団体又はこれらの役職員が技能実習法令の規定に違反する事実がある場合においては、技能実習生は、その事実を主務大臣に申告することができることとしている。

　そのうえで、実習実施者若しくは監理団体又はこれらの役職員が、技能実習生が申告をしたことを理由として技能実習の中止その他不利益な取扱いをすることを禁止している。

---

[5] 申告は、外国人技能実習機構が実施する母国語による相談窓口（電話、メール）を通じて行うこともできる。また、申告は、技能実習本人だけでなく、技能実習生から委任を受けた代理人によってもできる。

これに違反した場合には、技能実習法111条7号の規定により6カ月以下の懲役又は30万円以下の罰金を科すこととしている。

技能実習法の主な罰則一覧

	内容	罰条
報告徴収等 （13条1項、35条1項）	13条1項又は35条1項の規定による報告若しくは帳簿書類の提出若しくは提示をせず、若しくは虚偽の報告若しくは虚偽の帳簿書類の提出若しくは提示をし、又はこれらの規定による質問に対して答弁をせず、若しくは虚偽の答弁をし、若しくはこれらの規定による検査を拒み、妨げ、若しくは忌避した者	30万円以下の罰金 （112条1号）
改善命令等 （15条1項）	15条1項の規定による改善命令の処分に違反した者	6月以下の懲役又は30万円以下の罰金 （111条1号）
実施の届出 （17条）	17条の規定による実施の届出をせず、又は虚偽の届出をした者	30万円以下の罰金 （112条2号）
技能実習を行わせることが困難となった場合の届出等 （19条1項）	19条1項の規定による技能実習継続困難時の届出をせず、又は虚偽の届出をした者	30万円以下の罰金 （112条3号）
技能実習を行わせることが困難となった場合の届出等 （19条2項）	19条2項の規定による技能実習継続困難時の通知をせず、又は虚偽の通知をした者	30万円以下の罰金 （112条4号）
帳簿の備付け （20条）	20条の規定に違反して帳簿書類を作成せず、若しくは事業所に備えて置かず、又は虚偽の帳簿書類を作成した者	30万円以下の罰金 （112条5号）
監理団体の許可 （23条1項）	23条1項の規定に違反して許可を受けずに実習監理を行った者	1年以下の懲役又は100万円以下の罰金 （109条1号）
監理団体の許可等 （23条1項、31条2項又は32条1項）	偽りその他不正の行為により、許可、許可の有効期間の更新又は変更の許可を受けた者	1年以下の懲役又は100万円以下の罰金 （109条2号）
監理団体の許可等 （23条2項。31条5項及び32条2項において準用する場合を含む）	23条2項（31条5項及び32条2項において準用する場合を含む）に規定する申請書であって虚偽の記載のあるものを提出した者	30万円以下の罰金 （112条6号）
監理団体の許可等 （23条3項。31条5項及び32条2項において準用する場合を含む）	23条3項（31条5項及び32条2項において準用する場合を含む）に規定する書類であって虚偽の記載のあるものを提出した者	
監理費 （28条1項）	28条1項の規定に違反して、手数料又は報酬を受けた者	6月以下の懲役又は30万円以下の罰金 （111条2号）
変更の許可等 （32条3項）	32条3項の規定による変更の届出をせず、若しくは虚偽の届出をし、又は同項に規定する書類であって虚偽の記載のあるものを提出した者	30万円以下の罰金 （112条7号）

技能実習の実施が困難となった場合の届出 （33条1項）	33条1項の規定による技能実習継続困難時の届出をせず、又は虚偽の届出をした者	30万円以下の罰金 （112条8号）
事業の休廃止 （34条1項）	34条1項の規定による事業の休廃止の届出をしないで、又は虚偽の届出をして、監理事業を廃止し、又はその全部若しくは一部を休止した者	30万円以下の罰金 （112条9号）
改善命令等 （36条1項）	36条1項の規定による改善命令の処分に違反した者	6月以下の懲役又は30万円以下の罰金 （111条3号）
許可の取消し等 （37条3項）	37条3項の規定による処分に違反した場合におけるその違反行為をした監理団体の役員又は職員	1年以下の懲役又は100万円以下の罰金 （109条3号）
名義貸し （38条）	自己の名義をもって、他人に監理事業を行わせた場合におけるその違反行為をした監理団体の役員又は職員	1年以下の懲役又は100万円以下の罰金 （109条4号）
監理責任者の設置等 （40条1項）	40条の規定に違反して事業所ごとに監理責任者を選任しなかった監理団体の役員又は職員	30万円以下の罰金 （112条10号）
帳簿の備付け （41条）	41条の規定に違反して帳簿書類を作成せず、若しくは事業所に備えて置かず、又は虚偽の帳簿書類を作成した監理団体の役員又は職員	30万円以下の罰金 （112条11号）
秘密保持義務 （44条）	正当な理由なく、その業務に関して知ることができた秘密を漏らし、又は盗用した監理団体の役員若しくは職員又はこれらの者であった者	1年以下の懲役又は50万円以下の罰金 （110条）
禁止行為違反 （46条、47条、48条）	46条の規定に違反して暴力、脅迫、監禁等による技能実習の強制をした者	1年以上10年以下の懲役又は20万円以上300万円以下の罰金 （108条）
	47条の規定に違反して技能実習に係る契約の不履行についての違約金の定め等をした者	6月以下の懲役又は30万円以下の罰金 （111条4号）
	48条1項の規定に違反して、技能実習生の意思に反して技能実習生の旅券又は在留カードを保管した者	6月以下の懲役又は30万円以下の罰金 （111条5号）
	48条2項の規定に違反して、技能実習生に対し、解雇その他の労働関係上の不利益又は制裁金の徴収その他の財産上の不利益を示して、技能実習が行われる時間以外における他の者との通信若しくは面談又は外出の全部又は一部を禁止する旨を告知した者	6月以下の懲役又は30万円以下の罰金 （111条6号）
主務大臣に対する申告 （49条2項）	49条2項の規定に違反して、申告をしたことを理由として、技能実習生に対して技能実習の中止その他不利益な取扱いをした者	6月以下の懲役又は30万円以下の罰金 （111条7号）
事業協議会 （54条4項） 地域協議会 （56条4項）	正当な理由なく、その業務に関して知ることができた秘密を漏らし、又は盗用した事業協議会（54条4項）・地域協議会（56条4項）の事務に従事する者又は従事していた者	1年以下の懲役又は50万円以下の罰金 （110条）
法人の代表者又は法人若しくは人の代理人、使用人その他の従業者が、その法人又は人の業務に関して、108条、109条、110条（44条に係る部分に限る。）、111条及び112条（12号を除く）の違反行為をしたときは、行為者を罰するほか、その法人又は人に対しても、各本条の罰金刑を科す。		両罰規定 （113条）

第3章
環境の保護と特別刑法の知識

廃棄物処理法

――廃棄物の種類と違反行為の態様

● 廃棄物の処理及び清掃に関する法律[1]とは

　廃棄物の処理及び清掃に関する法律（昭和45年法律第137号、以下「廃棄物処理法」という）は、廃棄物の排出を抑制し、及び廃棄物の適正な分別、保管、収集、運搬、再生、処分等の処理をし、並びに生活環境を清潔にすることにより、生活環境の保全及び公衆衛生の向上を図ることを目的としている（1条）。

　昭和45年制定の廃棄物処理法は、平成5年に制定された環境基本法（平成5年法律第91号）の実施法に位置づけられていた。すなわち、環境基本法は、環境の保全について、基本理念を定める法律として、環境の保全に関する施策の基本となる事項を定めており、具体的施策は規定の趣旨に基づく個別の法制上及び財政上の措置により実施されることとされていた。廃棄物処理法も、環境の保全に関する施設の整備その他の事業の推進（環境基本法23条）という環境保全のための施策の1つとして、環境基本法の

1　法律は、最終更新：平成29年6月16日公布（平成29年法律第61号）改正のもの。
http://elaws.e-gov.go.jp/search/elawsSearch/elaws_search/lsg0500/detail?lawId=345AC0000000137#1016（最終アクセス2019年5月）

基本理念に基づき制定されるものとされていた。その後、平成12年に循環型社会形成推進基本法（平成12年法律第110号、以下「循環基本法」という）が制定されることにより、廃棄物処理法は、循環基本法の実施法に位置づけられることとなった。循環基本法が制定されるまでは、環境基本法の基本理念のもとで、廃棄物・リサイクル対策については、廃棄物処理法の改正などにより個別に対処してきたが、廃棄物の発生量は依然として膨大であること、廃棄物の最終処分場の確保が年々困難になっていること、不法投棄の増大などの事情を踏まえ、政府は廃棄物の処理よりも排出の抑制が重要であるという認識にたって、環境への負荷が少ない「循環型社会」を形成することにその解決策を求め、循環型社会の形成を推進する基本的な枠組みとなる「循環型社会形成推進基本法」を新たに制定したのである。

●廃棄物処理法にいう「廃棄物」

1 廃棄物処理法にいう「廃棄物」の意義

廃棄物処理法にいう「廃棄物」とは、ごみ、粗大ごみ、燃え殻、汚泥、ふん尿、廃油、廃酸、廃アルカリ、動物の死体その他の汚物又は不要物であって、固形状又は液状のもの（放射性物質及びこれによって汚染された物を除く）をいう（2条1項）。

「放射性物質及びこれによって汚染された物」については、核原料物質、核燃料物質及び原子炉の規制に関する法律（昭和32年法律第166号）により規制されていることから、この定義から除かれている[2]。

廃棄物は、自ら利用し、又は他人に有償で売却することができないために不要になった物（無価物）である[3]。

---

2 廃棄物処理法は、放射性廃棄物（放射性物質及びこれによって汚染された物）を除いた固形状又は液状の廃棄物についての一般法である。また、「放射性物質及びこれによって汚染された物」以外の気体は、「大気汚染防止法」（昭和43年法律第97号）等により規制される。
3 この点は、循環基本法が有価物も含めて規制の対象としているのと大きく異なる。

2 廃棄物の種類

廃棄物は、一般廃棄物と産業廃棄物とに分けられ、産業廃棄物に当たらないものは、一般廃棄物とされる（2条2項）。

産業廃棄物とは、事業活動に伴って生じた[4]廃棄物のうち、燃え殻、汚泥、廃油、廃酸、廃アルカリ、廃プラスチック類のほか政令（廃棄物処理法施行令2条）で定める廃棄物（2条4項1号）及び輸入された廃棄物をいう（2条4項2号）。

さらに、廃棄物のうち、爆発性、毒性、感染性その他の人の健康又は生活環境に係る被害を生ずるおそれがある性状を有するものとして政令で定めるものは特別管理廃棄物とされ、一般廃棄物のうち特に処理が困難なものが特別管理一般廃棄物（2条3項）、産業廃棄物のうち特に処理が困難なものが特別管理産業廃棄物（2条5項）とされる。

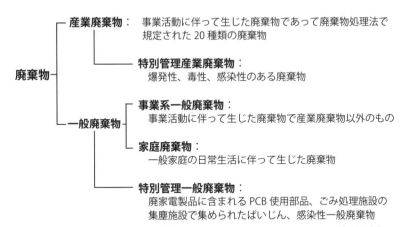

日本産業廃棄物処理振興センターHP（http://www.jwnet.or.jp/waste/knowledge/bunrui.html）を元に作成。

---

4 「事業活動に伴って生じた」というのは、事業活動の性質上、一定の廃棄物を生じるような場合だけでなく、廃棄物処理業の事業活動に伴って派生的に生じた廃棄物もこの場合に該当する。伊藤榮樹ほか編『注釈特別刑法 第7巻』234頁〔古田佑紀〕（立花書房・1987年）参照。

●「廃棄物」の該当性

1 解釈基準

　廃棄物に該当するか否かは、「廃棄物とは、占有者が自ら利用し、又は他人に有償で売却することができないために不要になった物をいい、これらに該当するか否かは、占有者の意思、その性状等を総合的に勘案すべきものであって、排出された時点で客観的に廃棄物として観念できるものではないこと」というのが行政解釈である[5]。

5　法律施行にあたり、厚生省（当時）は、廃棄物の定義について「廃棄物とは、ごみ、粗大ごみ、汚でい、廃油、ふん尿その他の汚物又はその排出実態等からみて客観的に不要物として把握することができるものであって、気体状のもの及び放射性廃棄物を除く。固形状から液状に至るすべてのものをいうものであること」とし、「ア　港湾、河川等のしゅんせつに伴って生ずる土砂その他これに類するもの、イ　漁業活動に伴って漁網にかかった水産動植物等であって、当該漁業活動を行なった現場附近において排出したもの、ウ　土砂及びもっぱら土地造成の目的となる土砂に準ずるもの」を廃棄物処理法の廃棄物ではないとしていた（「廃棄物の処理及び清掃に関する法律の施行について」（昭和46年10月16日環整第43号））。そして、運用にあたり、「廃棄物とは、占有者が自ら、利用し、又は他人に有償で売却することができないために不要になった物をいい、これらに該当するか否かは、占有者の意思、その性状等を総合的に勘案すべきものであって、排出された時点で客観的に廃棄物として観念できるものではないこと」（厚生省環境衛生局環境整備課長通知「廃棄物の処理及び清掃に関する法律の運用に伴う留意事項について」（昭和46年10月25日環整第45号））との解釈基準を示していた。
　その後、この見解を改め、「廃棄物とは、占有者が自ら利用し、又は他人に有償で売却することができないために不要になった物をいい、これらに該当するか否かは、占有者の意思、その性状等を総合的に勘案すべきものであって、排出された時点で客観的に廃棄物として観念できるものではないこと」（厚生省環境衛生局水道環境部計画課長通知「廃棄物の処理及び清掃に関する法律の一部改正について」（昭和52年3月26日環計第37号））とした。またその後も、使用済みタイヤの野積みが横行して生活環境保全上の支障が生じている事案が多く発生したことから、厚生省生活衛生局水道環境部環境整備課長通知「野積みされた使用済みタイヤの適正処理について」（平成12年7月24日衛環第65号）において、「一　廃棄物とは、占有者が自ら利用し、又は他人に有償で売却することができないために不要になった物をいい、これらに該当するか否かは、その物の性状、排出の状況、通常の取扱い形態、取引価値の有無及び占有者の意思等を総合的に勘案して判断すべきものであること。二　占有者の意思とは、客観的要素からみて社会通念上合理的に認定し得る占有者の意思であること。三　占有者において自ら利用し、又は他人に有償で売却することができるものであると認識しているか否かは、廃棄物に該当するか否かを判断する際の決定的な要素になるものではないこと。四　占有者において自ら利用し、又は他人に有償で売却することができるものであるとの認識がなされている場合には、占有者にこれらの事情を客観的に明らかにさせるなどして、社会通念上合理的に認定し得る占有者の意思を判断すること」とする解釈が示されている。

ここでいう「占有者の意思」とは、その物の性状、保管及び排出の状況、取引価格の有無など客観的な諸事実から社会通念上合理的に推認できる占有者の意思である。

　なお、廃棄物に必要な操作が加えられ、一定の客観的価値を有するに至った場合には、占有者がこれを再生利用の意思をもって占有する限り、必ずしも有償譲渡の可能性がなくても、その物はもはや廃棄物ではないと解すべきである。

　例えば、野積みされた古タイヤが、再生タイヤ・土止め材料・燃料などに利用することを内容とする履行期限の確定した具体的契約が結ばれているような場合は、有用物といえ、廃棄物には当たらない[6]。他方、コンクリート片・アスファルト片などの建設廃材（いわゆるガラ）を土地造成に利用する場合は、再生して利用する場合ということでなければ、そのままの形での利用は、年月とともに造成地に形状変化が生じて、環境破壊を生じるおそれがある。このような場合には廃棄物に該当すると考えられる。

　なお、土砂・岩石などは、自然の一部として生活環境の保全及び公衆衛生の向上などの点では、問題がないようにも考えられる。しかし、土地造成の材料として一般に有効に利用されているのでなければ、土砂・岩石やいわゆる残土などがところかまわず捨てられていたり、また、利用することもなく空地にそれらのものが山積みにされている場合には、生活環境上の問題が生じる。したがって、このような場合には廃棄物といえる[7]。

2　産業廃棄物該当性

　産業廃棄物に該当するか否かの判断について、最高裁は、いわゆる「おから裁判」において、当該物の性状や排出状況、取引価値、占有者の意思等を総合して判断するという「総合判断説」を採用した[8]。

　6　環境省大臣官房廃棄物・リサイクル対策部産業廃棄物課長通知「廃棄物の処理及び清掃に関する法律の適用上の疑義について」（平成13年11月29日環廃産第513号）参照。
　7　緒方由紀子『廃棄物・リサイクル・その他環境事犯捜査実務ハンドブック』60頁（立花書房・2018年）。

最決平成11・3・10刑集53巻3号339頁は、「不要物」とは、自ら利用し又は他人に有償で譲渡することができないために事業者にとって不要になった物をいい、これに該当するか否かは、その物の性状、排出の状況、通常の取扱い形態、取引価値の有無及び事業者の意思等を総合的に勘案して決するのが相当であると説示している。この事案では、おからは、豆腐製造業者によって大量に排出されているが、非常に腐敗しやすく、本件当時、食用などとして有償で取り引きされて利用されるわずかな量を除き、大部分は、無償で牧畜業者等に引き渡され、あるいは、有料で廃棄物処理業者にその処理が委託されており、被告人は、豆腐製造業者から収集、運搬して処分していた本件おからについて処理料金を徴していたというのであるから、本件おからが廃棄物処理法施行令2条4号にいう「不要物」に当たり、廃棄物処理法2条4項にいう「産業廃棄物」に該当するとした原判決の立場を正当とした。

　最高裁決定は、直接には、廃棄物処理法施行令2条4号にいう「不要物」の該当性について判断したものである。とはいえ、産業廃棄物処理法2条4項が「産業廃棄物」について、「政令で定める廃棄物」と規定し、これを受けて同法施行令2条4号が「産業廃棄物」のひとつとして「食料品製造業（中略）において原料として使用した動物又は植物に係る固形状の不要物」と定めているので、「不要物」か否かの該当性が、「産業廃棄物」となるか否かの判断と帰するということになる。

　不要物に該当するか否かについて「有償性」が要件とされている。

8　総合判断説の5要素についての具体的判断について、(1)性状：当該物が利用用途に要求される品質を満たし、かつ、利用にあたって飛散・流出・悪臭発生等の生活環境保全上の支障発生のおそれがあるか、(2)排出の状況：常に一定量の割合でなくても、当該物の排出が需要に沿った計画的なものであり、排出前に適切な保管や品質管理がされているか、(3)通常の取扱い形態：①〈自ら利用以外の場合〉製品としての市場が形成されており、廃棄物として処理される事例が通常は認められないか　②〈自ら利用の場合〉有償譲渡や市場形成の実績がなくても、個別の用途に関して利用価値があるか、(4)取引価値の有無：有償譲渡がされており、当該取引に客観的合理性があるか、(5)事業者の意思：適切に利用し、他者に有償譲渡する意思があるか、放置・処分の意思が認められないかと整理される。北村喜宣『環境法〔第4版〕』453頁（弘文堂・2017年）。

有償性は、単に有償であれば足りるのではなく、社会的に見て相応の価格のものでなければならない。仮に有償であるだけで足りるとすれば、例えば、低廉な価格を設定するなど名目だけ有償を装うことによって廃棄物処理法の規制を免れる脱法的な行為を認めることになるからである。

有償性の判断は、市場性から見た相当性を基準に判断されなければならない。

(1) 産業廃棄物であるとされた事例

① 大阪高判平成15・12・22高刑集56巻4号7頁

被告人が中間処理業の許可を得て、産業廃棄物である汚泥を固化して埋戻材として再生利用することを目的とする事業を行っていたところ、実際には受け入れた汚泥に若干の固化剤を投入しただけで、到底埋戻材としては利用できない状態のまま、山林に投棄していたとして廃棄物処理法不法投棄罪で起訴された事案である。

判決は、廃棄物処理法2条1項にいう「不要物とは、これを占有する者が自ら利用し又は他人に有償で譲渡することができないために不要になった物をいうと解される」として「これに該当するか否かは、その物の性状、排出の状況、通常の取扱い形態、取引価値の有無及び占有者の意思等を総合的に勘案して判断すべきである」と説示したうえで、廃棄物に何らかの操作が加えられても、これが一定の客観的価値を有するには至っておらず、又は占有者がこれを再生利用する意思を有していない場合には、その物が再生されたとはいえないとの立場にたって、産業廃棄物の不法投棄の罪の成否を判断するにあたっては、実行行為の時、すなわち投棄時点を基準として廃棄物であるか否かを決すべきであるとした。

② 東京高判平成16・6・3高刑速平成16年86頁

土木建設業を営む有限会社が請け負ったビル等の新築工事で使用され排出された型枠材が廃棄物処理法施行令2条2号に規定する「木くず」に該当するかが争われた事案である。

判決は、廃棄物である本件型枠ビルの新築工事で使用されて排出された

型枠材は、産業廃棄物たる「木くず」に該当するが、法施行令2条2号は、建設業者の排出する「木くず」一般を産業廃棄物としているのではなく、「工作物の新築、改築又は除去に伴って生じたもの」のみを産業廃棄物としていることから、ビル建設等に用いられて不要となった廃棄物たる型枠材が産業廃棄物たり得るかは、「工作物の新築、改築又は除去に伴って生じたもの」に該当するかにより判断されるとした。

③ 仙台高判平成19・9・4高刑速平成19年467頁

なめこの栽培に使用されたおがくず及びなめこの栽培に使用された後のおがくず、増収剤、麦かす、大豆かす、米ぬか及びなめこの根の混合物である廃おがくずを他人との共有地に持ち込んで野積みにし、その一部を希望者に譲渡したが、引き取られなかった残余を約5カ月間放置した行為で廃おがくずが「廃棄物」に該当するかが争われた事案である。

判決は、なめこの栽培に使用されたおがくず及び増収剤等の混合物である廃おがくずは、もはやなめこ栽培には利用できず、被告会社及び被告人にとって不要であったばかりか、衛生上なめこ栽培工場から500メートル以上離しておかなければならないものであったし、廃おがくずについての取引市場が形成されていたわけではなく、廃おがくずが製品として取引されるのが通常の形態であったとはいえず、被告人が、希望者に廃おがくずを譲渡していたものの、無償であったり、金銭以外の物をお礼として受け取っていたに過ぎず、有償譲渡が一般的であったとはいえないなどとして、「不要物」、「廃棄物」に該当するとした。

④ 東京高判平成20・5・19判夕1294号307頁

解体事業等を営む各被告会社を経営していた被告人が、数10回にわたり、産業廃棄物の処分の許可を得ていない同一の相手方会社に対し、「木くず」を無償で処分することを委託したことが、廃棄物処理法に違反するとして起訴された事案である。

判決では、家屋解体業者が解体工事により生じた木くずをチップ原料用に選別した上、再生利用としてチップ製造を行う業者に対し無償で処分を

委託した場合であっても、当該木くずは、その受託業者の再生利用が製造事業として確立し継続したものとなっておらず、ぞんざいに扱われて不法投棄等がされる危険性がある以上、廃棄物の処理及び清掃に関する法律2条4項にいう「産業廃棄物」に当たるとした。

(2) **産業廃棄物に当たらないとされた事例**

広島高判平成 19・5・15 高刑速平成 19 年 433 頁

　採石業等を営む被告人会社の採石所の所長兼工場長と採石業務管理者とが、共謀の上、採石事業により生じた鉱さい約5556トンを海岸に投棄したという事案である。

　第1審は、被告人らが投棄した鉱さいとされている岩石は、商品になり得る岩石と全く品質の異ならないものが、採石の過程で採取しにくい場所に滑落したものであるから、「かす」又は「くず」である「鉱さい」に該当するとした。

　しかし、控訴審では、被告人らが投棄した岩石は、「産業廃棄物」ではなく、「一般廃棄物」に該当するとして、自判し有罪を言い渡した。

　この判決では、廃棄物処理法施行令2条8号の「鉱さい」は、鉱業に伴って排出される「かす」や「くず」を意味するものであって、その性質上あるいは選別により、商品とはならないものであるということができると解し、本事案での岩石は、商品になり得る岩石と全く品質が異ならないものが、採石の過程で採取しにくい場所に滑落しただけであり、「かす」あるいは「くず」であるというには無理があり、産業廃棄物の種類については、事業活動を伴って生ずる廃棄物のうち、特にその処理が環境保全上問題になるものを政令によって指定しているのであって、これは制限列挙であると考えられ、みだりに類推によりその範囲を拡大すべきではないと解されるとして、本事案の岩石が産業廃棄物である「鉱さい」に該当すると認定したのは事実誤認であると説示している。

●廃棄物処理法における違反行為の態様

1 廃棄物の不法投棄・不法焼却

廃棄物処理法は、「何人も、みだりに廃棄物を捨ててはならない」(16条1項)と規定し、また「何人も、一定の場合を除き、廃棄物を焼却してはならない」(16条の2)としている。

廃棄物処理法の目的が「生活環境の保全及び公衆衛生の向上を図ること」にあることから、みだりに廃棄物を捨てたり、焼却することは違反行為となる。そこで、何人に対しても、廃棄物を不法に投棄すること(25条1項14号)、その目的で収集・運搬すること(26条6号)を禁止し、また、不法に焼却すること(25条1項15号)、その目的で収集・運搬すること(26条6号)を禁止している。

事業者は、その事業活動に伴って生じた廃棄物を自らの責任において適正に処理しなければならない(3条1項)(排出事業者処理責任原則)。そして、産業廃棄物は、事業者が自ら処理しなければならない(11条1項)。もっとも、産業廃棄物については、市町村や都道府県が処理することが必要であると認めるときは、自治体の事務として行うことができる(同条2項・3項)。

事業活動によって生じた一般廃棄物[9]については、事業者は市町村の定める一般廃棄物処理計画に従って一般廃棄物の運搬又は処分を他人に委託する場合その他その一般廃棄物の運搬又は処分を他人に委託する場合には、その運搬又は処分については法令で定める者に委託しなければならない(6条の2第6項、罰則25条1項6号)。

産業廃棄物については、事業者は、自らその産業廃棄物の運搬又は処分を行う場合には、政令で定める産業廃棄物の収集、運搬及び処分に関する基準に従わなければならず(12条1項)、産業廃棄物の運搬又は処分を他人に委託する場合には、法令で定める者にそれぞれ委託しなければならない

---

[9] 家庭から排出される生活ゴミなどの一般廃棄物については、市町村が処理するほか、市町村長の許可を受けた一般廃棄物処理業者(7条1項)が処理を行う場合もある。

(12 条 5 項、罰則 25 条 1 項 6 号)。

　その際、一般廃棄物の収集・運搬を業として行おうとする者は、当該業を行おうとする区域の市町村長の許可を受けなければならず(7 条 1 項)。許可は、1 年ごとに更新を受けることとされている(同条 2 項)。他方、産業廃棄物の収集又は運搬を業として行おうとする者は、当該業を行おうとする区域を管轄する都道府県知事の許可を受けなければならない(14 条 1 項)。許可は、5 年ごとに更新を受けることとされている(同条 2 項)。

　事業者(自らその廃棄物を運搬・処分する場合に限る)、専ら再生利用の目的となる廃棄物[10]のみの収集又は運搬、処分を業として行う者その他廃棄物の処理及び清掃に関する法律施行規則 2 条又は 9 条で定める者については、許可を必要としない。

(1)　**不法投棄**

　廃棄物処理法 16 条は、「何人も、みだりに廃棄物を捨ててはならない」と規定しており、これに違反したときは、5 年以下の懲役又は 1000 万円以下の罰金(併科あり)が科される(25 条 1 項 14 号)。

　また、不法投棄の未遂についても、同法 25 条 2 項により処罰の対象とされている。

　なお、両罰規定(32 条 1 項 1 号)を適用した場合、法人には、3 億円以下の罰金が科される。

①　**不法投棄の意義**

　不法投棄は、「みだりに」廃棄物を捨てることである。

　「みだりに」とは、「正当な理由なく」とか「故なく」というのと同義である。生活環境の保全及び公衆衛生の向上を図るという法の趣旨に照らし、社会的に許容されるかどうかという観点から個別具体的に判断される(最決平成 18・2・28 刑集 60 巻 2 号 269 頁参照)。

　「捨てる」とは、廃棄物を最終的に占有者の手から離して自然に還元す

---

[10] 専ら再生利用の目的となる廃棄物とは、その物の性質上、通常再生利用されるものという意味で、古紙、くず鉄(古銅等を含む)、空き瓶類、古繊維がこれに当たる。

る行為をいうとする見解[11]もあるが、「管理権[12]を放棄する」、あるいは「管理されない状態におく」ことと解される（最決平成18・2・20刑集60巻2号182頁参照）。

　最決平成18・2・20刑集60巻2号182頁は、工場から排出された産業廃棄物を、工場敷地内に掘られた穴に投入して埋め立てることを前提に、その穴のわきに廃棄物を野積みした行為は、仮置きなどとは認められず、不要物としてその管理を放棄したものというほかはないから、これを穴に投入し最終的には埋め立てることを予定していたとしても、みだりに廃棄物を捨てる行為に当たるとしている。

　広島高判平成30・3・22[13]は、造船所を経営していた被告人が、廃業して造船所施設を解体するにあたり、造船所跡地東側の海域に残存していた施設関連物であるコンクリート塊を放置しておいたという事案で、造船所施設が解体された頃には、管理占有する被告人が自ら利用し又は他人に有償で譲渡することができないために不要になった物、すなわち「廃棄物」になったと認められるとし、自己所有地以外の本件海域に残存している施設関連物である本件コンクリート塊を撤去すべき義務を負っていたと認められるにもかかわらず、1年以上にわたり極めて大量のコンクリート塊を何らの保全措置を講じることなく権限の及ばない海域に乱雑に放置していたことから、被告人は本件コンクリート塊の管理を放棄したもので、生活環境の保全及び公衆衛生の向上を図るという廃棄物処理法の趣旨に照らし、これが社会的に許容されない行為であるとして、みだりに廃棄物を捨てた行為に当たるとしている。

11　緒方・前掲注（7）なお、この見解では、16条は、最終処分の場面で不法な投棄を取り締まり、廃棄物の適正な処理を確保しようにいう趣旨の規定として、「捨てる」には、焼却・中和・滅菌などの中間処理をした廃棄物は、やがて最終処分され、自然に還元されることから廃棄物処理法6条の「捨てる」には中間処理は含まれないとする。
12　ここでいう管理権とは、所有権等の正当な権限に基づくものでなく、事実上のもので足りる。多和田隆史・最判解刑事篇平成18年度182頁。
13　http://www.courts.go.jp/app/files/hanrei_jp/658/087658_hanrei.pdf（最終アクセス2019年5月）

なお、一般廃棄物収集運搬業の許可を受けた業者が、一般廃棄物たるし尿を含む汚泥と産業廃棄物たる汚泥を混合させた廃棄物を、一般廃棄物と装って市のし尿処理施設の受入口から投入する行為は、その混合物全量について、「みだりに廃棄物を捨て」る行為を行ったものと認められる（最決平成 18・2・20 刑集 60 巻 2 号 182 頁参照）。

② 使用権限のある場所における不法投棄の成否

投棄場所について正当な使用権限があり、また暫定的に廃棄物をその場所に置いた場合であっても、みだりに捨てたことに当たる（広島高判平成元・7・11 高刑速平成元年 231 頁）。例えば、土地の所有者が自分の土地に廃棄物を捨てても不法投棄は成立しないと主張する場合があるが、不法投棄の成否は、廃棄物による生活環境の清潔さの破壊の防止という観点から考えられるべきことであり[14]、自己の所有地であっても廃棄物をみだりに捨てた場合は、不法投棄が成立する。

③ 廃棄物の保管と不法投棄の成否

廃棄物が野積みされる事案については、その廃棄物の占有者において、あくまでも保管しているだけとの主張がなされることがあるが、保管とは適正な処分を前提とするものであり、収集・運搬等の許可又は処分等の許可（14 条）時において積替えのための保管場所（施行規則 10 条）、処分のための保管場所（施行規則 10 条の 5）についても基準が定められていることから、適正に処分する見込みがなく、客観的に放置していると認められる場合には、不法投棄に該当する。

④ 不法投棄目的の収集・運搬

不法投棄目的収集運搬罪（26 条 6 号）は、不法投棄に至る前に犯罪となるものである。

14　5 条 1 項においても、土地の占有者は当該土地の清潔を保つよう努めなければならないとされている。
　　土地所有者の承諾を得て他人が廃棄物を捨てた場合も不法投棄であることに変わりなく、捨てた他人には 16 条違反、捨てることを承諾した土地所有者については、同条違反の幇助の罪がそれぞれ成立する。古田・前掲注（4）267 頁参照。

不法投棄を行う目的で、廃棄物を積載した車両が不法投棄現場付近において投棄の順番待ちをしている行為等がこれに当たる。

無許可で産業廃棄物の収集・運搬・処分を行うことを業とする罪と、その一環として行った産業廃棄物不法投棄の罪とは観念的競合に当たる（東京高判平成 13・4・25 東高刑時報 52 巻 1 ～ 12 号 25 頁）。

⑤ 故意・共同正犯

最決平成 19・11・14 刑集 61 巻 8 号 757 頁は、甲らが代表取締役等を務める会社の保管する廃棄物につき、乙がその処理を申し入れてきた際、甲らにおいて、乙や実際に処理にあたる者らが、廃棄物（いわゆる硫酸ピッチ入りのドラム缶）を不法投棄することを確定的に認識していたわけではないものの、不法投棄に及ぶ可能性を強く認識しながら、それでもやむを得ないと考えて乙にその処理を委託した場合、甲らは、その後乙を介して他の者により行われた上記廃棄物の不法投棄について、未必の故意による共謀共同正犯の責任を負うとしている。

(2) 不法焼却

何人も、一定の場合を除き、廃棄物を焼却してはならない（16 条の 2）。これに違反したときは、5 年以下の懲役又は 1000 万円以下の罰金（併科あり）が科される（25 条 1 項 15 号）。また、不法焼却の未遂についても、25 条 2 項により処罰の対象とされている。

なお、両罰規定（32 条 1 項 1 号）を適用した場合、法人には、3 億円以下の罰金が科される。

① 「焼却」の意義

「焼却」とは、廃棄物が独立して燃焼を継続する状態に至ったことをいう。

仙台高判平成 22・6・1 高刑速平成 22 年 267 頁は、廃棄物処理法の目的に照らし、「焼却」の意義については、廃棄物の物理的損壊、滅失に着眼して論ずべきではなく、生活環境に与える影響に着目して論ずべきであり、生活環境に有害な影響を与えるがい然性、すなわち煙、有毒ガスの発生、

周囲に火災が発生する可能性が生ずれば、16条の2にいう「焼却」に該当するという。

② 「一定の場合」について

これまで行政処分では適切な取締りが困難であった悪質な産業廃棄物処理業者や無許可業者による廃棄物の焼却に対して、これらを罰則の対象とすることにより取締りの実効を上げるために焼却禁止規定が設けられている。しかし、罰則の対象とすることに馴染まないものについては、以下のとおり、例外が設けられている[15]。

1) 廃棄物処理法に定められた処理基準に従って行う廃棄物の焼却（16条の2第1号）
2) 他の法令又はこれに基づく処分により行う廃棄物の焼却（同2号）[16]
3) 公益上若しくは社会の慣習上やむを得ない廃棄物の焼却又は周辺地域の生活環境に与える影響が軽微である廃棄物の焼却として政令で定めるもの（同3号）

- 国又は地方公共団体がその施設の管理を行うために必要な廃棄物の焼却[17]
- 震災、風水害、火災、凍霜害その他の災害の予防、応急対策又は復旧のために必要な廃棄物の焼却[18]
- 風俗慣習上又は宗教上の行事を行うために必要な廃棄物の焼却[19]
- 農業、林業又は漁業を営むためにやむを得ないものとして行われる廃棄物の焼却[20]

---

15 https://www.env.go.jp/hourei/11/000398.html（最終アクセス2019年5月）
16 家畜伝染病予防法（昭和26年法律第166号）に基づく患畜又は擬似患畜の死体の焼却、森林病害虫等防除法（昭和25年法律第53号）による駆除命令に基づく森林病害虫の付着している枝条又は樹皮の焼却など。
17 河川管理者による河川管理を行うための伐採した草木等の焼却、海岸管理者による海岸の管理を行うための漂着物等の焼却など。
18 凍霜害防止のための稲わらの焼却、災害時における木くず等の焼却、道路管理のために剪定した枝条等の焼却など。なお、凍霜害防止のためであっても、生活環境の保全上著しい支障を生ずる廃タイヤの焼却は、これに含まれない。
19 どんと焼き等の地域の行事における不要となった門松、しめ縄等の焼却など。
20 農業者が行う稲わら等の焼却、林業者が行う伐採した枝条等の焼却、漁業者が行う漁網に

・たき火その他日常生活を営む上で通常行われる廃棄物の焼却であって軽微なもの[21]

③ **既遂及び着手時期**

焼却行為が既遂に達するのは、廃棄物に着火した火が媒介物を離れ独立に燃焼を継続する状態に達した時点である。

不法焼却の実行行為は、廃棄物を燃焼させるべく、焼却行為に着手した時点で実行の着手があったと考えられる。

例えば、直接廃棄物に点火する場合や、媒介物を利用して廃棄物に着火させようとする場合、焼却目的でガソリンを散布した場合等が考えられる。

2 委託違反

「排出事業者」は産業廃棄物の処理を他人に委託する場合は、運搬については産業廃棄物収集運搬許可業者その他法施行規則で定める者に、処分については産業廃棄物処分許可業者その他法施行規則で定める者に、それぞれ委託しなければならない（12条5項）。

また、事業者は、廃棄物処理法12条5項の規定によりその産業廃棄物の運搬又は処分を委託する場合には、政令で定める基準に従わなければならない（12条6項）。

委託は、他人に処理を依頼することであり、自らがその従業員等に処理させる場合は含まない。

委託の方式は、準委任、請負等のいずれの契約方式でもよいが、委託基準に違反した罪については、一般的な契約の成立だけでは足りず、実際に存在する廃棄物処理を依頼した段階で委託基準違反の罪が成立すると解される[22]。

付着した海産物の焼却など（造園業や植木屋等は、農業や林業に含まれない）。なお、生活環境の保全上著しい支障を生ずる廃ビニールの焼却はこれに含まれない。
21 たき火、キャンプファイヤーなどを行う際の木くず等の焼却など。なお、一般家庭の可燃ゴミであっても生ゴミ、紙類、プラスチック、ビニール等を焼却することはできない。
22 古田・前掲注（4）257～258頁。なお、廃棄物処理の委託者と受託者とは対向犯の関係にある。

東京高判平成 15・7・30 東高刑時報 54 巻 1 〜 12 号 55 頁は、産業廃棄物収集運搬業の許可を受けている事業者が、産業廃棄物の収集運搬だけでなく、許可を受けていない「処分」の委託を受け、その収集運搬及び処分を無許可業者に再委託した場合、「収集運搬」については再委託禁止違反の罪が成立するが、許可を受けていない「処分」については同罪は成立しないとする。

●両罰規定

廃棄物処理法は、「法人の代表者又は法人若しくは人の代理人、使用人その他の従業者が、その法人又は人の業務に関し、次の各号に掲げる規定の違反行為をしたときは、行為者を罰するほか、その法人に対して当該各号に定める罰金刑を、その人に対して各本条の罰金刑を科する」（32 条 1 項）と両罰規定を定めている[23]。

① 25 条 1 項 1 号から 4 号まで、12 号、14 号若しくは 15 号又は 2 項については 3 億円以下の罰金刑
② 25 条 1 項（①を除く）、26 条、27 条、27 条の 2、28 条 2 号、29 条又は 30 条については各本条の罰金刑

両罰規定とは、従業員である行為者が業務に関して違反行為を行った場合、その行為者である従業員を処罰するばかりではなく、使用者である業務主（事業主）をも処罰することを定めるものである。

両罰規定の根拠について、判例は、業務主（事業主）の処罰の根拠に関し、業務主（事業主）処罰規定は、事業主が行為者の選任、監督その他違反行

---

[23] 25 条の違反行為につき法人又は人に罰金刑を科する場合における時効の期間は、同条の罪についての時効の期間による（32 条 2 項）として、公訴時効期間が罰金刑の 3 年（刑訴法 250 条 6 号）ではなく 5 年（同 5 号）となっている。廃棄物処理法違反は、組織的経済犯罪といえることから、公訴時効期間だけでなく、組織的な犯罪の処罰及び犯罪収益の規制等に関する法律（平成 11 年法律第 136 号）別表 42 において不法投棄ほかの廃棄物処理法違反が列挙され、不法収益の没収保全もできる。北村・前掲注（8）505 参照。

為を防止するために必要な注意を尽くさなかった過失の存在を推定した規定であり、事業主においてこの点に関する注意を尽くしたことの証明がなされない限り、事業主も刑責を免れないとして、いわゆる過失推定説を採用する（最大判昭和32・11・27刑集11巻12号3113頁）[24]。

廃棄物処理法では、不法投棄のほか無許可処理業などについて、法人に対する抑止力に実効性を持たせる意味で、行為者の罰金刑と同じとはせず罰金刑の上限を3億円としている（25条2項）。

裁判例においては、東京高判平成11・11・18東高刑時報50巻1〜12号130頁が、産業廃棄物処理業の許可を得ている休眠会社を買収し代表取締役に就任した被告人と社名変更が行われた廃棄物処理会社につき、事業譲渡の経緯を踏まえて、両罰規定については代表者の選任監督上の義務違反を要するものの、代表者が義務を果たせないような特段の事情があったとはいえないとし、両罰規定の適用について、行為者が代表者の場合、同人の行為はそのまま法人の行為と見るべきであるとしたうえで、さらに社名変更が行われた会社について、社名変更前後の会社の同一性を認定して、社名変更前の会社の行為について変更後の会社に罰金を科している[25]。

---

24 判例の立場は、無過失の立証責任を被告人に負わせたことから、「疑わしきは被告人の利益に」という刑事裁判の鉄則に照らすと、過失の存在が積極的に立証されなくても処罰される余地がある。山口厚『刑法総論〔第3版〕』8頁（有斐閣・2016年）。
25 両罰規定の適用を誤ったとした裁判例に仙台高判平成18・5・17高刑速平成18年2号318頁、廃棄物の処理及び清掃に関する法律（平成15年法律第93号による改正前のもの）12条3項、25条4号に違反した株式会社の代表取締役として、同会社従業員2名と共謀の上、同社の業務に関し、行為者として違反行為をしたもので、同法12条3項は事業者処罰の規定であるから、平成16年法律第40号による改正前の同法32条2号に「その行為者を罰するほか」とあることにより、処罰されるものと解すべきであるとしている。

廃棄物処理法の主な罰則一覧

行為者	行為等	禁止条文【罰条】	法定刑
一般廃棄物又は産業廃棄物の収集若しくは運搬又は処分を業として行おうとする者	無許可による収集若しくは運搬又は処分を業として行うこと	7条1項若しくは6項 14条1項若しくは6項又は14条の4第1項若しくは第6項 【25条1項1号】	5年以下の懲役若しくは1000万円以下の罰金又は併科
不正の手段により一般廃棄物又は産業廃棄物の収集若しくは運搬又は処分を業とする許可を受けた者	不正の手段により収集若しくは運搬又は処分を業とする許可を受けること	7条1項若しくは6項 14条1項若しくは6項又は14条の4第1項若しくは第6項の許可(7条2項若しくは7項、14条2項若しくは7項又は14条の4第2項若しくは第7項【25条1項2号】	
一般廃棄物収集運搬業者又は一般廃棄物処分業者若しくは産業廃棄物収集運搬業者又は産業廃棄物処分業者	変更の許可等を受けずに収集若しくは運搬又は処分の事業を行うこと	7条の2第1項 14条の2第1項又は14条の5第1項 【25条1項3号】	
不正の手段により一般廃棄物又は産業廃棄物の収集若しくは運搬又は処分を事業とする変更の許可を受けた者	不正の手段により一般廃棄物又は産業廃棄物の収集若しくは運搬又は処分を事業とする変更の許可を受けること	7条の2第1項、14条の2第1項又は14条の5第1項 【25条1項4号】	
一般廃棄物収集運搬業者又は一般廃棄物処分業者若しくは産業廃棄物収集運搬業者又は産業廃棄物処分業者	事業停止命令等に違反すること	7条の3 14条の3(14条の6において読み替えて準用する場合を含む)、19条の4第1項、19条の4の2第1項、19条の5第1項(17条の2第3項において準用する場合を含む)又は19条の6第1項 【25条1項5号】	
事業者	処理計画に違反して一般廃棄物又は産業廃棄物の処理を他人に委託したこと	6条の2第6項 12条5項又は12条の2第5項 【25条1項6号】	
一般廃棄物収集運搬業者及び一般廃棄物処分業者、産業廃棄物収集運搬業者及び産業廃棄物処分業者並びに特別管理産業廃棄物収集運搬業者及び特別管理産業廃棄物処分業者	他人に一般廃棄物又は産業廃棄物の収集若しくは運搬又は処分を事業として行わせること(名義貸しの禁止)	7条の5 14条の3の3又は14条の7 【25条1項7号】	
一般廃棄物処理施設又は産業廃棄物処理施設を設置しようとする者	処理施設の許可を受けずに一般廃棄物処理施設又は産業廃棄物処理施設を設置すること	8条1項 15条1項 【25条1項8号】	
不正の手段により処理施設の許可を受けて一般廃棄物処理施設又は産業廃棄物処理施設を設置した者	不正の手段により処理施設の許可を受けて一般廃棄物処理施設又は産業廃棄物処理施設を設置すること	8条1項 15条1項 【25条1項9号】	

対象者	行為	条文	罰則
変更の許可等を受けずに法令に定まる必要な事項を変更した者	変更の許可等を受けずに法令に定まる必要な事項を変更すること	9条1項 15条の2の6第1項 【25条1項10号】	5年以下の懲役若しくは1000万円以下の罰金又は併科
不正の手段により変更の許可を受けた者	不正の手段により変更の許可を受けること	9条1項 15条の2の6第1項 【25条1項11号】	
一般廃棄物又は産業廃棄物を輸出しようとする者	環境大臣の確認を受けずに一般廃棄物又は産業廃棄物を輸出すること	10条1項 15条の4の7第1項 【25条1項12号】 ＊未遂処罰（25条2項） ＊予備（27条：2年以下の懲役若しくは200万円以下の罰金又は併科）	
受託禁止に反して産業廃棄物又は特別管理産業廃棄物の処分を受託した者	受託禁止に反して産業廃棄物又は特別管理産業廃棄物の処分を受託すること	14条15項 14条の4第15項 【25条1項13号】	
不法投棄を行った者	廃棄物を不法に投棄すること	16条 【25条1項14号】 ＊未遂処罰（25条2項）	
不法焼却を行った者	廃棄物を不法に焼却すること	16条の2 【25条1項15号】 ＊未遂処罰（25条2項）	
指定有害廃棄物の処理の禁止に違反して、指定有害廃棄物の保管、収集、運搬又は処分をした者	指定有害廃棄物の保管、収集、運搬又は処分をすること	16条の3 【25条1項16号】	
事業者	政令の基準に従わず一般廃棄物又は産業廃棄物の処理（収集若しくは運搬又は処分）を他人に委託すること	6条の2第7項、7条14項 12条6項、12条の2第6項、14条16項又は14条の4第16項 【26条1号】	3年以下の懲役若しくは300万円以下の罰金又は併科
改善命令に違反した者	改善命令に違反すること	9条の2, 15条の2の7、19条の3（17条の2第3項において準用する場合を含む）、19条の10第1項 【26条2号】	
一般廃棄物処理施設又は産業廃棄物処理施設を譲り受け、又は借り受けた者	一般廃棄物処理施設又は産業廃棄物処理施設を譲り受け、又は借り受けること	9条の5第1項 15条の4 【26条3号】	
国外廃棄物を輸入した者	国外廃棄物を輸入すること	15条の4の5第1項 【26条4号】	
廃棄物輸入許可条件に違反した者	廃棄物輸入許可条件に違反すること	15条の4の5第4項 【26条5号】	
不法投棄・不法焼却を目的として廃棄物の収集又は運搬をした者	不法投棄・不法焼却を目的として廃棄物の収集又は運搬すること	25条1項14号又は15号 【26条6号】	

水質汚濁防止法

——有害物質と汚染状態の規制と罰則

●水質汚濁防止法とは

　水質汚濁防止法（昭和45年法律第138号）は、工場及び事業場から公共用水域に排出される水の排出及び地下に浸透する水の浸透を規制するとともに、生活排水対策の実施を推進すること等によって、公共用水域及び地下水の水質の汚濁（水質以外の水の状態が悪化することを含む。以下同じ）の防止を図り、もって国民の健康を保護するとともに生活環境を保全し、並びに工場及び事業場から排出される汚水及び廃液に関して人の健康に係る被害が生じた場合における事業者の損害賠償の責任について定めることにより、被害者の保護を図ることを目的とする法律である（1条）。

　わが国は、高度経済成長期に環境汚染や自然破壊が大きな社会問題となった。ことに人口や社会経済活動の都市への集中が一層進み、大都市における大気汚染や生活排水による水質汚濁等の都市・生活型公害等への取組が課題となった。このようなことから公共用水域を良好な状態で保持し、国民の健康の保護と生活環境の保全を期するために、公共用水域の水質の保全に関する法律（昭和33年法律第181号）及び工場排水等の規制に関する法律（昭和33年法律第182号）を廃止し（昭和45年法律第138号廃止）、新たに

水質汚濁防止法が制定されたのである[1]。

水質汚濁防止法は、河川及び終末処理場を設置せずかつこれに接続していない公共用水域への排出を規制するものである。

水質汚濁防止法の規制概要[2]

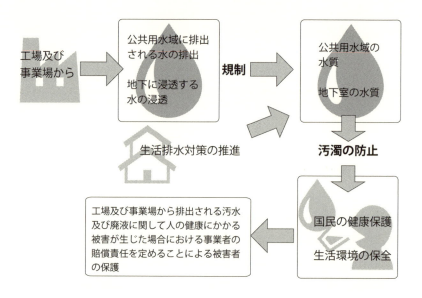

排出に関する基準については、環境基本法（平成5年法律第91号）が定めており、水質汚濁防止法は、この環境基準を達成することを目標として、諸規制を設けている。

特定施設を設置する工場又は事業場からの排水については、水質汚濁防止法、下水道法によって規制される。下水道法（昭和33年法律第79号）は、終末処理場を設置する公共下水道等への排出を規制するものである[3]。

---

1 第64回国会参議院商工委員会会議録第3号（昭和45年12月10日）1頁参照。「水質汚濁防止法の施行について」（昭和46年7月31日環水管12号）参照。
2 北村喜宣『環境法〔第4版〕』344頁（弘文堂・2017年）を元に作成。
3 下水道法は、流域別下水道整備総合計画の策定に関する事項並びに公共下水道、流域下水道及び都市下水路の設置その他の管理の基準等を定めて、下水道の整備を図り、もって都市の健全な発達及び公衆衛生の向上に寄与し、あわせて公共用水域の水質の保全に資することを目的としている（1条）。

公共用水域又は公共下水道等へのいわゆる家庭排水については、「廃棄物の処理及び清掃に関する法律」（以下「廃棄物処理法」という）の適用はない。これは、公共用水域又は公共下水道への工場排水については、公害規制法規の基準に合致していれば、廃棄物処理法16条にいう「みだりに」捨てたことに当たらず、同法によっては処罰されないが、仮に、公共用水域又は公共下水道等への家庭排水について廃棄物処理法の適用があるとするならば、公害規制法規の基準に合致していても廃棄物処理法で処罰され得ることとなり、工場排水よりも重い規制がかかることとなって、適正さを欠くことになるからである[4]。

●規制対象[5]

　水質汚濁防止法は、「政令で指定される特定施設を設置する工場又は事業場」を特定事業場として規制対象とする。
　「特定施設」とは、
① 　カドミウムその他の人の健康に係る被害を生ずるおそれがある物質として政令で定める物質（以下「有害物質」という）を含む汚水又は廃液
② 　化学的酸素要求量その他の水の汚染状態（熱によるものを含み、前号に

　下水道法でいう「下水道」とは、下水（生活若しくは事業（耕作の事業を除く）に起因し、若しくは付随する廃水（以下「汚水」という）又は雨水をいう。2条1号）を排除するために設けられる排水管、排水渠その他の排水施設（かんがい排水施設を除く）、これに接続して下水を処理するために設けられる処理施設（屎尿浄化槽を除く）又はこれらの施設を補完するために設けられるポンプ施設、貯留施設その他の施設の総体をいう（2条2号）。
　なお、下水道法44条は、「公共下水道、流域下水道又は都市下水路の施設を損壊し、その他公共下水道、流域下水道又は都市下水路の施設の機能に障害を与えて下水の排除を妨害した者は、5年以下の懲役又は100万円以下の罰金に処する。　2　みだりに公共下水道、流域下水道又は都市下水路の施設を操作し、よって下水の排除を妨害した者は、2年以下の懲役又は50万円以下の罰金に処する」と規定している。
4　緒方由紀子『廃棄物・リサイクル・その他環境事犯捜査実務ハンドブック』99頁（立花書房・2018年）。
5　北村・前掲注（2）346～348頁参照。

規定する物質によるものを除く）を示す項目として政令で定める項目に関し、生活環境に係る被害を生ずるおそれがある程度のものである汚水又は廃液を排出する施設で政令で定めるものをいう（2条2項）。

特定施設が設置されていなかったり、政令で定めた規模以下の工場や事業場は、事業活動から汚水を排出し公共用水域に流入しても水質汚濁防止法での規制対象とはならない[6]。

次に、水質汚濁防止法では、有害物質（2条2項1号、施行令2条）と生活環境に係る被害を生ずるおそれがある程度の汚染状態を規制項目（生活環境項目）としている。

そして、規制対象区域を公共用水域としている。

「公共用水域」とは、河川、湖沼、港湾、沿岸海域その他公共の用に供される水域[7]及びこれに接続する公共溝渠、かんがい用水路その他公共の用に供される水路のうち下水道法（昭和33年法律第79条）で定める公共下水道及び流域下水道に終末処理場を設置しているものを除く水路[8]をいう（2条1項）。すなわち、公共用水域は、終末処理場が設置されていない下水

---

[6] 水質汚濁防止法は、「この法律の規定は、地方公共団体が、次に掲げる事項に関し条例で必要な規制を定めることを妨げるものではない」（29条）と規定して、1号ないし3号で具体的内容を例示していることから条例による規制は受ける。

[7] 「沿岸海域」とは、陸岸沿いの部分の海域をいう。また「その他公共の用に供される水域」とは、公共の用に供される沿岸海域以外（いわゆる沖合海域等）の海域をいう。伊藤榮樹ほか編『注釈特別刑法 第7巻』147頁〔花井哲也〕（立花書房・1987年）参照。

[8] 下水道法に規定する公共下水道とは、①主として市街地における下水を排除し、又は処理するために地方公共団体が管理する下水道で、終末処理場を有するもの又は流域下水道に接続するものであり、かつ、汚水を排除すべき排水施設の相当部分が暗渠である構造のもの（2条3号イ）、又は②主として市街地における雨水のみを排除するために地方公共団体が管理する下水道で、河川その他の公共の水域若しくは海域に当該雨水を放流するもの又は流域下水道に接続するもの（2条3号ロ）をいう。また、流域下水道とは、①専ら地方公共団体が管理する下水道により排除される下水を受けて、これを排除し、及び処理するために地方公共団体が管理する下水道で、2以上の市町村の区域における下水を排除するものであり、かつ、終末処理場を有するもの（2条4号イ）又は②公共下水道（終末処理場を有するもの又は前号ロに該当するものに限る）により排除される雨水のみを受けて、これを河川その他の公共の水域又は海域に放流するために地方公共団体が管理する下水道で、2以上の市町村の区域における雨水を排除するものであり、かつ、当該雨水の流量を調節するための施設を有するもの（2条4号ロ）、をいう。

終末処理場とは、下水を最終的に処理して河川その他の公共の水域又は海域に放流するために下水道の施設として設けられる処理施設及びこれを補完する施設をいう（2条6号）。

道に接続するか、又はそのままの状態の河川、湖沼、港湾、沿岸海域その他何らかの形で水路として公共の用に供される水域のことである[9]。

その上で、特定事業場から公共用水域への排出水の排出行為を規制対象とする。

●罰則

水質汚濁防止法12条1項は、「排出水を排出する者は、その汚染状態が当該特定事業場の排水口において排水基準に適合しない排出水を排出してはならない」と規定している。

この規定に違反したときは、6カ月以下の懲役又は50万円以下の罰金が科される（31条1項1号）。過失による場合には、3カ月以下の禁錮又は30万円以下の罰金が科される（同2項）。

また、両罰規定（34条）により、法人についても50万円以下の罰金が科される。

「排出水」とは、特定施設を設置する工場又は事業場から公共用水域に排出される水をいう（2条6項）。雨水や湧き水などが混ざるものであっても「排出水」に当たる。また、「排出水」は、特定事業場に自然に流入したか取水されて入ったか、また事業に利用されたか否かを問わず、特定事業場から公共用水域に排出される水をいう[10]。

名古屋高判昭和50・10・20高刑集28巻4号434頁は、特定事業場から暗渠を通って公共用水域である川に流れ込むようになっていた構造のところを流れる水について、「排出水とは、特定事業場から公共用水域に排出される水である限り、それが同事業場に自然に流入したか取水されて入っ

---

[9] 花井・前掲注（7）148頁。
[10] 継続的に事業活動をする以上、その敷地全体から公共用水域への排水を制御するのは可能であるから、特定施設に起因する排水でなくてもよいし、また排水パイプからの排水でなくてもよい。北村・前掲注（2）363頁。

たかを問わず、また事業に利用されたか否かを問わない」と説示している。

また、大阪高判昭和54・8・28判タ399号150頁も、この判決を踏まえて、「排出水には、特定事業場から公共用水域に排出される水である限り、それが特定施設自体から排出される水であるか否かを問わず、また事業に利用されたか否かを問わず、これに含まれると解するのが相当である」としている[11]。

「排出する者」とは、事業主である特定施設の設置者をいう。

「排出口」とは、排出水を排出する場所をいう（8条1項）[12]。

「排出基準」は、排出水の汚染状態（熱によるものを含む）について、環境省令[13]で定められる。

●都道府県知事への届出

水質汚濁防止法6条1項は、「排出水を排出し、若しくは特定地下浸透水を浸透させる」特定施設等を設置している者に必要な事項の都道府県知事への届出を定めている。

ここに「排出」と「地下への浸透」とが区別され、規制方法に差異が設けられている。「地下への浸透」は禁止行為の対象とはならないことから、

11　この判決では、「『排出水を排出する者は、その汚染状態が当該特定事業場の排水口において排水基準に適合しない排出水を排出してはならない。』と規定しているから、排水基準は各排水口ごとに適用されるものと解すべき」として、本件においては、工場の排水口において法定の排水基準に適合しない排出水が排出されていたことが明らかであるとする。

12　「排出」は、自己の管理が及ばない公共用水域に排出水を出す行為をいう。
　　なお、「排出」という用語については、「排出」という用語は、水質汚濁防止法のほかにも大気汚染防止法、海洋汚染防止法、人の健康に係る公害犯罪の処罰に関する法律などのいわゆる公害関係法規において用いられていることから、「排出」の概念について統一的に考えるべきであるとして、ある物質を自己の管理の及ばない大気・水域に出すことであるが、自己の支配外に出ること一切を言うのではなく、不要物として放出し、あるいは流出させるような態様において出ることを意味しているとする考え方もある。堀田力「公害関係諸法における『排出行為』について」警察研究42巻5号3頁（1971年）。

13　「排水基準を定める総理府令」（昭和46年総理府令第35号。最終改正「排水基準を定める省令の一部を改正する省令」（平成30年8月28日環境省令第18号））。

排出水の「排出」の意義が問題となる。

　名古屋高判昭和49・6・26刑月6巻6号642頁は、砂利採取業者が、採取した原砂を水洗した後の汚水を漏出させた事案で、水質汚濁防止法12条1項違反の罪は、同法の定める特定事業場から公共用水域に水を排水する者が、当該特定事業場の排水口において、所定の排水基準に適合しない汚染状態の排出水を排出することにより、成立するものであって、公共用水域が排出水で汚染されることを構成要件とするものではないとしている。そして、「『排出口』とは、人為的に構築されたものに限定されず、水質汚濁防止法8条に定義されているように、広く、排出水を排出する場所をいい、現実に排出水を排出している実質上の排水口と解すべきであるとする」。この判決の立場は、排出水を自己の管理の及ばない公共用水域に広く出す行為全般をその対象としており、通常の排水口からの排出のみならず、設備等からの漏れ出しや、流れ出しなど広く排出水を管理外に出す行為を禁止対象にしているという理解ができる[14]。

　排出基準違反罪についての故意は、排出基準を超えるとの認識を要すると解する[15]。

●罪数

　数個の排水基準に適合しない排出水を排出した場合等における水質汚濁防止法31条1項1号の罰則適用については、同一日に同一排水口から数

---

[14] 城祐一郎『特別刑事法犯の理論と捜査［2］』215頁（立花書房・2014年）。このような理解からは、排出基準に適合しない排出水を排出する行為は、水質汚濁防止法だけで不法投棄罪も成立する余地があることになることから、廃棄物処理法における不法投棄罪との関係をいかに解するべきか、両者の法定刑が大きく異なる（前者は、6カ月以下の懲役又は50万円以下の罰金（水質汚濁防止法31条1項）であるが、後者は、5年以下若しくは1000万円以下の罰金又はその併科（廃棄物処理法25条1項14号））ことから、問題となる（城・前掲218頁）。

[15] 原田國男「水質汚濁防止法」平野龍一ほか編『注解特別刑法3　公害編』55頁（青林書院・1985年）。

個の排水基準に違反する排出水を排出した場合には観念的競合、同一の特定施設から排出水を排出する場合であっても、異なる数個の排水口からのものは、併合罪関係に立つとする裁判例がある[16]。

●両罰規定

水質汚濁防止法34条は、「法人の代表者又は法人若しくは人の代理人、使用人その他の従業者が、その法人又は人の業務に関し、前4条の違反行為をしたときは、行為者を罰するほか、その法人又は人に対して各本条の罰金刑を科する」と両罰規定を設けている。

なお、31条1項1号及び同条2項の排出基準違反の罪は、排出水を排出する事業者を主体とし、従業者らの違反行為の罰則には、両罰規定の適用は必要であり、また、33条4号後段の検査拒否罪は、非身分犯であるから、不要である[17]。そして、それ以外の罪については、それぞれ命令を受けた者、届出義務を負う者等の特定の者が主体となるので、その者以外の代表者又は従業者を処罰する場合には、両罰規定の適用が必要となる。

---

16 鹿児島地判昭和50・7・9刑月7巻7＝8号797頁。
17 原田・前掲注（15）98頁。

水質汚濁防止法の主な罰則一覧

行為者	行為	罰条	法定刑
計画変更命令等（8条・8条の2）、改善命令等（13条1項・3項、13条の2第1項、13条の3第1項）又は地下水の水質の浄化に係る措置命令等（14条の3第1項・第2項）の規定による命令に違反した者	計画変更命令等、改善命令等又は地下水の水質の浄化に係る措置命令等違反	30条	1年以下の懲役又は100万円以下の罰金
故意により排水基準（12条1項）に違反した者	排水基準違反	31条1項1号	6月以下の懲役又は50万円以下の罰金
事故時の措置（14条の2）又は緊急時の措置（18条）規定による命令に違反した者	措置命令違反	31条1項2号	
過失により排水基準（12条1項）に違反した者	排水基準違反	31条2項	3月以下の禁錮又は30万円以下の罰金
特定施設等の設置届出（5条）又は特定施設等の構造等の変更届出（7条）をしなかった者、又は虚偽の届出をした者	届出の懈怠又は虚偽の届出	32条	3月以下の懲役又は30万円以下の罰金
特定施設等の設置の届出（6条）をしなかった者、又は虚偽の届出をした者	届出懈怠、又は虚偽の届出	33条1号	30万円以下の罰金
届出者による処理方法の変更禁止（9条1項）に違反した者	処理方法の変更禁止違反	33条2号	
排出水の汚染状態の測定等の規定（14条1項等）に違反して記録をせず、虚偽の記録をし、又は記録を保存しなかった者	記録懈怠、虚偽の記録、又は記録の不保存	33条3号	
報告及び検査（22条）の規定による報告をせず、若しくは虚偽の報告をし、又は同条1項の規定による検査を拒み、妨げ、若しくは忌避した者	報告懈怠、虚偽報告又は検査拒否・妨害・忌避	33条4号	
行為者及びその法人又は人	両罰規定	34条	各本条の罰金刑

大気汚染防止法

――ばい煙、揮発性有機化合物、
　粉じんの規制と罰則

●大気汚染防止法とは

　大気汚染防止法（昭和43年法律第97号）は、工場及び事業場における事業活動並びに建築物等の解体等に伴うばい煙、揮発性有機化合物及び粉じんの排出等を規制し、水銀に関する水俣条約の的確かつ円滑な実施を確保するため工場及び事業場における事業活動に伴う水銀等の排出を規制し、有害大気汚染物質対策の実施を推進し、並びに自動車排出ガスに係る許容限度を定めること等により、大気の汚染に関し、国民の健康を保護するとともに生活環境を保全し、並びに大気の汚染に関して人の健康に係る被害が生じた場合における事業者の損害賠償の責任について定めることにより、被害者の保護を図ることを目的としている（1条）。すなわち、大気汚染に関して、国民の健康を保護するとともに、生活環境を保全することなどを目的としている。

　大気汚染防止法は、高度経済発展により産業の発展、人口の都市への集中等の急激な経済的、社会的変動が生じ、大気汚染による公害が各地で発生し、国民の健康や生活環境上に問題を生じていたことから、昭和42年に公害対策基本法（昭和42年法律第132号）を制定して、公害対策に関する

基本的な考え方を示し、国民の健康と生活環境を守る立場に立って、公害問題と積極的に取り組んでいくことが明らかにされたが、公害対策基本法に基づく施策の具体化の一環として、大気汚染防止対策を総合的かつ強力に推進するために制定された[1]。

その後、人の健康を保護し生活環境を保全する上で維持されることが望ましい「環境基準」が環境基本法（平成5年法律第91号）により設けられ、ここに定める環境基準を達成することを目標として、大気汚染防止法において具体的な規制が設けられている。

大気汚染防止法では、固定発生源（工場や事業場）から排出又は飛散する大気汚染物質について、物質の種類ごと、施設の種類・規模ごとに排出基準等が定められ、大気汚染物質の排出者等はこの基準を守らなければならないこととされている。

●規制態様

大気汚染防止法では、ばい煙、揮発性有機化合物、粉じんについて排出規制が設けられている。

1 ばい煙の排出規制

「ばい煙」とは、①燃料その他の物の燃焼に伴い発生するいおう酸化物、②燃料その他の物の燃焼又は熱源としての電気の使用に伴い発生するばいじん、③物の燃焼、合成、分解その他の処理（機械的処理を除く）に伴い発生する物質のうち、カドミウム、塩素、弗化水素、鉛その他の人の健康又は生活環境に係る被害を生ずるおそれがある物質（①のものを除く）で政令で定めるものをいう（2条1項1号～3号）[2]。

---

1 第58回国会参議院産業公害及び交通対策特別委員会会議録第10号（昭和43年5月15日）1頁参照。

「排出」とは、工場又は事業場の事業活動に伴って発生するばい煙等を自己の管理の及ばない大気に出すことをいう[3]。

　大気汚染防止法では、33 の項目に分けて、一定規模以上の施設が「ばい煙発生施設」[4]として定められている。

　ばい煙発生施設において発生するばい煙を大気中に排出する者（以下「ばい煙排出者」という）は、そのばい煙量又はばい煙濃度が当該ばい煙発生施設の排出口において排出基準に適合しないばい煙を排出してはならない（13 条 1 項）。

　また、特定工場等に設置されているばい煙発生施設において発生する指定ばい煙に係るばい煙排出者は、当該特定工場等に設置されているすべてのばい煙発生施設の排出口から大気中に排出される当該指定ばい煙の合計量が総量規制基準に適合しない指定ばい煙を排出してはならない（13 条の 2 第 1 項）。

　「ばい煙排出者」とは、一般に、事業活動において通常に事業を統括し、又は支配管理している者をいう[5]。

　「排出基準」は、規制対象物質ごとに環境省令[6]によって定められる（3

2　大気汚染防止法 2 条 1 項 3 号の政令で定める物質は、カドミウム及びその化合物、塩素及び塩化水素、弗素、弗化水素及び弗化珪素、鉛及びその化合物、窒素酸化物とされている（大気汚染防止法施行令（昭和 43 年政令第 329 号）1 条）。

3　平本喜祿「大気汚染防止法」平野龍一ほか編『注解特別刑法 3　公害編』11 頁（青林書院・1985 年）。伊藤榮樹ほか編『注釈特別刑法　第 7 巻』107 頁（渡辺正和）（立花書房・1987 年）。

4　工場又は事業場に設置される施設でばい煙を発生し、及び排出するもののうち、その施設から排出されるばい煙が大気の汚染の原因となるもので政令で定めるものをいう（2 条 2 項）。

5　例えば、企業施設や生産計画自体に欠陥があるため排出基準違反が行われた場合には、当該工場の事業の実施を総括管理する者、具体的には工場長、更には本社の首脳者が排出行為者として責任を問われるものと考えられる。これに対し、本来企業設備や生産計画自体に欠陥はないが、排煙装置の故障その他排出管理上の落度に起因する場合は、排出管理責任者が第一次的な排出行為者としての責任を問われることになろう。この場合には、末端の技術者や従業員であっても、直接の原因を供したものとして責任主体となることもありうる。渡辺・前掲注（3）107 頁参照。

6　「大気汚染防止の一部を改正する法律」（昭和 45 年法律第 134 号）の施行の日（昭和 46 年 6 月 24 日）から「大気汚染防止法施行規則」（昭和 46 年厚生省・通商産業省令第 1 号）」として施行され、昭和 46 年に総理府令（昭和 46 年第 59 号）として施行されたのち、「内閣法の一部を改正する法律」（平成 11 年法律第 88 号）により、平成 14 年に環境省令（平

条1項)。また、「総量規制基準」は、工場や事業場などの施設ごとの基準によっては環境基準の確保が困難な地域において、都道府県知事が、大規模な特定工場等において発生する指定ばい煙の総量削減計画を作成し、これに基づいて環境省令[7]において定めるものである (5条の2)。

これに違反したばい煙排出者は、故意による場合[8]、6カ月以下の懲役又は50万円以下の罰金に処せられる (33条の2第1項)。また、過失による場合は、3カ月以下の禁錮又は30万円以下の罰金に処せられる (33条の2第2項)。

これらの罪は、排出基準に違反する排出行為によって成立し、既遂となる[9]。

そのほかに計画変更命令や措置命令、改善命令等違反など行政規制に違反した場合の罰則が定められている。

2 揮発性有機化合物及び粉じんに関する排出等の抑制

「揮発性有機化合物」とは、大気中に排出され、又は飛散した時に気体である有機化合物 (浮遊粒子状物質及びオキシダントの生成の原因とならない物質として政令で定める物質を除く) をいう (2条4項)[10]。

大気汚染防止法では、9の項目に分けて、一定規模以上の施設が「揮発

成14年第15号) として施行されている。
7 大気汚染防止法施行規則7条の3。
8 13条の罪については、ばい煙発生施設の排出口において排出基準に適合しないばい煙を排出する事実を認識・認容すること、13条の2の罪については、すべてのばい煙発生施設から排出される指定ばい煙の合計量が総量規制基準を超えていることの認識を内容とする。
9 排出行為が継続的な場合には、全体として1個の行為と評価されよう。また、1回の排出行為によって複数のばい煙排出基準違反が生じた場合には、1個の排出基準ごとに1罪が成立し、1回の排出行為によって複数の排出基準に抵触する場合には数罪が成立し、観念的競合となる。渡辺・前掲注 (3) 108頁。
10 大気汚染防止法2条4項の政令で定める物質は、①メタン、②クロロジフルオロメタン (別名 HCFC-22)、③2-クロロ-1,1,1,2-テトラフルオロエタン (別名 HCFC-124)、④1,1-ジクロロ-1-フルオロエタン (別名 HCFC-141b)、⑤1-クロロ-1,1-ジフルオロエタン (別名 HCFC-142b)、⑥3,3-ジクロロ-1,1,1,2,2-ペンタフルオロプロパン (別名 HCFC-225ca)、⑦1,3-ジクロロ-1,1,2,2,3-ペンタフルオロプロパン (別名 HCFC-225cb)、⑧1,1,1,2,3,4,4,5,5,5-デカフルオロペンタン (別名 HCFC-43-10mee) とされている (大気汚染防止法施行令2条の2)。

性有機化合物排出施設」[11]として定められている。

「粉じん」とは、物の破砕やたい積等により発生し、又は飛散する物質をいう（2条7項）。このうち、大気汚染防止法では、人の健康に被害を生じるおそれのある物質を「特定粉じん」（現在、石綿を指定）、それ以外の粉じんを「一般粉じん」として定めている（2条8項）。

粉じんについても、大気汚染防止法で届出や措置命令等の行政規制が設けられ、これに違反した場合には罰則が設けられている。

●両罰規定

大気汚染防止法33条から35条までの違反行為については、両罰規定が定められている（36条）。

大気汚染防止法36条は、事業主が従業者の選任、監督その他違反行為を防止するために必要な注意を尽くさなかった過失を推定した規定である。

---

11 「揮発性有機化合物排出施設」とは、工場又は事業場に設置される施設で揮発性有機化合物を排出するもののうち、その施設から排出される揮発性有機化合物が大気の汚染の原因となるものであって、揮発性有機化合物の排出量が多いためにその規制を行うことが特に必要なものとして政令で定めるものをいう（2条5項）。

大気汚染防止法の主な罰則一覧

行為者	行為	罰条	法定刑
計画変更命令等（9条、9条の2、17条の8、18条の8、18条の26）、改善命令等（14条1項・3項、17条の11、18条の11、18条の29）の規定による命令に違反した者	計画変更命令等又は改善命令等違反	33条	1年以下の懲役又は100万円以下の罰金
故意によりばい煙の排出基準（13条1項）に違反した者	ばい煙の排出基準制限違反	33条の2第1項1号	6月以下の懲役又は50万円以下の罰金
指定ばい煙に係る総量規制基準（13条の2）に違反した者	指定ばい煙の総量規制基準違反		
事故に関する措置等（17条3項、23条2項）、基準適合命令（18条の4）、計画変更命令（18条の16）、作業基準適合命令等（18条の19）の規定に違反した者	事故に関する措置等、基準適合命令、計画変更命令、作業基準適合命令等違反	33条の2第1項2号	
過失によりばい煙の排出基準（13条1項）に違反した者	ばい煙の排出基準制限違反	33条の2第2項	3月以下の禁錮又は30万円以下の罰金
ばい煙を大気中に排出する者（6条1項、8条1項）	届出の懈怠又は虚偽の届出	34条1項	3月以下の懲役又は30万円以下の罰金
揮発性有機化合物を大気中に排出する者（17条の5第1項、17条の7第1項）	届出の懈怠又は虚偽の届出		
特定粉じんを大気中に排出し、又は飛散させる者（18条の6第1項若しくは3項、18条の15第1項）	届出の懈怠又は虚偽の届出		
水銀等を大気中に排出する者（18条の23第1項又は18条の25第1項）	届出の懈怠又は虚偽の届出		
燃料の使用基準命令（15条2項、15条の2第2項）に違反した者	燃料の使用基準命令違反	34条2項	
7条第1項、17条の6第1項、18条1項若しくは3項、18条の2第1項、18条の7第1項又は18条の24第1項により届出をする者	届出の懈怠又は虚偽の届出	35条1号	30万円以下の罰
届出者による処理方法の変更禁止（10条1項、17条の9、18条の9又は18条の27）に違反した者	処理方法の変更禁止違反	35条2号	
ばい煙又は水銀濃度測定等の規定（16条、18条の30）に違反して記録をせず、虚偽の記録をし、又は記録を保存しなかった者	記録懈怠、虚偽の記録、又は記録の不保存	35条3号	
ばい煙設置者等の報告及び検査（26条1項）の規定による報告をせず、若しくは虚偽の報告をし、又は同条1項の規定による検査を拒み、妨げ、若しくは忌避した者	報告懈怠、虚偽報告又は検査拒否・妨害・忌避	35条4号	
行為者及びその法人又は人	両罰規定	34条	各本条の罰金刑

海洋汚染防止法

―― 船舶等からの廃出行為と罰則

●海洋汚染等及び海上災害の防止に関する法律とは

　海洋汚染等及び海上災害の防止に関する法律（昭和45年法律第136号、以下「海洋汚染防止法」という）は、海洋汚染等及び海上災害を防止し、あわせて海洋汚染等及び海上災害の防止に関する国際約束の適確な実施を確保し、もって海洋環境の保全等並びに人の生命及び身体並びに財産の保護に資することを目的とする（1条）。

　わが国の産業の発展と国民生活の向上に伴い、油の海上輸送量は、飛躍的に増大することに伴い、船舶から排出される廃油や油の流出事故等ほか、油以外の廃棄物が船舶により海洋へ大量に排出されるなど海洋の汚染が急速、かつ広域的に進む状況にあって、これを放置すれば、海洋の自然環境の破壊を通じて、人間の生存環境そのものさえ脅かすことが懸念されることから海洋汚染防止及び海洋環境の保全に向けて整備されたのが「海洋汚染防止法」[1]である。

1　第63国会衆議院運輸委員会議録第1号（昭和45年12月3日）8頁参照。なお、海洋汚染防止法の制定には、1954年の油による海水の汚濁の防止のための国際条約を改正する1969年の改正条約及び油濁事故に対する公海における措置に関する国際条約の早期批准に備えて、国内法制の整備を図ることが企図されている。

海洋汚染防止法は、公害対策基本法（昭和42年法律第132号）を受けて、船舶からの油の排出を規制する「船舶の油による海水の汚濁の防止に関する法律」（昭和42年法律第127号、昭和45年法律第136号により廃止）の規制対象・範囲を拡大したものである。

　海洋汚染防止法では、船舶、海洋施設及び航空機から海洋に油、有害液体物質等及び廃棄物を排出すること、船舶から海洋に有害水バラストを排出すること、海底の下に油、有害液体物質等及び廃棄物を廃棄すること、船舶から大気中に排出ガスを放出すること並びに船舶及び海洋施設において油、有害液体物質等及び廃棄物を焼却することを規制している（1条）。

　海洋汚染防止法は、海域における排出行為を禁止しているので、陸の上にある特定事業場から沿岸海域に排水する行為は、水質汚濁防止法には該当するが、海洋汚染防止法は適用されない。

●規制行為の態様

1　船舶からの排出行為

　海洋汚染防止法は、何人に対しても、全海域において、原則として、船舶からの油の排出を全面的に禁止している（4条1項）。

　昭和45（1970）年の制定時には「海水汚染防止法」という名称であったが、その後、昭和48（1973）年に「港湾法等の一部を改正する法律」（第71回法律第73号）において海洋における排出油の防除措置の実効性確保を行い、昭和51（1976）年に東京湾で発生した第十雄洋丸の衝突・炎上事故を契機として海上災害の防止に関する規定が整備され、「海上汚染防止法」から題名も「海洋汚染及び海上災害の防止に関する法律」に改められた（海洋汚染防止法の一部を改正する法律（昭和51年法律第47号））。その後も、海洋汚染に関する国際条約の制定・改正に合わせて改正が重ねられ、油だけでなく有害液体物質や廃棄物による海洋汚染の防止や、船舶からの排ガスによる大気汚染の防止なども盛り込まれ、平成16（2004）年に、現行の「海洋汚染及び海上災害の防止に関する法律」（海洋汚染及び海上災害の防止に関する法律等の一部を改正する法律（平成16年法律第36号）となった。さらに、条約改正にともなって国際的な連携のもと、船舶からの油の排出による海洋汚染及び排出ガスの放出による大気汚染の防止を図るための措置を講じるために平成22（2010）年に、海洋汚染等及び海上災害の防止に関する法律等の一部を改正する法律により1条などが改正された。

海洋汚染防止法の禁止規定は、日本の領海内においては、船籍を問わず、日本国民及び外国人に適用される（刑法1条1項）。また、日本の領海外にある日本船舶内の日本国民及び外国人にも適用される（同1条2項）。なお、外国の軍艦には国際慣習法上適用がない。

(1) 油について

　海洋汚染防止法は、「何人も、海域において、船舶から油を排出してはならない」（4条1項）とする[2]。これに違反して、油を排出した者には1000万円以下の罰金（55条1項1号）に処せられる。

　「油」とは、原油、重油、潤滑油、軽油、灯油、揮発油その他の国土交通省令で定める油及びこれらの油を含む油性混合物（国土交通省令で定めるものを除く）をいう（3条2号）。

　「海域」は、海の区画、すなわち社会通念上、海とされる限定された区域であるが、その範囲は海面及びその上下に及ぶ。また、「海洋」は、陸地に囲まれていない海域をいい、領海、公海を含めて、主権の及ぶ国の外側にある海の部分をいう。

(2) 有害液体物質について

　海洋汚染防止法は、「何人も、海域において、船舶から有害液体物質を排出してはならない」（9条の2第1項）とする[3]。これに違反して有害液体物質を排出したものには、1000万円以下の罰金（55条1項3号）に処せられる。

　「有害液体物質」とは、油以外の液体物質（液化石油ガスその他の常温において液体でない物質であって政令で定めるものを除く）のうち、海洋環境の保全の見地から有害である物質（その混合物を含む）として政令で定める物質であって、船舶によりばら積みの液体貨物として輸送されるもの及びこれを

---

[2] ただし、①船舶の安全を確保し、又は人命を救助するための油の排出、②船舶の損傷その他やむを得ない原因により油が排出された場合において引き続く油の排出を防止するための可能な一切の措置をとったときの当該油の排出は除かれる（4条1項但書）。

[3] ただし、①船舶の安全を確保し、又は人命を救助するための有害液体物質の排出、②船舶の損傷その他やむを得ない原因により有害液体物質が排出された場合において引き続く有害液体物質の排出を防止するための可能な一切の措置をとったときの当該有害液体物質の排出は除かれる（9条の2第1項但書）。

含む水バラスト、貨物艙(そう)の洗浄水その他船舶内において生じた不要な液体物質（海洋において投入処分をし、又は処分のため燃焼させる目的で船舶に積載される液体物質その他の環境省令で定める液体物質を除く）並びに海洋施設その他の海洋に物が流出するおそれのある場所（陸地を含む）にある施設において管理されるものをいう（3条3号）と定義されている。すなわち、油以外の液体物質のうち、海洋環境保全の見地から有害であると政令で定められている物質、例えばコールタール、塩酸、硫黄などであって、ばら積みの液体貨物として船舶により輸送されるものである。

なお、この規定は、9条の6第1項において、未査定液体物質[4]について準用されている。そして、何人も、環境大臣による査定（9条の6第3項）[5]が行われた後でなければ、船舶により未査定液体物質を輸送してはならない（9条の6第4項）。55条3号は、9条の6第1項において準用する場合を含むとしているので、船舶により未査定液体物質を輸送した者は、1000万円以下の罰金に処せられる。

(3) **廃棄物について**[6]

さらに、海洋汚染防止法は、「何人も、海域において船舶から廃棄物を排出してはならない」とする（10条1項本文）[7]。これに違反した場合には

---

[4] 未査定液体物質とは、油及び有害液体物質以外の液体物質のうち、海洋環境の保全の見地から有害でない物質（その混合物を含む）として政令で定める物質以外の物質であって船舶によりばら積みの液体貨物として輸送されるもの及びこれを含む水バラスト、貨物艙の洗浄水その他船舶内において生じた不要な液体物質（海洋において投入処分をし、又は処分のため燃焼させる目的で船舶に積載される液体物質その他の環境省令で定める液体物質を除く）をいう（3条4号）。

[5] 査定に関しては、「海洋汚染等及び海上災害の防止に関する法律第9条の6第3項の規定に基づく未査定液体物質の査定に関する省令」（昭和62年総理府令第5号）による。

[6] 海洋汚染防止法では、船舶、海洋施設又は航空機からの廃棄物の排出を規制している（10条、18条）が、それ以外の場所からの廃棄物の海洋投棄については廃棄物処法16条が適用される。

[7] なお、10条1項本文の規定は、以下の場合には、適用されない。

① 当該船舶内にある船員その他の者の日常生活に伴い生ずるふん尿若しくは汚水又はこれらに類する廃棄物（以下「ふん尿等」という）の排出（総トン数又は搭載人員の規模が政令で定める総トン数又は搭載人員以上の船舶からの政令で定めるふん尿等の排出にあっては、排出海域及び排出方法に関し政令で定める基準に従ってする排出に限る）（10条2項1号）

② 当該船舶内にある船員その他の者の日常生活に伴い生ずるごみ又はこれに類する廃棄物

1000万円以下の罰金に処せられる（55条1項4号）。

　なお、①船舶の安全を確保し、又は人命を救助するための廃棄物の排出、②船舶の損傷その他やむを得ない原因により廃棄物が排出された場合において引き続く廃棄物の排出を防止するための可能な一切の措置をとったときの当該廃棄物の排出については、除外される（10条1項1号、2号）。

　ここでいう「廃棄物」は、人が不要とした物（油、有害液体物質等及び有害水バラストを除く）とされている（3条6号）[8]。

2　船舶以外からの排出行為

　海洋汚染防止法は、「何人も、海域において、海洋施設又は航空機から油、有害液体物質又は廃棄物を排出してはならない」（18条1項）としており、これに違反した場合には1000万円以下の罰金に処せられる（55条1項7号）。

　「海洋施設」とは、「海域に設けられる工作物（固定施設により当該工作物と

　　の排出（政令で定める廃棄物の排出に限る）であって、排出海域及び排出方法に関し政令で定める基準に従ってするもの（同2号）
　③　輸送活動、漁ろう活動その他の船舶の通常の活動に伴い生ずる廃棄物のうち政令で定めるものの排出であって、排出海域及び排出方法に関し政令で定める基準に従ってするもの（同3号）
　④　公有水面埋立法（大正10年法律第57号）2条1項の免許若しくは同法42条1項の承認を受けて埋立てをする場所又は廃棄物の処理場所として設けられる場所に政令で定める排出方法に関する基準に従ってする排出（同4号）
　⑤　次に掲げる廃棄物の排出であって、10条の6第1項の許可を受けてするもの（同5号）
　　イ　廃棄物の処理及び清掃に関する法律（昭和45年法律第137号）6条の2第2項若しくは3項又は12条1項若しくは12条の2第1項の政令において海洋を投入処分の場所とすることができるものと定めた廃棄物
　　ロ　水底土砂（海洋又は海洋に接続する公共用水域から除去された土砂（汚泥を含む）をいう）で政令で定める基準に適合するもの
　⑥　緊急に処分する必要があると認めて環境大臣が指定する廃棄物の排出であって、排出海域及び排出方法に関し環境大臣が定める基準に従ってするもの（同6号）
　⑦　1972年の廃棄物その他の物の投棄による海洋汚染の防止に関する条約の1996年の議定書の締約国たる外国において積み込まれた廃棄物の当該締約国の法令に従ってする排出（政令で定める本邦の周辺の海域においてするものを除く）（同7号）
　⑧　外国の内水又は領海における埋立てのための廃棄物の排出（同8号）
8　海洋汚染防止法の「廃棄物」の定義は、気体を含むので、廃棄物処理法2条1項の「廃棄物」の定義よりも広いが、気体の放出行為は本法における「排出」からは除かれているので、気体は規制対象とはされない。

陸地との間を人が往来できるもの及び専ら陸地から油、有害液体物質又は廃棄物の排出又は海底下廃棄をするため陸地に接続して設けられるものを除く。）で政令で定めるものをいう」（3条10号）とされている。具体的には、浮き桟橋や有人灯標などがこれに該当する。

　また、「航空機」については、「航空法（昭和27年法律231号）に規定する航空機をいう」（3条11号）とされており、人が乗って航空の用に供することができる飛行機などが該当する。

3　船舶、海洋施設及び航空機を捨てる行為

　海洋汚染防止法では、「何人も、船舶、海洋施設又は航空機（以下「船舶等」という。）を海洋に捨ててはならない」（43条1項）と規定し[9]、これに違反した場合には1000万円以下の罰金に処せられる（55条1項16号）。

4　海洋汚染防止法と廃棄物処理法との関係

　海洋汚染防止法において、排出の対象とされる油、有害物質等や廃棄物は、いずれも廃棄物処理法における廃棄物に含まれるといえる。また、海洋汚染防止法における「排出」は、廃棄物処理法における「捨てる」と同じ行為といえる。

　しかしながら法定刑は、海洋汚染防止法が1000万円の罰金刑に留まるのに、廃棄物処理法では5年以下の懲役若しくは1000万円以下の罰金と重くなっている。

　これは、「海洋法に関する国際連合条約」（平成8年条約第6号）が外国船舶による領海内外での廃棄物等の投棄事犯に対しては金銭罰のみを科することができるとしている（230条）[10]ことから、領海の内外を問わず、国内

---

[9] ただし、海洋施設を44条1項の許可を受けて捨てる場合又は遭難した船舶等であって除去することが困難なものを放置する場合は、除外される（43条1項但書）。
[10] 海洋法に関する国際連合条約230条は、「海洋環境の汚染の防止、軽減及び規制のための国内法令又は適用のある国際的な規則及び基準に対する違反であって、領海を越える水域における外国船舶によるものについては、金銭罰のみを科することができる（1項）。海洋環境の汚染の防止、軽減及び規制のための国内法令又は適用のある国際的な規則及び基準に対す

船舶についても同様の刑罰を科すべきであるとの考慮に基づき、平成 8 年に海洋汚染防止法を改正し、領海内等における国内船舶による廃棄物等の投棄事犯に対しても罰金刑のみを科すこととしたことによる。したがって、海洋での船舶による廃棄物等の不法投棄については、海洋汚染防止法のみが適用されるという立場もありえよう。

　しかしながら、陸上での廃棄物の不法投棄は廃棄物処理法が適用されるが、船舶から海上に廃棄物を不法投棄した場合には海洋汚染防止法のみが適用されるという立場には疑問がある。海洋における日本船籍の船舶[11]による廃棄物等の排出行為については、海洋汚染防止法と廃棄物処理法との観念的競合と解する[12]。

●両罰規定

　海洋汚染防止法では、「法人の代表者又は法人若しくは人の代理人、使用人その他の従業者が、その法人又は人の業務に関し、第 55 条から第 58 条までの違反行為をしたときは、行為者を罰するほか、その法人又は人に対して、各本条の罰金刑を科する」(59 条)と両罰規定を設けている。

　　　る違反であって、領海における外国船舶によるものについては、当該領海における故意によるかつ重大な汚染行為の場合を除くほか、金銭罰のみを科することができる（2 項）」と規定している。
11　外国船籍の船舶の場合には、条約により罰金刑のみが科されることになる。
12　城祐一郎『特別刑事法犯の理論と捜査 [2]』224 〜 225 頁（立花書房・2014 年）。

海洋汚染防止法の主な罰則一覧

故意犯	罰条	法定刑	過失犯規定
船舶からの油の排出の禁止（4条1項）違反	55条1項1号	1000万円以下の罰金	500万円以下の罰金（55条2項）
船舶からの有害液体物質の排出の禁止（9条の2第1項）違反	55条1項3号		
船舶からの廃棄物の排出の禁止（10条1項）違反	55条1項4号		
船舶からの有害水バラストの排出の禁止（17条1項）違反	55条1項6号		
海洋施設及び航空機からの油、有害液体物質及び廃棄物の排出の禁止（18条1項）違反	55条1項7号		
油、有害液体物質等及び廃棄物の海底下廃棄の禁止（18条の7）違反	55条1項8号		
船舶又は海洋施設における油等の焼却禁止（19条の35の4第1項）	55条1項13号		
船舶等の廃棄の規制（43条1項）違反	55条1項16号		

河川法

——環境保護に関する罰則

●河川法とは

　河川法（昭和39年法律第167号）は、「河川について、洪水、津波、高潮等による災害の発生が防止され、河川が適正に利用され、流水の正常な機能が維持され、及び河川環境の整備と保全がされるようにこれを総合的に管理することにより、国土の保全と開発に寄与し、もって公共の安全を保持し、かつ、公共の福祉を増進すること」（1条）を目的とする。

　河川法は、国土の保全と開発に寄与するため、河川を水系ごとに一貫して総合的に管理する制度を樹立すること、各河川の治水利水の側面から大規模なダムその他の施設の設置又は管理の万全を期するため、旧河川法（明治29年法律第71号）を廃止し、昭和39年に新しく制定された[1]。

1　第46回国会閣法第8号（昭和39年1月29日提出）参議院建設委員会議録第6号2～12頁、17～18頁（昭和39年2月25日）。
　　国会での逐条説明について、第46回国会衆議院建設委員会議録第18号1～7頁（昭和39年4月3日）。
　　現行法は、昭和40年4月1日施行。その後の改正については、河川法令研究会編『よくわかる河川法〔第3次改訂版〕』4頁以下参照（ぎょうせい・2018年）。

●河川とは

　河川法において、「河川」とは、公共用物であって、1級河川（4条）及び2級河川（5条）をいい、これらの河川に係る河川管理施設[2]を含む。

　1級河川については国土交通大臣（9条1項）、2級河川については当該河川の存する都道府県を統轄する都道府県知事（10条1項）又は特定の指定都市の長（同条2項）が「河川管理者」として河川の管理を行う（7条）。

●河川法における罰則

　河川に関係する公益の保護は、河川法に規定されている罰則のほか、刑法その他の法令によってもなされている[3]。

　河川法において罰則が定められているのは、河川の流水によって生じる公利を増進し、又は公害を除却し、若しくは軽減することを目的とする河川管理権の作用を侵害し、そのことにより公共の福祉及び公共の安全という公益を侵害するおそれのある行為のみを対象として、その侵害の程度によって罰の軽重を定めているのである[4]。

　以下では、環境保護の観点から河川の適正な利用に関する罰則について整理する。

---

[2] 「河川管理施設」とは、ダム、堰せき、水門、堤防、護岸、床止め、樹林帯（堤防又はダム貯水池に沿って設置された国土交通省令で定める帯状の樹林で堤防又はダム貯水池の治水上又は利水上の機能を維持し、又は増進する効用を有するものをいう）その他河川の流水によって生ずる公利を増進し、又は公害を除却し、若しくは軽減する効用を有する施設をいう。ただし、河川管理者以外の者が設置した施設については、当該施設を河川管理施設とすることについて河川管理者が権原に基づき当該施設を管理する者の同意を得たものに限る。

[3] 例えば、刑法第10章「出水及び水利に関する罪」がある。

[4] 河川法令研究会・前掲注（1）273頁。

1　河川法102条

　河川法102条は、「次の各号のいずれかに該当する者は、1年以下の懲役又は50万円以下の罰金に処する」とし、①26条1項の規定に違反して、工作物の新築、改築又は除却をした者（同条2号）、②27条1項の規定に違反して、土地の掘削、盛土若しくは切土その他土地の形状を変更する行為をし、又は竹木の栽植若しくは伐採をした者（同条3号）をあげる。

(1)　河川法26条1項は、河川区域内の土地において工作物を新築し、改築し、又は除却しようとする者及び河川の河口附近の海面において河川の流水を貯留し、又は停滞させるための工作物を新築し、改築し、又は除却しようとする者について、河川管理者の許可を受けなければならないとする。

　「河川区域」とは、①河川の流水が継続して存する土地及び地形、草木の生茂の状況その他その状況が河川の流水が継続して存する土地に類する状況を呈している土地（河岸の土地を含み、洪水その他異常な天然現象により一時的に当該状況を呈している土地を除く）の区域（6条1項1号）、②河川管理施設の敷地である土地の区域（同項2号）、③堤外の土地（政令で定めるこれに類する土地及び政令で定める遊水地を含む）の区域のうち、1号に掲げる区域と一体として管理を行う必要があるものとして河川管理者が指定した区域（同項3号）をいう。

　河川管理者が権原に基づき管理している土地であるか否かにかかわらず、河川区域内の一切の土地が対象となる。

　河口付近の海面には、海面下の土地が含まれる。

　「工作物」とは、人為的な工作を加えて設備されたものであり、ダム、堰、取水口、放水口、排水路、渡船設備、荷揚設備、電柱、井戸などをいう。土地の地表に定着するものに限られない。つり橋やトンネルも工作物に含まれる。

(2)　河川法27条1項は、河川区域内の土地において土地の掘削、盛土若しくは切土その他土地の形状を変更する行為（26条1項の許可に係る行為のた

めにするものを除く）又は竹木の栽植若しくは伐採をしようとする者は、河川法施行令（昭和40年政令第14号）15条の4で定める軽易な行為を除いて、河川管理者の許可を受けなければならないとする[5]。

河川法27条1項は、河川区域内の土地等の形状変更が河川における一般の自由使用を妨げ、あるいは洪水等の災害時における河川の正常な機能を減殺するおそれがあるため、一般的にこれを禁止するとともに、個別の許可申請に対する審査の機会を通じて、治水上の災害防止及び利水並びに環境保全の見地からする河川管理上の障害となる事態の発生を未然に防止しようとすることにある。

「土地の形状を変更する行為」とは、土地の掘削、盛土若しくは切土と例示されている行為に限らず、土地の形状、変更を伴い、又は伴うおそれのある一切の行為をいう。

河川区域内の土地において土石（砂を含む）を採取しようとする者は、河川管理者の許可を受けなければならない（25条）。裁判例では、土石（砂を含む）を採取した者を河川法27条1項に該当するとしている[6]。

2　河川法109条

河川法109条1項は、「29条1項若しくは2項の規定[7]に基づく政令又は都道府県若しくは指定都市の条例には、必要な罰則を設けることができる」とし、同条2項は「前項の罰則は、政令にあっては6月以下の懲役、

---

[5] 最判昭和48・3・19裁判集刑事191号455頁は、河川法6条1項、27条1項、102条3号は、憲法29条3項に違反しない（昭和37年（あ）第2922号同43年11月27日大法廷判決・刑集22巻12号1402頁参照）とする。

[6] 大阪高判昭和53・8・29判時928号123頁は、土石の採取は、特段の事情がない限り、河床の変動をもたらすものと考えられ、法が例示する掘さく盛土若しくは切土を伴わなくとも河川法27条1項にいう「その他土地の形状を変更する行為」に当たるものと解するのが相当であると説示している。東京高判昭和45・6・10判タ255号625頁は、河川区域内の土地において土地の掘さくをすることは、法定の除外事由に当たらない限り、たとえ河川管理者の許可を要しない土石の採取のためにする場合であっても河川法27条にいう土地の掘さくに当たると解すべきという。

[7] 河川の流水等について河川管理上支障を及ぼすおそれのある行為の禁止、制限又は許可を定める。

30万円以下の罰金、拘留又は科料、条例にあっては3月以下の懲役、20万円以下の罰金、拘留又は科料とする」と定める。

これを受けて、河川法施行令16条の4第1項は、「何人も、みだりに次に掲げる行為をしてはならない」として、以下の行為を列挙する。

① 河川を損傷すること（1項1号）[8]。
② 河川区域内の土地（高規格堤防特別区域内の土地を除く）に次に掲げるものを捨て、又は放置すること[9]（1項2号）。
　イ　船舶その他の河川管理者が指定したもの
　ロ　土石（砂を含む）
　ハ　イ又はロに掲げるもののほか、ごみ、ふん尿、鳥獣の死体その他の汚物又は廃物[10]

「捨て」るとは、廃棄物処理法における「捨てる」行為と同様である。また、「汚物又は廃物」も、廃棄物処理法における「廃棄物」に含まれるものである。

本法は、さらに、汚水の排出の届出（令16条の5）違反について20万円以下の罰金（令61条）、無届・虚偽の届出（令16条の10第2項）について10万円以下の罰金（令62条）としている。

---

[8] 「河川を損傷する」とは、例えば、堤防や護岸を壊すことなど、河岸、河床、河川管埋施設等河川の流水以外の部分の機能を減殺させ、あるいは失わせることである。本号の違反は、「みだりに」河川を損傷することによって成立するものであるから、正当な理由がある場合、治水のための堤防の分断等いわゆる正当行為や緊急避難による河川の損傷は禁止から除外される。
　河川法施行令58条は、6カ月以下の懲役又は30万円以下の罰金とする。

[9] 河川区域内において農業、林業又は漁業を営むために通常行われる行為は除かれる（1項2号但書）。

[10] 河川法施行令59条は、3カ月以下の懲役又は20万円以下の罰金とする。
　河川区域内の土地に廃棄物を捨てた場合、河川法施行令16条の4第1項2号ハに該当するが、この罪と廃棄物の処理及び清掃に関する法律違反の罪とは観念的競合となると解される。

●両罰規定

　河川法107条は、「法人の代表者又は法人若しくは人の代理人、使用人その他の従業者が、その法人又は人の業務に関し、第102条から前条までの違反行為をしたときは、行為者を罰するのほか、その法人又は人に対して各本条の罰金刑を科する」と定める。
　本条は、いわゆる両罰規定を定めている。

第4章
動物等の保護と特別刑法の知識

種の保存法

——絶滅のおそれのある野生動植物の種の保存と罰則

● 絶滅のおそれのある野生動植物の種の保存に関する法律とは

　国内外の絶滅のおそれのある野生生物の種を保存するため、平成5年4月に「絶滅のおそれのある野生動植物の種の保存に関する法律」(平成4年法律第75号)(以下「種の保存法」という)が施行された。

　種の保存法は、野生動植物が、生態系の重要な構成要素であるだけでなく、自然環境の重要な一部として人類の豊かな生活に欠かすことのできないものであることに鑑み、絶滅のおそれのある野生動植物の種の保存を図ることにより、生物の多様性を確保する[1]とともに、良好な自然環境を保全し、もって現在及び将来の国民の健康で文化的な生活の確保に寄与することを目的とする(1条)。

　種の保存法では、国内に生息・生育する、又は、外国産の希少な野生生物を保全するために必要な措置を定めている。

---

1 平成25年の法改正時に、法の目的に「生物の多様性を確保する」旨が追加された。これにより絶滅のおそれのある野生動植物の種の保存を図ることが、良好な自然環境の保全のみならず、生物の多様性の確保にもつながることが明確化された。

●絶滅のおそれのある野生動植物の種の保存

　国は、絶滅のおそれのある野生動植物の種の保存のために、総合的な施策を策定し、及び実施する責務を有している（2条1項）[2]。国民も、絶滅のおそれのある野生動植物の種の保存に寄与するように努めなければならない（2条4項）[3]。

　「絶滅のおそれ」とは、野生動植物の種について、種の存続に支障を来す程度にその種の個体の数が著しく少ないこと、その種の個体の数が著しく減少しつつあること、その種の個体の主要な生息地又は生育地が消滅しつつあること、その種の個体の生息又は生育の環境が著しく悪化しつつあることその他のその種の存続に支障を来す事情があることをいう（4条1項）。

　「野生動植物」は、自然界に生息又は生育する動物又は植物を指し、当該個体がもともと飼育・栽培下にあったかどうかを問わない。

　種の「保存」とは、現在において存在する種をそのまま残すことを意味している。これに対して、個体又は生息地・生育地の「保護」とは、それらの存続を危うくする人為的な要因を排除し、それらの存続を確保するための手だてを講ずることを意味する[4]。

2　地方公共団体は、その区域内に絶滅のおそれのある野生動植物の種が生息又は生育している場合に、その区域内においてその種を保存するための施策を策定し、又は実施するよう努める責務を有している。これは、絶滅のおそれのある種がすべての地方公共団体に生息し、又は生育しているとは限らないこと、また、絶滅のおそれのある種の状況はわが国全体の状況から判断され、その保護のためには全国的な措置を講ずることが必要であることから、地方公共団体においては国の施策とは異なり必ずしも総合的な施策とはならないため、「その区域内の自然的社会的諸条件に応じて」という限定がかけられているものである。環境省自然環境局野生生物課監修『絶滅のおそれのある野生動植物の種の保存に関する法律の解説』25頁（中央法規・2019 年）（以下「解説」という）。

3　平成 29 年の法改正により、動植物園等を設置し、又は管理する者は、国又は地方公共団体が行う施策に協力する等絶滅のおそれのある野生動植物の種の保存に寄与するよう努めなければならないとする旨の規定（2条3項）が新たに追加された。
　　これは、野生動植物の生息・生育状況の悪化に伴い、国際的にも生息域外保全の重要性がより高まるとともに、生息域外保全に実績を有しており、また、調査研究や環境教育・普及啓発の担い手となる動植物園等の役割がより一層重視されてきていることを考慮したものである。前掲注（2）・解説 25 頁。

4　前掲注（2）・解説 24 頁。

●罰則

1 種の保存法57条の2
(1) 捕獲等、譲渡し等及び輸出入の禁止（1号）

　種の保存法57条の2第1号は、「第9条、第12条第1項又は第15条第1項の規定に違反した者」について、5年以下の懲役若しくは500万円以下の罰金に処し、又はこれを併科すると定める。

　種の保存法9条は、国内希少野生動植物種[5]及び緊急指定種[6]の生きている個体は、捕獲、採取、殺傷又は損傷（以下「捕獲等」という）をしてはならないとする[7]。

　種の保存法12条1項は、希少野生動植物種[8]の個体等は、譲渡し若しくは譲受け又は引渡し若しくは引取り（以下「譲渡し等」という）をしてはならないとする[9]。

---

[5] 個体が本邦に生息し又は生育する絶滅のおそれのある野生動植物の種であって、政令で定めるものをいう（4条3項）。

[6] 環境大臣により指定された国内希少野生動植物種及び国際希少野生動植物種以外の野生動植物の種の保存を特に緊急に図る必要があると認める種をいう（5条1項）。

[7] ①10条（学術研究又は繁殖の目的その他環境省令で定める目的で環境大臣の許可を受けて生きている個体の捕獲等をすること）の許可を受けてその許可に係る捕獲等をする場合（9条1項）、②販売又は頒布をする目的以外の目的で特定第二種国内希少野生動植物種の生きている個体の捕獲等をする場合（同2号）、③生計の維持のため特に必要があり、かつ、種の保存に支障を及ぼすおそれのない場合として環境省令で定める場合（同3号）、④人の生命又は身体の保護その他の環境省令で定めるやむを得ない事由がある場合（同4号）、には捕獲等が許される（9条1項但書）。

[8] 国内希少野生動植物種、国際希少野生動植物種及びの緊急指定種をいう（4条2項）。

[9] 大阪地判平成12・10・17判時1736号152頁は、被告人が、国際希少野生動植物種であるワウワウテナガザル1個体を密輸入した上、ペットショップ経営者に有償で譲渡し、さらに、同人らと共謀の上、同様のオランウータン及びフクロテナガザル各1個体を密輸入したという外国為替及び外国貿易法違反、関税法違反、絶滅のおそれのある野生動植物の種の保存に関する法律違反の事案で、公訴事実を認めて被告人に実刑判決を言い渡した。

　東京高判平成25・11・14東高刑時報64巻1～12号204頁は、「種の保存法12条1項は、希少野生動植物種の個体等は法定の除外事由がある場合を除き、譲渡等をしてはならないと定め、希少野生動植物種には国際希少野生動植物種が含まれ（同法4条2項）、国際希少野生動植物種とは、国際的に協力して種の保存を図ることとされている絶滅のおそれのある野生動植物の種（国内希少野生動植物を除く。）であって、政令で定めるものをいうと規定されている。これを受けて、同法施行令1条2項、別表第二の表二はシャムワニを国際希少野生動植物種と定めている」として、クロコデュルス・スィアメンスィス（和名「シャムワ

種の保存法 15 条 1 項は、特定第一種国内希少野生動植物種[10]以外の国内希少野生動植物種の個体等は、輸出し、又は輸入してはならないとする。
　種の保存法 57 条の 2 第 1 号は、上記の捕獲等、譲渡し等及び輸出入について、違法な取引を構成する主な行為として処罰することとしている[11]。

(2) **偽りその他不正の手段による許可、登録又は更新**（2 号）

　種の保存法 57 条の 2 第 2 号は、「偽りその他不正の手段により第 10 条第 1 項の許可、第 13 条第 1 項の許可、第 20 条第 1 項の登録、第 20 条の 2 第 1 項の登録の更新、第 20 条の 3 第 1 項の登録、第 33 条の 6 第 1 項の登録又は第 33 条の 10 第 1 項の登録の更新を受けた者」について、5 年以下の懲役若しくは 500 万円以下の罰金に処し、又はこれを併科すると定める。

　学術研究又は繁殖の目的その他環境省令で定める目的で、国内希少野生動植物種等（特定第二種国内希少野生動植物種を除く）の生きている個体の捕獲等をしようとする者（10 条 1 項）、希少野生動植物種の個体等の譲渡し等をしようとする者（13 条 1 項）は、環境大臣の許可を受けなければならないとする。

　偽りその他不正な手段による登録の事案の発生等を受けて、平成 29 年の法改正において、偽りその他不正の手段により捕獲等又は譲渡し等の許可を受けた者に対する罰則が新設された。

　また、国際希少野生動植物種の個体等について、正当な権原に基づく占有者は、その個体等について環境大臣の登録を受けることができる（20 条 1 項）とするほか、一定の場合に登録及び更新手続を定めるが、登録票等

二」）の個体等が養殖個体等であっても、絶滅のおそれのある野生動植物の種の保存に関する法律にいう希少野生動植物種の個体等に該当し、その譲渡が禁止されるとしている。

10　商業的に個体の繁殖をさせることができるものであること及び国際的に協力して種の保存を図ることとされているものでないことにも該当する国内希少野生動植物種で政令で定められたもの（4 条 5 項）。

11　平成 25 年の法改正において、これらの行為の抑止力を高めるため、「1 年以下の懲役又は 100 万円以下の罰金」から「5 年以下の懲役若しくは 500 万円以下の罰金又はこれの併科」へと法定刑が引き上げられている。

の交付又は再交付を偽りその他不正の手段により受けることは、国際希少野生動植物種の個体等の違法な譲渡し等を可能にする行為であり、いずれも違法な取引・流通につながる行為であることから処罰することとしている[12]。

2 種の保存法58条
(1) 希少野生動植物種の違法な陳列又は広告等（2号）

種の保存法58条2号は、「第17条、第20条第7項又は第37条第4項の規定に違反した者」について、1年以下の懲役若しくは100万円以下の罰金に処し、又はこれを併科すると定める。

希少野生動植物種の販売又は頒布目的の違法な陳列又は広告は、違法な譲渡し等の前段階として行われる行為であり、違法な取引・流通につながる行為として処罰するものである。

種の保存法17条は、希少野生動植物種の個体等は、販売又は頒布をする目的でその陳列又は広告をしてはならないとする。

また、種の保存法20条7項は、登録を受けた国際希少野生動植物種の個体等の正当な権原に基づく占有者は、その登録に係る個体識別措置を変更したときは、環境省令で定めるところにより、当該登録に係る登録票を環境大臣に提出して、変更登録を受けなければならないとし、本法37条4項は、管理地区の区域内[13]においては、一定の行為[14]は、環境大臣の許

---

[12] 平成25年の法改正において、偽りその他不正の手段による交付は「6月以下の懲役又は50万円以下の罰金」から、偽りその他不正の手段による再交付は「30万円以下の罰金」から、それぞれ「1年以下の懲役又は100万円以下の罰金」に法定刑が引き上げられた。さらに、登録等を受ければ譲渡し等が合法的に可能となることを考慮し、平成29年の法改正において、「5年以下の懲役若しくは500万円以下の罰金又はこれの併科」へと法定刑が引き上げられている。

[13] 管理地区の区域内の湖沼若しくは湿原であって環境大臣が指定するもの又はこれらに流入する水域若しくは水路に汚水又は廃水を排水設備を設けて排出すること（8号）については、当該湖沼又は湿原の周辺1キロメートルの区域内とする。

[14] ①建築物その他の工作物を新築し、改築し、又は増築すること（1号）、②宅地を造成し、土地を開墾し、その他土地（水底を含む）の形質を変更すること（2号）、③鉱物を採掘し、又は土石を採取すること（3号）、④水面を埋め立て、又は干拓すること（4号）、⑤河川、

可を受けなければ、してはならないとする。

(2) 「第11条第1項若しくは第3項、第14条第1項若しくは第3項、第16条第1項若しくは第2項、第18条、第33条の12又は第40条第2項の規定による命令に違反した者」(58条1号) 及び「偽りその他不正の手段により第20条第6項若しくは第7項の変更登録、同条第9項の登録票の書換交付又は同条第10項 (第22条第2項において準用する場合を含む。)の登録票の再交付を受けた者」(58条3号) について、1年以下の懲役若しくは100万円以下の罰金に処し、又はこれを併科すると定める。

●両罰規定

種の保存法65条1項は、「法人の代表者又は法人若しくは人の代理人、使用人その他の従業者が、その法人又は人の業務に関し、次の各号に掲げる規定の違反行為をしたときは、行為者を罰するほか、その法人に対して当該各号に定める罰金刑を、その人に対して各本条の罰金刑を科する」として両罰規定を定める。

① 種の保存法57条の2：1億円以下の罰金刑 (65条1項1号)
② 種の保存法58条1号 (18条に係る部分に限る)、2号 (17条及び20条7

湖沼等の水位又は水量に増減を及ぼさせること (5号)、⑥木竹を伐採すること (6号)、⑦国内希少野生動植物種の個体の生息又は生育に必要なものとして環境大臣が指定する野生動植物の種の個体その他の物の捕獲等をすること (7号)、⑧管理地区の区域内の湖沼若しくは湿原であって環境大臣が指定するもの又はこれらに流入する水域若しくは水路に汚水又は廃水を排水設備を設けて排出すること (8号)、⑨道路、広場、田、畑、牧場及び宅地の区域以外の環境大臣が指定する区域内において、車馬若しくは動力船を使用し、又は航空機を着陸させること (9号)、⑩37条4項7号の規定により環境大臣が指定した野生動植物の種の個体その他の物以外の野生動植物の種の個体その他の物の捕獲等をすること (10号)、⑪国内希少野生動植物種の個体の生息又は生育に支障を及ぼすおそれのある動植物の種として環境大臣が指定するものの個体を放ち、又は植栽し、若しくはその種子をまくこと (11号)、⑫国内希少野生動植物種の個体の生息又は生育に支障を及ぼすおそれのあるものとして環境大臣が指定する物質を散布すること (12号)、⑬火入れ又はたき火をすること (13号)、⑭国内希少野生動植物種の個体の生息又は生育に支障を及ぼすおそれのある方法として環境大臣が定める方法によりその個体を観察すること (14号)。

項に係る部分に限る）又は3号：2000万円以下の罰金刑（65条1項2号）

③ 種の保存法58条1号（18条に係る部分を除く）若しくは2号（37条4項に係る部分に限る）、59条、62条又は63条：各本条の罰金刑（65条1項3号）

違法な取引を構成する主な行為である捕獲等、譲渡し等及び輸出入の禁止については、法人による組織的な違法取引により得られる巨額な利益に対して十分な抑止力となるようにするため、また、違法な取引・流通につながる前段階の行為である陳列若しくは広告の禁止、陳列をしている者への措置命令違反又は偽りその他不正の手段による登録又は更新に関しても、これらの行為の段階で違法な取引を未然防止するために両罰規定が置かれている[15]。

また、両罰規定により種の保存法57条の2の違反行為につき法人又は人に罰金刑を科する場合における時効の期間は、同法57条の2の罪についての時効の期間によるとする（65条2項）。

捕獲等、譲渡し等又は輸出入の禁止規定に違反した者に対する法定刑は、「5年以下の懲役若しくは500万円以下の罰金又はこれらの併科」とされ、両罰規定の対象となる法人の場合は「1億円以下の罰金」であることから、行為者についての公訴時効期間は5年（刑訴法250条2項5号）となる一方、両罰規定の対象となる法人については3年（同項6号）となる。このため、行為者と法人の公訴時効期間が異なることから、両罰規定の適用にあたって公訴時効期間を5年とする規定が設けられている。

---

15 平成25年の法改正において、1号について、従前の「各本条の罰金刑」から「1億円以下の罰金」へ、また、2号について、従前の「各本条の罰金刑」から「2000万円以下の罰金」へとそれぞれ法定刑が引き上げられている。

動物愛護管理法

——殺傷、虐待、遺棄等に対する罰則

● 動物の愛護及び管理に関する法律とは

　動物の愛護及び管理に関する法律（昭和48年法律第105号）（以下「動物愛護管理法」という）は、「動物の虐待及び遺棄の防止、動物の適正な取扱いその他動物の健康及び安全の保持等の動物の愛護に関する事項を定めて国民の間に動物を愛護する気風を招来し、生命尊重、友愛及び平和の情操の涵養に資するとともに、動物の管理に関する事項を定めて動物による人の生命、身体及び財産に対する侵害並びに生活環境の保全上の支障を防止し、もって人と動物の共生する社会の実現を図ること」（1条）を目的とする[1]。

　すなわち、動物愛護管理法の目的は、動物の愛護と動物の適切な管理（危害や迷惑の防止等）にある。

　動物愛護管理法で対象となる動物は、家庭動物[2]、展示動物[3]、産業動物（畜産動物）[4]、実験動物[5]等の人の飼養に係る動物である。

1　動物愛護管理法については、環境省自然環境局『動物の愛護と適正な管理』参照。https://www.env.go.jp/nature/dobutsu/aigo/1_law/index.html（最終アクセス2019年5月）
2　家庭や学校などで飼われている動物。
3　展示やふれあいのために飼われている動物（動物園、ふれあい施設、ペットショップ、ブリーダー、動物プロダクションなど）。
4　牛や鶏など産業利用のために飼われている動物。

動物愛護管理法では、「動物は命あるもの」であることを認識し、みだりに動物を虐待することのないようにするのみでなく、人間と動物が共に生きていける社会を目指し、動物の習性をよく知ったうえで適正に取り扱うことを基本原則として定める（2条）。

　そして、「動物の愛護及び管理に関する施策を総合的に推進するための基本的な指針」（動物愛護管理基本指針）（平成18年10月31日）を定めるとともに、動物の適正な飼養及び管理を確保するため動物の所有者又は占有者の責務等を定め、さらに、環境大臣は動物の飼養保管に関しよるべき基準を定めることができることとされており、同法に基づき、諸基準を定めている[6]。

●動物愛護管理法における主な罰則

1　動物愛護管理法44条1項は、「愛護動物をみだりに殺し、又は傷つけた者は、5年以下の懲役又は500万円以下の罰金に処する」と定める。

　「愛護動物」とは、①牛、馬、豚、めん羊、山羊、犬、猫、いえうさぎ、鶏、いえばと及びあひる（44条4項1号）、②その他、人が占有している動物で哺乳類、鳥類又は爬虫類に属するもの（同項2号）をいう[7]。

　東京地判平成29・12・12（平成29年(特わ)第1985号、平成29年(特わ)第2048号）は、被告人が、愛護動物である猫9匹を殺害し、4匹に傷害を負わせたという事案で、裁判所は、犯行態様は、捕獲器で捕まえた猫に熱湯を繰り返し浴びせかけるなどしており、残虐なものである上、1年余りの間に合計13匹の猫に虐待を加えた常習的犯行であり、虐待行為自体に楽

5　科学的目的のために研究施設などで飼われている動物。
6　https://www.env.go.jp/nature/dobutsu/aigo/1_law/baseline.html（最終アクセス2019年5月）
7　「動物の保護及び管理に関する法律第13条に規定する「保護動物」の解釈について（回答）」（平成元年10月24日総管第473号）では、野良犬及び野良猫は、保護動物であるとする。

しみを覚え、その様子を撮影した動画をインターネット上で公開することが目的化したというもので、各犯行は動物愛護の精神に反する悪質なものであると説示して、懲役1年10カ月、執行猶予4年の有罪判決を言い渡した。

　また、横浜地川崎支判平成24・5・23判時2156号144頁は、被告人が、猫の保護活動をしていた3名の被害者から殺害する目的であることを秘して愛護動物である猫5匹を騙し取り、それらのうち3匹を殺し、2匹を傷つけたという事案について、詐欺及び動物の愛護及び管理に関する法律違反を認定した上で、動物の愛護及び管理に関する法律の法定刑を超える懲役3年、保護観察付執行猶予5年の有罪判決を言い渡した。

　さらに、福岡地判平成14・10・21（平成14年(わ)第986号）は、動物の愛護及び管理に関する法律27条1項及び4項（平17法68改正前）[8]に該当するものであるが、被告人が、猫を虐待して殺害し、同時にその模様をインターネットの掲示板サイトで実況中継したという事案について、インターネットの掲示板という無責任な仮想空間において、悪意を相互に増幅させながら、動物虐待・虐殺行為を現実に実行して見せたもので、動物の命を弄び軽んじた悪質な犯行であり、その社会的影響も大きく、動物の愛護及び管理に関する法律の立法目的に照らせば、被告人の刑事責任は決して軽くないとして、懲役6カ月（執行猶予3年）に処するとした有罪判決を言い渡した。

2　動物愛護管理法44条2項は、「愛護動物に対し、みだりに、その身体に外傷が生ずるおそれのある暴行を加え、又はそのおそれのある行為をさせること、みだりに、給餌若しくは給水をやめ、酷使し、その健康及び安

---

[8] 「動物の保護及び管理に関する法律の一部を改正する法律」（平成11年法律第221号）により、「保護動物を虐待し、又は遺棄した者は、3万円以下の罰金又は科料に処する」とされていた旧13条1項が「第27条1項　愛護動物をみだりに殺し、又は傷つけた者は、1年以下の懲役又は100万円以下の罰金に処する」に、また旧13条2項1号「牛、馬、豚、めん羊、やぎ、犬、ねこ、いえうさぎ、鶏、いえばと及びあひる」が内容の変更はないままに27条4項1号と改正された。

全を保持することが困難な場所に拘束し、又は飼養密度が著しく適正を欠いた状態で愛護動物を飼養し若しくは保管することにより衰弱させること、自己の飼養し、又は保管する愛護動物であって疾病にかかり、又は負傷したものの適切な保護を行わないこと、排せつ物の堆積した施設又は他の愛護動物の死体が放置された施設であって自己の管理するものにおいて飼養し、又は保管することその他の虐待を行った者は、1年以下の懲役又は100万円以下の罰金に処する」と定める。

虐待に当たるか否かは、行為の態様、侵害の程度、目的の正当性、手段の相当性、その他の状況を総合して社会通念に照らして判断される[9]。

伊那簡判平成15・3・13（平成14年（ろ）第4号）は、乗馬牧場を経営していた被告人が、そこで飼育していた馬2頭に対し、極めて不衛生な状況下で、十分な給餌をせず栄養障害状態に陥らせたという動物の愛護及び管理に関する法律違反の事案について、動物愛護管理法27条2項（平17年法律第68号改正前）に規定する「虐待」とは、「愛護動物の飼育者としての監護を著しく怠る行為を指すものであり、その代表的な行為として「みだりに給餌又は給水をやめることにより衰弱させる行為」が例示されているものと解される。したがって、必ずしも愛護動物が「衰弱」していなければならないものではなく、著しく不衛生な場所で飼育し、給餌又は給水を十分与えず愛護動物を不健康な状態に陥らせるといった行為も、上記「虐待」に該当するものと言うべきである」と説示し、罰金15万円に処する有罪判決を言い渡した[10]。

3　動物愛護管理法44条3項は、「愛護動物を遺棄した者は、1年以下の懲役又は100万円以下の罰金に処する」と定める。

「遺棄」とは、保護された状態から保護されない状態に置くことをいう。

---

[9]　https://www.env.go.jp/council/14animal/y143-20/mat01.pdf（最終アクセス2019年5月）
[10]　本件における馬2頭に対する行為は観念的競合としている。

作為・不作為を問わない。本法は、動物の所有者又は占有者に動物の適正飼養・保管等の努力義務を課しており（7条1項）、動物の所有者又は占有者が、愛護動物を置き去りにして立ち去れば本条に該当する[11]。

4　動物愛護管理法45条は、「次の各号のいずれかに該当する者は、6月以下の懲役又は100万円以下の罰金に処する」とし、各号において、①25条の2（特定動物の飼養及び保管の禁止）の規定に違反して特定動物を飼養し、又は保管した者、②不正の手段によって26条第1項の許可を受けた者、③28条1項（変更の許可等）の規定に違反して26条2項2号から7号までに掲げる事項を変更した者をあげている[12]。

●両罰規定

　動物愛護管理法48条は、「法人の代表者又は法人若しくは人の代理人、使用人その他の従業者が、その法人又は人の業務に関し、第44条から前条までの違反行為をしたときは、行為者を罰するほか、その法人に対して次の各号に定める罰金刑を、その人に対して各本条の罰金刑を科する」として両罰規定を定めている。

　法人に対する罰則は、(1) 45条違反（①26条1項の規定に違反して許可を受けないで特定動物を飼養し又は保管した者、②不正の手段によって26条1項の許可を受けた者、③28条1項の規定に違反して26条2項2号又は4号から7号までに掲げる事項を変更した者）は5000万円以下の罰金刑、(2) 44条又は46条、46条の2、47条違反の場合は各本条の罰金刑である。

11　環境省自然環境局総務課長「動物の愛護及び管理に関する法律第44条第3項に基づく愛護動物の遺棄の考え方について」（平成26年12月12日環自総発第1412121号）。
12　本法の罰則は第198回国会に提出され、令和元年6月12日に成立した改正愛護動物管理法に従っている。本改正法でマイクロチップの義務付け、出生後56日（8週）たっていない犬や猫の販売の原則禁止をはじめ、動物の虐待への罰則も強化された。

鳥獣保護管理法

——鳥獣の捕獲等の規制と罰則

●鳥獣の保護及び管理並びに狩猟の適正化に関する法律とは

　平成14年に「鳥獣の保護及び狩猟の適正化に関する法律」(平成14年法律第88号)が、主に公共の安全の観点から「狩猟に対する規制」を中心として定められた「鳥獣保護及狩猟ニ関スル法律」(大正7年4月4日法律第32号)を「鳥獣の保護」の観点から全面改正して制定された。その後、平成26年に「鳥獣の保護及び狩猟の適正化に関する法律」に、「鳥獣の管理」の観点を加えて「鳥獣の保護及び管理並びに狩猟の適正化に関する法律」(平成26年法律第46号)として題名を変更して現行法となった[1]。

　鳥獣の保護及び管理並びに狩猟の適正化に関する法律(以下「鳥獣保護管理法」という)の目的は、「鳥獣の保護及び管理並びに狩猟の適正化を図り、もって生物の多様性の確保(生態系の保護を含む。以下同じ)、生活環境の保全及び農林水産業の健全な発展に寄与することを通じて、自然環境の恵沢

1　第186回国会閣法第57号（平成26年3月11日提出）。趣旨説明については、第186回国会環境委員会議録第5号22頁（平成26年4月8日）。
　シカやイノシシが増えすぎていることにより、自然生態系への影響及び、農林水産業への被害が深刻化するとともに、狩猟者の減少・高齢化により担い手の育成も必要とされることなどから改正された。

を享受できる国民生活の確保及び地域社会の健全な発展に資すること」(1条)とされている[2]。

鳥獣保護管理法では、鳥獣の保護及び管理を図るための事業の実施、猟具の使用に係る危険の予防により、生物多様性の確保、生活環境の保全及び農林水産業の健全な発展に寄与することを目的として、鳥獣の捕獲等の規制、鳥獣捕獲等事業の認定、狩猟制度等に関する事項を定めている[3]。

●「鳥獣」とは

鳥獣保護管理法は、「鳥獣」とは、鳥類又は哺乳類に属する野生動物[4]をいうと定義している[5] (2条1項)。

なお、鳥獣保護管理法80条の規定により、「環境衛生の維持に重大な支障を及ぼす鳥獣又は他の法令により捕獲等について適切な保護管理がなされている鳥獣」として、ニホンアシカ・アザラシ5種・ジュゴン以外の海棲哺乳類、いえねずみ類3種については、鳥獣保護管理法の対象外とされている。

2　第154回国会閣法第81号（平成14年3月18日提出）。参議院での趣旨説明では、「鳥獣は、我が国の自然環境の重要な構成要素であるとともに、国民共有の財産であり、その保護と狩猟の適正化を図ることは、生物の多様性の確保、生活環境の保全、農林水産業の健全な発展に欠くことのできないもの」との認識のもとで、「狩猟免許に係る障害者の欠格条項の見直し、水鳥の鉛中毒の防止、違法な鳥獣の捕獲等の防止、捕獲等をした後の報告等に関し規定を整備するとともに、法律の条文を平仮名書きの口語体に改めようとするもの」とされる。第154回国会参議院環境委員会会議録第6号1頁（平成14年4月9日）。
3　http://www.maff.go.jp/form/pdf/4_chapter2.pdf（最終アクセス2019年5月）
4　野生鳥獣の保護と管理については、環境省自然環境局『野生鳥獣の保護及び管理』参照。http://www.env.go.jp/nature/choju/index.html（最終アクセス2019年5月）
5　平成14年の法改正によりネズミ・モグラ類と海棲哺乳類が「鳥獣」に含まれることとなった。

●鳥獣の保護と管理

「鳥獣の保護」とは、生物の多様性の確保、生活環境の保全又は農林水産業の健全な発展を図る観点から、その生息数を適正な水準に増加させ、若しくはその生息地を適正な範囲に拡大させること又はその生息数の水準及びその生息地の範囲を維持することをいう（2条2項）。

また、「鳥獣の管理」とは、生物の多様性の確保、生活環境の保全又は農林水産業の健全な発展を図る観点から、その生息数を適正な水準に減少させ、又はその生息地を適正な範囲に縮小させることをいう（2条3項）。

鳥獣保護管理法は、環境大臣は、鳥獣保護管理事業計画を進める上での基本ルールや、希少鳥獣の保護、指定管理鳥獣に関する事項を盛り込んだ基本指針を策定し、その基本指針に即して、都道府県が鳥獣保護管理事業計画を作成することとしている。そして、管理を目的として有害鳥獣を捕獲する際の許可の前提条件として、狩猟免許を有することとなっている。

●鳥獣の捕獲等及び鳥類の卵の採取等の禁止

鳥獣保護管理法8条は、次に掲げる場合を除いては、鳥獣及び鳥類の卵は、捕獲[6]等又は採取等（採取又は損傷をいう）をしてはならないと定める。

① 9条1項の許可[7]を受けてその許可に係る捕獲等又は採取等をする

---

[6] 最判昭和54・7・31刑集33巻5号494頁は、公道上において、狩猟鳥獣たるカモに向けて猟銃を使用して猟銃した事案において、「鳥獣保護及狩猟ニ関スル法律」11条にいう「捕獲」とは、鳥獣を自己の実力支配内に入れようとする一切の方法を行うことをいい、鳥獣を現に自己の実力支配内に入れたか否かを問わないとしている。

[7] 法9条① 学術研究の目的、鳥獣の保護又は管理の目的その他環境省令で定める目的で鳥獣の捕獲等又は鳥類の卵の採取等をしようとする者は、次に掲げる場合にあっては環境大臣の、それ以外の場合にあっては都道府県知事の許可を受けなければならない。
　一　第28条第1項の規定により環境大臣が指定する鳥獣保護区の区域内において鳥獣の捕獲等又は鳥類の卵の採取等をするとき。
　二　希少鳥獣の捕獲等又は希少鳥獣のうちの鳥類の卵の採取等をするとき。
　三　その構造、材質及び使用の方法を勘案して鳥獣の保護に重大な支障があるものとして環

とき。
② 11条1項の規定[8]により狩猟鳥獣の捕獲等をするとき。
③ 13条1項の規定[9]により同項に規定する鳥獣又は鳥類の卵の捕獲等又は採取等をするとき。

 すなわち、鳥獣保護管理法では、野生鳥獣又は鳥類の卵については、狩猟により捕獲する場合を除いて、原則としてその捕獲、殺傷又は採取（以下「捕獲等」という）を禁止している。もっとも、生態系や農林水産業に対して、鳥獣による被害等が生じている場合や学術研究上の必要性が認められる場合などには、環境大臣又は都道府県知事の許可を受けて、野生鳥獣又は鳥類の卵を捕獲等することが認められている。

● **主な罰則**

 鳥獣保護管理法は、83条から86条まで、本法に規定する要件に違反し

　　境省令で定める網又はわなを使用して鳥獣の捕獲等をするとき。
8　法11条①　次に掲げる場合には、第9条第1項の規定にかかわらず、第28条第1項に規定する鳥獣保護区、第34条第1項に規定する休猟区（第14条第1項の規定により指定された区域がある場合は、その区域を除く。）その他生態系の保護又は住民の安全の確保若しくは静穏の保持が特に必要な区域として環境省令で定める区域以外の区域（以下「狩猟可能区域」という。）において、狩猟期間（次項の規定により限定されている場合はその期間とし、第14条第2項の規定により延長されている場合はその期間とする。）内に限り、環境大臣又は都道府県知事の許可を受けないで、狩猟鳥獣（第14条第1項の規定により指定された区域においてはその区域に係る第2種特定鳥獣に限り、同条第2項の規定により延長された期間においてはその延長の期間に係る第2種特定鳥獣に限る。）の捕獲等をすることができる。
　一　次条、第14条、第15条から第17条まで及び次章第1節から第3節までの規定に従って狩猟をするとき。
　二　次条、第14条、第15条から第17条まで、第36条及び第37条の規定に従って、次に掲げる狩猟鳥獣の捕獲等をするとき。
　　イ　法定猟法以外の猟法による狩猟鳥獣の捕獲等
　　ロ　垣、柵その他これに類するもので囲まれた住宅の敷地内において銃器を使用しないでする狩猟鳥獣の捕獲等
9　法13条①　農業又は林業の事業活動に伴い捕獲等又は採取等をすることがやむを得ない鳥獣若しくは鳥類の卵であって環境省令で定めるものは、第9条第1項の規定にかかわらず、環境大臣又は都道府県知事の許可を受けないで、環境省令で定めるところにより、捕獲等又は採取等をすることができる。

た者をそれぞれ処罰することとしている。

1　鳥獣保護管理法83条1項1号、2号及び2号の2[10]は鳥獣の捕獲等及び鳥類の卵の採取等の禁止に違反に違反して鳥獣の捕獲等又は鳥類の卵の採取等をした者を処罰する[11]。

その他、83条1項3号は、10条1項（許可に係る措置命令等）、25条6項（鳥獣等の輸出の規制）、37条10項（危険猟法の許可）又は38条の2第10項（住居集合地域等における麻酔銃猟の許可）の規定による命令に違反した者、同項4号は、25条1項（鳥獣等の輸出の規制）、26条1項（鳥獣等の輸入等の規制）、35条2項（特定猟具使用禁止区域等）、36条（危険猟法の禁止）[12]又は38条（銃猟の制限）の規定に違反した者、同項5号は、55条1項の規定（狩猟者登録）に違反して登録を受けないで狩猟をした者、同項6号は、偽りその他不正の手段により9条1項（鳥獣の捕獲等及び鳥類の卵の採取等）の許可、18条の

10　法83条　次の各号のいずれかに該当する者は、1年以下の懲役又は100万円以下の罰金に処する。
　一　第8条の規定に違反して狩猟鳥獣以外の鳥獣の捕獲等又は鳥類の卵の採取等をした者（許可不要者を除く。）
　二　狩猟可能区域以外の区域において、又は狩猟期間（第11条第2項の規定により限定されている場合はその期間とし、第14条第2項の規定により延長されている場合はその期間とする。）外の期間に狩猟鳥獣の捕獲等をした者（第9条第1項の許可を受けた者及び第13条第1項の規定により捕獲等をした者を除く。）
　二の二　第14条第1項の規定により指定された区域においてその区域に係る第2種特定鳥獣以外の狩猟鳥獣の捕獲等をし、又は同条第2項の規定により延長された期間においてその延長の期間に係る第2種特定鳥獣以外の狩猟鳥獣の捕獲等をした者（第9条第1項の許可を受けた者及び第13条第1項の規定により捕獲等をした者を除く。）
11　最判平成8・2・8刑集50巻2号221頁は、食用とする目的で狩猟鳥獣であるマガモ又はカルガモをねらい洋弓銃（クロスボウ）で矢を射かけた行為は、矢が外れたため鳥獣を自己の実力支配内に入れられず、かつ、殺傷するに至らなくても、「鳥獣保護及狩猟ニ関スル法律」1条の4第3項の委任を受けた昭和53年環境庁告示第43号3号リが禁止する「弓矢を使用する方法による捕獲」に当たるとしている。
12　危険猟法とは、「据銃、陥穽その他人の生命又は身体に重大な危害を及ぼすおそれがあるわなを使用する猟法」をいう（鳥獣の保護及び管理並びに狩猟の適正化に関する法律施行規則45号）。
　　最決昭和53・2・3刑集32巻1号23頁は、「鳥獣保護及狩猟ニ関スル法律」に関するものであるが、同法15条の規定は、その手段において人畜に危険の及ぶおそれの高度な猟法を禁止したものであり、狩猟のため据銃をすること自体によっても、同条違反の罪は成立すると説示する。

2 (鳥獣捕獲等事業) の認定、18 条の 7 (変更) 第 1 項の変更の認定若しくは 18 条の 8 (認定の有効期間等) 第 2 項の有効期間の更新、狩猟免許若しくはその更新又は狩猟者登録若しくは変更登録を受けた者をそれぞれ処罰する。

これらの罪に該当する者は、1 年以下の懲役又は 100 万円以下の罰金に処せられる。

そして、鳥獣保護管理法 83 条 2 項は、1 項 1 号から 2 号の 2 まで、4 号 (35 条 2 項、36 条又は 38 条に係る部分に限る) 及び 5 号に該当する場合には、その未遂犯を処罰するとしている[13]。

2 　鳥獣保護管理法 84 条 1 項 4 号は、対象狩猟鳥獣の捕獲等の禁止又は制限の規定 (12 条 1 項若しくは 2 項又は 3 項) に違反した者、及び同条 5 号は、指定猟法禁止区域内での指定猟法により鳥獣の捕獲等禁止 (15 条 4 項)、使用禁止猟具の所持規制違反 (16 条 1 項又は 2 項)、登録鳥獣及び登録票の管理等違反 (20 条 1 項又は 2 項)、販売禁止鳥獣等の販売 (23 条)、鳥獣等の輸入等の規制違反 (26 条 2 項、5 項、6 項)、違法に捕獲又は輸入した鳥獣の飼養、譲渡し等の禁止違反 (27 条)、特別保護地域内許可違反 (29 条 7 項)、特定猟具使用禁止区域内での鳥獣の捕獲等禁止違反 (35 条 3 項) について処罰する。

その他、84 条 1 項 1 号は、9 条 5 項 (鳥獣の捕獲等及び鳥類の卵の採取等の許可条件)、37 条 5 項 (危険猟法の許可条件) 又は 38 条の 2 第 5 項 (住居集合地域等における麻酔銃猟の許可条件) の規定により付された条件に違反した者、同項 2 号は、許可証若しくは従事者証、危険猟法許可証、麻酔銃猟許可証又は狩猟者登録証を他人に使用させた者、同項 3 号は、他人の許可証若しくは従事者証、危険猟法許可証、麻酔銃猟許可証又は狩猟者登録証を使用した者、同項 6 号は、15 条 10 項 (指定猟法禁止区域における必要な措置命令)、18 条の 6 第 2 項 (認定鳥獣捕獲等事業の維持に必要な措置命令)、22 条 1 項 (登

---

[13] 未遂犯については、環境省自然環境局野生生物課鳥獣保護管理室監修『鳥獣保護管理法の解説〔改訂 5 版〕』308 〜 310 頁参照 (大成出版社・2017 年)。

録を受けた者に対する措置命令)、24条9項（販売禁止鳥獣等の販売の許可に必要な措置命令)、30条2項（鳥獣の保護又は鳥獣の生息地の保護を図るために必要があると認めるときの措置命令）又は35条11項（特定猟具使用禁止区域等における必要な措置命令）の規定による命令に違反した者、同項7号は、19条第1項の規定に違反して登録を受けないで対象狩猟鳥獣以外の鳥獣の飼養をした者をそれぞれ処罰する。

これらの罪に該当する者は、6カ月以下の懲役又は50万円以下の罰金に処せられる。

そして、鳥獣保護管理法84条2項は、1項4号及び5号（15条4項又は35条3項に係る部分に限る）に該当する場合には、その未遂犯を処罰するとしている。

●両罰規定

鳥獣保護管理法88条は、「法人の代表者又は法人若しくは人の代理人、使用人その他の従業者が、その法人又は人の業務に関し、第83条から第86条までの違反行為をしたときは、行為者を罰するほか、その法人又は人に対して各本条の罰金刑を科する」と両罰規定を定める。

家畜伝染病予防法

―― 輸入及び輸出の規制と罰則

●家畜伝染病予防法とは

　家畜伝染病予防法（昭和26年法律第166号）（以下「家伝法」ともいう）は、「家畜の伝染性疾病（寄生虫病を含む。以下同じ）の発生を予防し、及びまん延を防止することにより、畜産の振興を図ること」（1条）を目的としている[1]。

　家畜伝染病予防法では、家畜伝染病の発生を予防するための届出、検査等、家畜伝染病のまん延を防止するための発生時の届出、殺処分、移動制限等、家畜の伝染性疾病の国内外への伝播を防止するための輸出入検疫、国・都道府県の連携、費用負担等、家畜の所有者が遵守すべき衛生管理方法に関する基準（飼養衛生管理基準）の制定、生産者の自主的措置等について定めている[2]。

1　法律案起草の趣旨説明について、第10回国会衆議院農林委員会議録第30号2頁（昭和26年3月28日）参照。
2　平成22年の宮崎県における口蹄疫対策を検証するために設置された第三者から成る口蹄疫対策検証委員会の報告書や同年11月以来の高病原性鳥インフルエンザの発生状況等を踏まえて、家畜伝染病の発生の予防、早期の通報、迅速な初動等に重点を置いて家畜防疫体制の強化を図ることとして、「家畜伝染病予防法の一部を改正する法律案（平成23年法律第16号）」が成立し、平成23年4月4日付けで公布されている。
　　家畜衛生の基本的な考え方等について、井上龍子『食料農業の法と制度』108〜110頁、122〜123頁参照（金融財政事情研究会・2018年）。

ことに、畜産の振興を図るためには、国内における家畜衛生対策に合わせて、海外からの家畜の伝染性疾病の侵入を阻止することが重要である。そのためには、それぞれの国が輸出国の立場にあれば家畜の伝染性疾病を出さないという国際的な相互協力が不可欠である。こうした観点から、輸入又は輸出される動物及び畜産物等の検疫について定めが置かれている（第4章）。

●輸入及び輸出の規制

　家伝法36条1項は、「何人も、次に掲げる物を輸入してはならない」[3]として、①農林水産省令で定める地域から発送され、又はこれらの地域を経由した37条1項各号の物であって農林水産大臣の指定するもの（36条1項1号）、②監視伝染病の病原体又は家畜の伝染性疾病の病原体であって既に知られているもの以外の家畜の伝染性疾病の病原体（同項2号）をあげて、輸入禁止規定を定める（家伝法施行規則（昭和26年農林省令第35号）43条及び44条参照）。

　国際的な物流に伴う家畜の伝染性疾病の侵入防止に万全を期すとすれば、輸入禁止の措置をとることが考えられるが、すべてのものを一律に禁止することは科学的に不合理であるだけでなく、社会経済活動の実態からすれば現実的ではない。そこで、監視伝染病[4]のうちでも病性が激しく、伝播力が強い悪性の家畜伝染病に限定し（現在は、牛疫、口蹄疫及びアフリカ豚コレ

---

[3] 試験研究の用に供する場合その他特別の事情がある場合において、農林水産大臣の許可を受けたときは除かれる（36条1項但書）。農林水産大臣の許可を受けて輸入する場合には、許可を受けたことを証明する書面を添えなければならない（36条2項）とされ、輸入の方法、輸入後の管理方法その他必要な条件を附することができる（同3項）とされている。

[4] 家畜伝染病又は届出伝染病をいう（法5条）。http://www.maff.go.jp/aqs/hou/41.html また、監視伝染病についての解説は、国立研究開発法人農業・食品産業技術総合研究機構・動物衛生研究部門「疾病情報」参照（http://www.naro.affrc.go.jp/laboratory/niah/disease/index.html 最終アクセス2019年5月）。

ラの3疾病)、これら悪性の家畜伝染病の発生状況や発生地域での防疫措置の実施状況等の家畜衛生事情を総合的に判断した上で、地域を3区分(清浄地域、発生はないが家畜衛生上何らかの問題がある地域、汚染地域)し、輸入禁止の物を定めて(規則43条)輸入禁止を行うこととしているとされる[5]。

また、家伝法45条1項は、「次に掲げる物を輸出しようとする者は、これにつき、あらかじめ、家畜防疫官の検査を受け、かつ、第3項の規定[6]により輸出検疫証明書の交付を受けなければならない」として、①輸入国政府がその輸入にあたり、家畜の伝染性疾病の病原体をひろげるおそれの有無についての輸出国の検査証明を必要としている動物その他の物(45条1項1号)、②37条1項各号に掲げる物であって農林水産大臣が国際動物検疫上必要と認めて指定するもの(同項2号)をあげる。この場合の検査は、輸入検査の規定(40条3項)[7]が準用される。また、家畜防疫官は、国際動物検疫上、必要があるときは、輸出検疫証明書の交付を受けた物について再検査を行うことができる(45条4項)。

動物及び畜産物等の国際交流に起因する家畜の伝染性疾病の伝播の防止のため、これらの物の輸入にあたっては、輸入検疫を実施しているところであるが、同様に、わが国から輸出される物についても国際動物衛生上の見地から家畜衛生上安全な物を諸外国に輸出することで、各国間の家畜衛生上の信頼に応えようとするものである[8]。

これらの検査が必要な物としては、指定検疫物、及び指定検疫物以外のものであっても相手国が家畜の伝染性疾病をひろげるおそれの有無につい

---

[5] 「家畜伝染病予防法の解説」(http://www.maff.go.jp/aqs/hou/36.html#36 最終アクセス 2019年5月)。

[6] 45条3項は、「家畜防疫官は、第1項の規定による検査の結果、その物が家畜の伝染性疾病の病原体をひろげるおそれがないと認められるときは、農林水産省令の定めるところにより、輸出検疫証明書を交付しなければならない」とする。

[7] 40条3項は、「第1項の規定による検査は、動物検疫所又は第38条の規定により指定された港若しくは飛行場内の家畜防疫官が指定した場所で行う。但し、特別の事由があるときは、農林水産大臣の指定するその他の場所で検査を行うことができる」とする。法38条で指定する場所については、規則47条に定められている。

[8] 「家畜伝染病予防法の解説」(http://www.maff.go.jp/aqs/hou/36.html#45 最終アクセス 2019年5月)。

ての輸出国の証明を要求している動物、畜産物等である。これらのものは、輸入検疫に準じて検査を受けなければならない。なお、検査の方法は、輸入と同様の検査を行うほか、輸入国政府がそのものの輸入にあたり特に要求している事項がある場合には要求に基づいた検査、消毒等を実施することとされている[9]。

●主な罰則

1 家伝法63条1号は、家畜伝染病のまん延の防止のために、患畜等[10]の届出義務に違反した獣医師又は所有者を3年以下の懲役又は100万円以下の罰金に処すると定める。

　京都地判平成16・8・10（平成16年（わ）第516号）では、被告人X社の代表取締役社長である被告人Yは、Zらと共謀の上、X社経営の農場において、同社が所有する家畜である採卵鶏が高病原性鳥インフルエンザの擬似患畜となったことを発見したにもかかわらず、農林水産省令で定める手続に従い、遅滞なく、知事から委任を受けたE家畜保健衛生所長にその旨を届け出なかったという事案において、X社に対して罰金50万円、Yに対して懲役1年（執行猶予3年）の有罪判決を言い渡している[11]。

2 家伝法63条2号は、「第16条第1項、第36条第1項、第37条第1項、第38条又は第45条第1項（第36条第1項及び第37条第1項については、第62

---

[9] 「家畜伝染病予防法の解説」(http://www.maff.go.jp/aqs/hou/36.html#45 最終アクセス2019年5月)。

[10] 家畜伝染病（腐蛆病を除く）に罹っている家畜をいい、「疑似患畜」とは、患畜である疑いがある家畜及び牛疫、牛肺疫、口蹄疫、狂犬病、豚コレラ、アフリカ豚コレラ、高病原性鳥インフルエンザ又は低病原性鳥インフルエンザの病原体に触れたため、又は触れた疑いがあるため、患畜となるおそれがある家畜をいう（2条2項）。

[11] http://www.courts.go.jp/app/files/hanrei_jp/703/006703_hanrei.pdf（最終アクセス2019年5月）

条第1項において準用する場合を含む。）の規定に違反した者」を3年以下の懲役又は100万円以下の罰金に処すると定める。

　すなわち、家畜伝染病のまん延の防止のための特定の家畜[12]所有者のと殺義務違反（16条1項）、輸出入検疫における輸入禁止違反（36条1項）、輸入のための検査証明書の添付義務違反（37条1項）、輸入場所の制限違反（38条）、輸出検査違反（45条1項）[13]である。なお、36条1項及び37条1項については、監視伝染病以外の疾病に対するこの法律の準用規定が含まれる（62条1項）。

3　家伝法63条3号は、「第17条第1項又は第17条の2第5項の規定による命令に違反した者」について3年以下の懲役又は100万円以下の罰金に処すると定める。

　17条1項は、「都道府県知事は、家畜伝染病のまん延を防止するため必要があるときは、次に掲げる家畜[14]の所有者に期限を定めて当該家畜を殺すべき旨を命ずることができる」としている。

　札幌高判昭和50・11・27刑月7巻11=12号900頁は、被告人Xが、家畜防疫員の検査の結果、同人が飼育管理していた馬が馬伝染性貧血（略称伝貧）の患畜であることが判明したため、家畜伝染病予防法17条1項の規定により殺処分を命ぜられるに至ったものの、同馬を殺すことに意が進

---

[12] ①牛疫、牛肺疫、口蹄疫、豚コレラ、アフリカ豚コレラ、高病原性鳥インフルエンザ又は低病原性鳥インフルエンザの患畜（16条1項1号）。
　　②牛疫、口蹄疫、豚コレラ、アフリカ豚コレラ、高病原性鳥インフルエンザ又は低病原性鳥インフルエンザの疑似患畜（16条1項2号）。
[13] 大阪府内の港で農水省動物検疫所の輸出検査を受けずに、和牛の受精卵と精液を持って中国行きの船に乗り、国外に持ち出したとして農水省から告発を受けて大阪府警が捜査を進めている事案がある。朝日新聞2019年2月21日（https://www.asahi.com/articles/ASM2P3CWVM2PPTIL006.html 最終アクセス2019年4月）。
[14] 17条1項1号は、「流行性脳炎、狂犬病、水胞性口炎、リフトバレー熱、炭疽、出血性敗血症、ブルセラ病、結核病、ヨーネ病、ピロプラズマ病、アナプラズマ病、伝達性海綿状脳症、鼻疽、馬伝染性貧血、アフリカ馬疫、小反芻獣疫、豚水胞病、家きんコレラ、ニューカッスル病又は家きんサルモネラ感染症の患畜」をあげており、同2号は「牛肺疫、水胞性口炎、リフトバレー熱、出血性敗血症、伝達性海綿状脳症、鼻疽、アフリカ馬疫、小反芻獣疫、豚水胞病、家きんコレラ又はニューカッスル病の疑似患畜」をあげている。

まなかったところから対策を求めて、伝貧行政批判の運動を展開していた被告人Yに相談し、殺処分の回避を図ったものの結局は命令に従ってただちに同馬の殺処分をすべきことになってしまったにもかかわらず、同馬を飼養して殺処分を行なわず知事が発した殺処分命令に違反したという事案で、「同一の患畜に所有者と管理者とが別個に存在するときは、同法17条1項の規定による殺処分命令の効力が及ぶのは管理者だけであって、所有者には及ばないと解するのが相当である」と説示している。

●両罰規定

家伝法67条は、「法人の代表者又は法人若しくは人の代理人、使用人その他の従業者が、その法人又は人の業務に関して、第63条から前条までの違反行為をしたときは、行為者を罰するほか、その法人又は人に対して各本条の罰金刑を科する」とし両罰規定を定めている。

家畜伝染病予防法の主な罰則一覧

禁止行為等	罰条	法定刑
13条1項（62条1項において準用する場合を含む）の規定に違反した獣医師又は所有者	63条1号	3年以下の懲役又は100万円以下の罰金
16条1項、36条1項、37条1項、38条又は45条1項（36条1項及び37条1項については、62条1項において準用する場合を含む）の規定に違反した者	63条2号	
17条1項又は17条の2第5項の規定による命令に違反した者	63条3号	
36条3項（62条1項において準用する場合を含む）の規定による条件に違反した者	63条4号	
40条1項（62条1項において準用する場合を含む）の規定に違反して検査を受けず、又は検査を受けるに当たって不正行為をした者	63条5号	
46条の5第1項又は46条の10の規定に違反した者	63条6号	
11条、12条、13条の2第1項、14条1項、16条2項、21条1項若しくは3項、50条又は56条2項（13条の2第1項、14条1項及び56条2項については、62条1項において準用する場合を含む）の規定に違反した者	64条1号	1年以下の懲役又は50万円以下の罰金
32条又は33条（これらの規定を62条1項において準用する場合を含む）の規定による禁止、停止又は制限に違反した者	64条2号	
36条の2第1項、46条の8第1項、46条の11第1項、46条の13第1項又は46条の18第1項（46条の20第2項において読み替えて準用する場合を含む）の規定に違反した者	64条3号	
46条の18第3項（46条の20第2項において読み替えて準用する場合を含む）の規定による命令に違反した者	64条4号	
51条2項の規定による検査若しくは集取を拒み、妨げ、若しくは忌避し、又は同項の規定による質問に対し陳述をせず、若しくは虚偽の陳述をした者	64条5号	
52条2項の規定による報告をせず、又は虚偽の報告をした者	64条6号	
46条の6第3項（46条の8第4項において準用する場合を含む）の規定による条件に違反した者	65条1号	50万円以下の罰金
46条の11第2項又は46条の19第1項の規定に違反した者	65条2号	
46条の11第4項、46条の16第2項（46条の20第1項において読み替えて準用する場合を含む）又は46条の17第2項（46条の20第2項において読み替えて準用する場合を含む）の規定による命令に違反した者	65条3号	

＊66条～69条の罰則は除く。

食品衛生法

——主な規制内容と罰則

●食品衛生法とは

　食品衛生法（昭和22年法律第233号）は、食品の安全性の確保のために公衆衛生の見地から必要な規制その他の措置を講ずることにより、飲食に起因する衛生上の危害の発生を防止し、もって国民の健康の保護を図ることを目的とする（1条）。

　食品衛生法は、主な食品営業の他、食品、添加物、器具、容器包装等を対象に飲食に関する衛生について規定している[1]。

　食品衛生法において、「食品」とは全ての飲食物をいう（4条）。なお、「医薬品、医療機器等の品質、有効性及び安全性の確保等に関する法律」（昭和35年法律第145号）[2]に規定する医薬品、医薬部外品及び再生医療等製品は「食品」から除かれる[3]。

1　井上龍子『食料農業の法と制度』178頁（金融財政事情研究会・2018年）。
2　薬事法等の一部を改正する法律（平成25年法律第84号）により、「薬事法」が「医薬品、医療機器等の品質、有効性及び安全性の確保等に関する法律」と名称が改められた。
3　健康食品をうたいながらも医薬品に該当する物等食品と医薬品等との区分が明瞭でないものもあるが、そのような飲食物については、まず医薬品、医療機器等の品質、有効性及び安全性の確保等に関する法律2条1項にいう医薬品に該当するかを判断し、それに該当しないものが食品となることとなる。

また、食品衛生法においては、営業許可と施設基準も定められており、飲食店等のように、公衆衛生に与える影響が著しい営業（34業種）を営むには都道府県知事等の許可が必要であり、この許可に際して5年を下らない有効期間等の必要な条件が付けられる。そして、これらの業種の営業を営む場合には、都道府県知事が業種毎に定めた施設基準に適合していなければならない。

　そして、飲食店営業、喫茶店営業、食肉販売業及び氷雪販売業等にあっては、都道府県知事が定める基準により「食品衛生責任者」を置かなければならないこととされている。

　なお、わが国の食をとりまく環境変化や国際化等に対応し、食品の安全を確保するため、広域的な食中毒事案への対策強化、事業者による衛生管理の向上、食品による健康被害情報等の把握や対応を的確に行うとともに、国際整合的な食品用器具等の衛生規制の整備、実態等に応じた営業許可・届出制度や食品リコール情報の報告制度の創設等の措置を講ずる趣旨から、平成30年6月13日に食品衛生法等の一部を改正する法律（平成30年法律第46号）が公布された[4]。

●食品衛生法の主な規制

　食品衛生法は、不衛生食品等の販売等の禁止（6条）、病肉等の販売等の禁止（9条）、添加物等の販売等の禁止（10条）、基準・規格に適合しない食品の販売の禁止（11条）、無許可営業の禁止（52条）などの規制を設けている。

4　第196回国会閣法第61号。

1　食品衛生法6条

　食品衛生法6条は、「次に掲げる食品又は添加物は、これを販売し（不特定又は多数の者に授与する販売以外の場合を含む。）、又は販売の用に供するために、採取し、製造し、輸入し、加工し、使用し、調理し、貯蔵し、若しくは陳列してはならない」とし、次のものをあげる。

① 腐敗し、若しくは変敗したもの又は未熟であるもの（一般に人の健康を損なうおそれがなく飲食に適すると認められているものを除く）（6条1号）。

② 有毒な、若しくは有害な物質が含まれ、若しくは付着し、又はこれらの疑いがあるもの[5]（人の健康を損なうおそれがない場合として厚生労働大臣が定める場合を除く）（同2号）。

③ 病原微生物により汚染され、又はその疑いがあり、人の健康を損なうおそれがあるもの（同3号）。

④ 不潔、異物の混入又は添加その他の事由により、人の健康を損なうおそれがあるもの（同4号）。

　すなわち、6条では、1号ないし4号に掲げるような食品又は添加物の販売を禁止し、同時に、販売までに至る前の一連の販売の用に供するために採取、製造、輸入、加工、使用、調理、貯蔵若しくは陳列することを禁止している。

(1)　1号は、腐敗[6]若しくは変敗した食品等又は未熟である食品等は、通例、飲食に適さず、かつ、食中毒などをおこす可能性が強いものであるので、原則として販売等を禁止し、特に、人の健康をそこなうおそれがなく、飲食に適すると一般に認められているものについては、但書により、その禁

---

[5]　例えば、「フグの衛生確保について」（昭和58年12月2日環乳第59号）厚生省環境衛生局長通知では、フグについて、食品衛生法6条2号の運用を全国的に統一する観点から、有毒部位の除去という処理により人の健康を損なうおそれがないと認められるフグの種類及び有毒物質の程度により人の健康を損なうおそれがないと認められる部位並びに長期間塩蔵という処理により人の健康を損なうおそれがないと認められる部位を別表として定めている。

[6]　腐敗とは、窒素を含有する有機物が、空気の流通の乏しいところで分解していく過程、変敗とは、その他の分解過程を意味する。日本食品衛生協会『新訂早わかり食品衛生法』45頁（日本食品衛生協会・2018年）。

止を解除して、取締りの対象から除外している[7]。

(2) 2号は、有毒な又は有害な物質[8]が含まれていたり、付着した食品又は添加物、あるいはその疑いがある[9]ものは、原則として一般的に販売等を禁止し、特に人の健康をそこなうおそれがない場合として厚生大臣が定める場合[10]に該当するときに限り、取締りの対象としないこととしている。

(3) 3号では、病原微生物に汚染され、又はその疑いがある食品又は添加物であって、人の健康をそこなうおそれがあるものについて、その販売等が禁止される。

「病原微生物」とは、疾病の原因となる各種の細菌類であり、例えば、消化器系伝染病の原因となる赤痢菌、腸チフス菌、パラチフス菌、コレラ菌などや飲食物を経由するジフテリヤ菌、猩紅熱菌などの伝染病病原菌、サルモネラ、ぶどう状球菌その他の食中毒原因菌などがあげられる[11]。

(4) 4号では、前3号に掲げたもの以外で人の健康をそこなうおそれがある食品又は添加物について、その販売等を禁止する。「不潔」[12]あるいは「異物[13]の混入又は添加」があげられているが、例示の場合に限られない。

---

7 例えば、豆腐や納豆、酒、味噌などは、豆又は穀物を発酵させたものであり、「変敗したもの」であるが、社会的に飲食に適するものとして認められている。また、「鮒ずし」は「腐敗したもの」であるが、但書に該当するとされる。日本食品衛生協会・前掲注(6) 45頁。

8 「有毒な又は有害な物質」とは、人が一定量を摂取した場合には、通常何らかの健康上の危害を生ずるおそれのある物質をいう。例えば、毒物及び劇物取締法（昭和25年法律第303号）にいう毒物又は劇物などが典型例である。

9 「疑いがある」という場合の程度は、単に可能性があるという程度にとどまらず、相当な蓋然性の認められる場合をいう。日本食品衛生協会・前掲注(6) 47頁。

10 食品衛生法施行規則（昭和23年7月13日厚生省令第23号。以下「施行規則」という）。
　1条　食品衛生法（昭和22年法律第233号）第6条第2号ただし書の規定による人の健康を損なうおそれがない場合を次のとおりとする。
　　一　有毒な又は有害な物質であっても、自然に食品又は添加物に含まれ又は附着しているものであって、その程度又は処理により一般に人の健康を損なうおそれがないと認められる場合。
　　二　食品又は添加物の生産上有毒な又は有害な物質を混入し又は添加することがやむを得ない場合であって、かつ、一般に人の健康を損なうおそれがないと認められる場合。

11 警察実務法令特別研究会編著『警察活動の法的根拠と特別刑罰法令の要解〔三訂3版〕』296頁（日世社・2003年）。

12 「不潔」とは、通常、人の健康を損なうおそれのあることとなる可能性が強い不衛生な状況をいうと解される。

13 「異物」とは、本来飲食の用に供されるものとして認識されないものであって、当該物質を

なお、本条は、62条1項（おもちゃ等への準用）及び2項（野菜若しくは果実又は飲食器の洗浄の用に供される洗浄剤）にそれぞれ準用されている。

2　食品衛生法9条

食品衛生法9条1項は、「第1号[14]若しくは第3号[15]に掲げる疾病にかかり、若しくはその疑いがあり、第1号若しくは第3号に掲げる異常があり、又はへい死した獣畜（と畜場法（昭和28年法律第114号）第3条第1項に規定する獣畜及び厚生労働省令で定めるその他の物をいう。）の肉、骨、乳、臓器及び血液又は第2号[16]若しくは第3号に掲げる疾病にかかり、若しくはその疑いがあり、第2号若しくは第3号に掲げる異常があり、又はへい死した家きん（食鳥処理の事業の規制及び食鳥検査に関する法律（平成2年法律第70号）第2条第1号に規定する食鳥及び厚生労働省令で定めるその他の物をいう。）の肉、骨及び臓器は、厚生労働省令で定める場合を除き、これを食品として販売し、又は食品として販売の用に供するために、採取し、加工し、使用し、調理し、貯蔵し、若しくは陳列してはならない」と定める。

すなわち、特定の疾病にかかった獣畜又はへい死した獣畜の肉、骨、乳、臓器及び血液を食品として販売したり、販売用に採取、加工などを禁止している。

と畜場法3条1項で定める「獣畜」とは、牛、馬、豚、めん羊、山羊であり、及び厚生労働省令で定めるその他の物とは水牛（食品衛生法施行規則7条1項）である。

「へい死した獣畜」とは、屠殺したもの以外のすべての死んだ獣畜をいい、その死因は、施行規則7条2項1号に定める疾病に限られない。

なお、9条1項但書では、へい死した獣畜又は家きんの肉、骨及び臓器

摂取することにより、主として物理的な作用によって健康上の危害を生じさせる可能性のあるものいう。日本食品衛生協会・前掲注（6）51頁。
14　と畜場法14条6項各号に掲げる疾病又は異常。
15　法9条1号及び2号に掲げる疾病又は異常以外の疾病又は異常であって厚生労働省令で定めるもの（施行規則7条2項）。
16　食鳥処理の事業の規制及び食鳥検査に関する法律15条4項各号に掲げる疾病又は異常。

であって、当該職員（と畜場法19条に規定すると畜検査員）が、人の健康を損なうおそれがなく飲食に適すると認めたものは、この限りでないとする[17]。

「当該職員が人の健康を損なうおそれがなく飲食に適すると認める場合」とは、健康な獣畜が不慮の災害により即死したときをいう（施行規則7条3項）。

最判平成2・5・11刑集44巻4号363頁は、被告人が、食用に供する目的で獣畜をと殺、解体することを許されていないへい獣処理場においてと殺、解体された牛の肉約11トン305キログラムを食肉販売業者に代金744万1550円で食品として販売したとの事実について、「食品衛生が立法された経緯、趣旨、獣畜の肉等を食品として販売することに対する法的規制の内容、ことに、同法が飲食に起因する衛生上の危害の発生を防止し、公衆衛生の向上及び増進に寄与することを目的とし、他方、同法5条1項（現行法では9条1項[18]）により規則されている食用に供する獣畜の処理に関しては、と畜場法により、獣畜をと殺、解体し、更には解体された肉等をと畜場から搬出する前には、同法所定のと畜検査員による検査を経ることが義務付けられているなど獣畜の処理が衛生的に行われることが図られていることに照らすと、本件のように、と畜場法の手続に従って適法にと殺、解体されていない死亡獣畜は食品衛生法5条1項にいう『へい死した獣畜』に当たると解するのが相当である」と説示している。

また、食品衛生法9条2項は、「獣畜及び家きんの肉及び臓器並びに厚生労働省令で定めるこれらの製品[19]は、輸出国の政府機関によって発行され、かつ、前項各号に掲げる疾病にかかり、若しくはその疑いがあり、同項各号に掲げる異常があり、又はへい死した獣畜又は家きんの肉若しくは臓器又はこれらの製品でない旨その他厚生労働省令で定める事項[20]を記載

17　例えば、獣畜がトラックや列車にはねられて即死した場合などがある。日本食品衛生協会・前掲注（6）80頁。
18　食品衛生法等の一部を改正する法律（平成15年法律第55号）。
19　施行規則8条において食肉製品とする。
20　施行規則9条参照。

した証明書又はその写しを添付したものでなければ、これを食品として販売の用に供するために輸入してはならない」と定める[21]。

3　食品衛生法10条

食品衛生法10条は、「人の健康を損なうおそれのない場合として厚生労働大臣が薬事・食品衛生審議会の意見を聴いて定める場合[22]を除いては、添加物（天然香料及び一般に食品として飲食に供されている物であって添加物として使用されるものを除く。）並びにこれを含む製剤及び食品は、これを販売し、又は販売の用に供するために、製造し、輸入し、加工し、使用し、貯蔵し、若しくは陳列してはならない」と添加物等の販売等の制限を定める。

本条は、天然香料及び一般に食品として飲食に供されているものであって添加物として使用されるものを除いて食品の添加物について、人の健康をそこなうおそれのない場合として厚生大臣が食品衛生調査会の意見を聞いて定める場合以外は、添加物を含む製剤及び食品は、これを販売し、又は販売の用に供するために製造、輸入、加工、使用、貯蔵、若しくは陳列を禁止する。

「添加物」とは、食品の製造の過程において又は食品の加工若しくは保存の目的で、食品に添加、混和、浸潤その他の方法によって使用する物である。

---

[21]　ただし、厚生労働省令で定める国（施行規則11条においてアメリカ合衆国、オーストラリア及びニュー・ジーランドとしている）から輸入する獣畜の肉等であって、当該獣畜の肉等に係る衛生事項が当該国の政府機関から電気通信回線を通じて、厚生労働省の使用に係る電子計算機（入出力装置を含む）に送信され、当該電子計算機に備えられたファイルに記録されたものについては除く。

[22]　施行規則12条により別表第1に規定されている。

●主な罰則

1　食品衛生法71条

　食品衛生法71条1項は、「第6条（第62条第1項及び第2項において準用する場合を含む。）、第9条第1項又は第10条（第62条第1項において準用する場合を含む。）の規定に違反した者」は、3年以下の懲役又は300万円以下の罰金に処すると定める。

　ここでは、不衛生食品等の販売等の禁止（おもちゃ及び営業以外の食品供与施設への準用規定を含む）、疾病・異常のある病肉等の販売の制限、添加物等の販売等の制限に違反した者を処罰することとしている。

　最判平成10・7・10刑集52巻5号297頁は、魚の卸業者で、くろたちかます科に属する魚であるアブラソコムツを買い付けて、加工し販売していたところ、その販売行為と販売前にアブラソコムツ及びその加工品を貯蔵した行為が「有害な物質」（旧法4条2号、現行法は6条2号[23]）が含まれる食品の販売、販売の用に供するための貯蔵に該当するとして起訴された事案において、原審が「有害な物質」の意義につき、物質それ自体には毒作用がなくても人の健康状態に物理的に危害又は不良な変更を引き起こすものをいうとの解釈を示した上、アブラソコムツを食用に供した場合の人の健康状態への影響を具体的に認定した判断を正当としている[24]。

　また、食品衛生法71条1項2号は、「第7条第1項から第3項までの規定による禁止に違反した者」についても同様の刑罰を定める。すなわち、厚生労働大臣による新開発食品等の販売禁止に違反した者を処罰することとしている。

---

[23]　食品衛生法等の一部を改正する法律（平成15年法律第55号）。
[24]　原審である東京高判平成7・10・31判時1566号134頁は、アブラソコムツを食べると、その肉中にワックスが多量に含まれており、それが人体内でほとんど消化吸収されないため、そのまま異常臭を伴って油状下痢便となって排泄され、意識してもこれを止めることができない症状を呈すると認定して、アブラソコムツは「有害な物質」が含まれる食品に当たるという結論を導いている。

2　食品衛生法72条

食品衛生法72条1項は、「第11条第2項[25]（第62条第1項及び第2項において準用する場合を含む。）若しくは第3項、第16条（第62条第1項及び第3項において準用する場合を含む。）、第19条第2項（第62条第1項において準用する場合を含む。）、第20条（第62条第1項において準用する場合を含む。）又は第52条第1項（第62条第1項において準用する場合を含む。）の規定に違反した者は、2年以下の懲役又は200万円以下の罰金に処する」と定める。

ここでは、厚生労働大臣が定めた食品等の規格及び基準に合わない方法での食品や添加物の製造、使用、販売等の禁止、有毒器具等の販売等の禁止、厚生労働大臣が定めた販売の用に供する食品若しくは添加物の基準、虚偽[26]又は誇大な表示又は広告の禁止、営業許可を受ける義務に違反した者を処罰することとしている。

●両罰規定

食品衛生法78条は、「法人の代表者又は法人若しくは人の代理人、使用人その他の従業者が、その法人又は人の業務に関し、次の各号に掲げる規定の違反行為をしたときは、行為者を罰するほか、その法人に対して当該各号に定める罰金刑を、その人に対して各本条の罰金刑を科する。ただし、その人が食品衛生管理者として、前条の規定により罰金刑を科せられるべ

25　名古屋高判昭和59・10・22高刑集38巻2号176頁は、殺菌のため吸収線量500キロラド（5キログレイ）の放射線を照射して乾燥粉末野菜等を製造することは、IAEA・FAO・WHOの1980年合同専門家会議が食品に対する10キログレイ以下の放射線の照射は安全性に問題がない旨を報告しているとしても、食品衛生法（旧法7条2項、現行法11条2項）にいう「その基準に合わない方法により食品を製造する」行為に当たるとしている。

26　福岡高判平成11・10・18高刑速平成11年172頁は、無許可で温泉水を濾過してペットボトルに詰め、ミネラルウォーター類に該当する飲料水を製造販売し、清涼飲料水製造業を営んだ事案に関し、「清涼飲料水」の文言は、炭酸ガスを含有する清涼感を覚える飲料水に限定して解釈すべきではなく、ミネラルウォーター類などの飲料水を広く含むと解すべきであり、本件温泉水は「清涼飲料水」に該当するとした。

きときは、その人については、この限りでない。

1　第71条又は第72条（第11条第2項（第62条第1項及び第2項において準用する場合を含む。）若しくは第3項、第19条第2項（第62条第1項において準用する場合を含む。）及び第20条（第62条第1項において準用する場合を含む。）の規定に係る部分に限る。）　1億円以下の罰金刑

2　第72条（第11条第2項（第62条第1項及び第2項において準用する場合を含む。）若しくは第3項、第19条第2項（第62条第1項において準用する場合を含む。）及び第20条（第62条第1項において準用する場合を含む。）の規定に係る部分を除く。）、第73条又は第75条　各本条の罰金刑」

と両罰規定を定めている。

　すなわち、法人の代表者、法人又は人の代理人、使用人その他の従業者が、その法人又は人の業務に関し法違反を犯したときには、その法人又は人に対しても罰金刑を科すこととしている。

　本条によって法人又は人が罰金を科せられるのは、その代理人等の法違反という事実があれば足り、法人又は人がその代理人等に具体的な命令等を行ったことを要しない。

食品衛生法の主な罰則一覧

禁止行為等	罰条	法定刑	両罰規定
不良食品等の販売等禁止（6条）	71条	3年以下の懲役、300万円以下の罰金	1億円以下の罰金
新開発食品等の販売等禁止（7条1～3項）			
病肉等の販売等禁止（9条1項）			
指定外添加物の販売等禁止（10条）			
廃棄回収命令等違反（54条）			
営業禁停止命令違反（55条）			
規格基準外食品等の販売等禁止（11条2項）	72条	2年以下の懲役、200万円以下の罰金	1億円以下の罰金
残留基準未設定農薬等を含む食品の販売等禁止（11条3項）			
不良器具等の販売等禁止（16条）			
無許可営業（52条）			
表示基準違反食品等の販売等禁止（19条2項）			1億円以下の罰金
虚偽誇大な広告等の禁止（20条）			
食品等包括的輸入等禁止（8条1項）	73条	1年以下の懲役、100万円以下の罰金	
輸出国証明書の添付義務違反（9条2項）			
器具等包括的輸入禁止（17条）			
規格基準外器具等の販売等禁止（18条2項）			
タール未検査販売の禁止（25条1項）			
無検査結果食品等販売等禁止（26条4項）			
医師の届出義務違反（58条1項）			
営業施設基準違反（51条）			
営業許可条件違反（52条3項）			
施設改善命令等違反（56条）			
登録検査機関役員等の守秘義務違反（40条）			
登録検査機関業務停止命令違反（43条）	74条		
臨検査拒否等（28条1項）	75条	50万円以下の罰金	
報告拒否・虚偽報告（28条1項）			
届出義務違反・虚偽届出（27条、48条8項）			
登録検査機関と紛らわしい名称使用（46条2項）			
無許可による製品検査業務の全廃（38条）	76条		
帳簿記載義務違反（44条）			
報告拒否・虚偽報告（47条1項）			
検査拒否等（47条1項）			

食品衛生法

第 5 章

鉄道・船舶・航空と特別刑法の知識

鉄道営業法

―― 鉄道の公共性、生命・身体・財産に
　　係る罰則

● **鉄道営業法とは**

　鉄道営業法は、鉄道の基本法として明治33年3月16日法律第65号として公布、同年10月1日施行された。

　鉄道営業法は、第1章「鉄道ノ設備及運送」、第2章「鉄道係員」、第3章「旅客及公衆」の3章から構成されており、鉄道運送の安全の確保と円滑な利用のために事業者と利用者との契約関係や鉄道運送の安全を脅かす行為や不正利用に対する罰則などを定める[1]。

　すなわち、鉄道営業法では、①線路、車両等の物的設備及び運転の安全保持に関する規定（1条）、②鉄道の人的設備である鉄道係員の職制、服務、資格及び制服に関する規定である（19条〜22条）、③鉄道運送の機能に支障を生じる行為や不正利用に対する罰則及び退去強制に関する規定である（29条〜42条）、④鉄道の公平な利用を確保するための規定（3条、6条、9条）、⑤鉄道運送の特質に相応して、商法の運送契約の特則的性格を有する私法

1　原田國男「鉄道営業法」平野龍一ほか編『注解特別刑法2　交通編(2)Ⅱ』1頁（青林書院・1983年）。伊藤榮樹「鉄道営業法」伊藤榮樹ほか編『注釈特別刑法　第6巻Ⅱ』3頁（立花書房・1982年）参照。和田俊憲「注釈鉄道営業法罰則」慶應法学40号229頁以下（2018年）。

規定（11 条～ 13 条、13 条の 2、13 条の 3、14 条、15 条～ 18 条、18 条の 2 ～ 18 条の 3）を定める。

鉄道営業法において「鉄道」とは、「レールを敷設し、その上に動力を用いて車両を運行させて、旅客、荷物を運送する設備をいう」と一般に解されている[2]が、鉄道営業法 1 条の規定に基づき定められた「鉄道に関する技術上の基準を定める省令」（平成 13 年国土交通省令第 15 号）120 条では、懸垂式鉄道・跨座式鉄道（モノレール）、案内軌条式鉄道（いわゆる新交通システム）、無軌条電車（トロリーバス）、鋼索鉄道（ケーブルカー）、浮上式鉄道（リニアモーターカーなど）特殊な構造を有する鉄道を特殊鉄道と定義して、鉄道の概念を拡張させている。

●罰則

鉄道営業法は、鉄道が、多数の公衆に利用されることという公共的性格をもつという鉄道運送の特質に基づき制定されたものであることから、その機能の円滑な発揮に支障を生ずれば公共の利益が損なわれるだけでなく、ときに人の生命、身体及び財産に不測の損害を与えることとなるおそれがあることから、これらを防止するために罰則規定が設けられた[3]。

本法の罰則は、「鉄道」における輸送の安全の確保のために設けられていることから、鉄道に当たらない軌道法（大正 10 年法律第 76 号）における「軌道」には適用されない[4]。

2 　原田・前掲注（1）4 頁、伊藤・前掲注（1）3 頁参照。
3 　伊藤・前掲注（1）5 頁。
4 　軌道は、特別の事由がなければ道路に施設される（軌道法 2 条）が、鉄道の道路への施設は原則として禁止されている（鉄道事業法 61 条 1 項）。もっとも、軌道法 2 条但書、鉄道事業法 61 条但書により、国土交通大臣の許可を受ければ軌道は道路以外に、鉄道は道路に敷設が可能である。
　和田・前掲注（1）231 頁は、軌道については、軌道運輸規程（大正 12 年鉄道省令第 4 号）が旅客・公衆及び係員に対する各種罰則を設けてはいるが（同令 17 条～ 20 条及び 22 条、これは軌道法その他の法律の委任による罰則ではないため、日本国憲法施行の際、現に効力

1 鉄道係員を処罰対象とする罰則[5]

(1) 失行罪（24条）

失行罪（24条）は、鉄道係員の旅客・公衆に対する職務取扱いが公正・親切に行われることを担保する規定である。

「失行」とは、失礼な行為又は失礼な態度で、常識上看過できない程度のものをいう。酒に酔って旅客に戯れる行為や、旅客を方向違いの列車に乗車させる行為などのほか、改札係が、旅客からの質問に何も答えないという態度も度を過ぎればこれに当たりうる[6]。本条の行為は、鉄道係員が、旅客又は公衆に対して、その職務執行中にしたものであることを要するが、客観的に「失行」と認められれば足り、旅客・公衆が現実に迷惑を受け、又は不快に感ずる必要はない[7]。

(2) 職務上の義務違反罪（25条）

職務上の義務違反罪（25条）は、旅客・公衆に危害を及ぼすような鉄道係員の職務上の義務違反を防止するための規定である。

「職務上ノ義務ニ違背シ又ハ職務ヲ怠リ」とは、故意・過失を問わず、職務上の義務に違犯することをいう。

本罪について、東京高判昭和38・12・11高刑集16巻9号729頁は、旅客・公衆の生命身体に対する危険の発生を要件とする具体的危険犯であるとする[8]。

広島高判平成19・5・29判タ1252号343頁は、旅客列車が、停車すべ

を有する命令の規定の効力等に関する法律（昭和22年）1条により、昭和23年1月1日以降は失効したと解される（最大判昭27・12・24刑集6巻11号1346頁参照）と指摘している。

[5] 「鉄道係員」とは、鉄道の運輸、運転、保線、電気その他の分野、すなわち、現場において、直接、間接に鉄道運送の業務に従事する現業員をいう。伊藤・前掲注（1）6頁。

なお、各規定の趣旨から、それぞれの範囲が異なる。例えば、失行罪（24条）は、旅客・公衆に対する職務を行う者であるし、職務上の義務違反罪（25条）は、上記の現業員全てであるし、定員外の乗車強要罪（26条）は、旅客扱いに関する業務に従事する者に限られるし、踏切の往来妨害罪（28条）は、踏切の開閉に関する業務に従事する職員（なお、後段はその他の現業職員も含まれる）である。

[6] 和田・前掲注（1）234頁。
[7] 伊藤・前掲注（1）7頁。

き駅に停車せず通過したことに関し、その列車に車掌として乗務していた被告人が、運転士に連絡し、あるいは非常スイッチを用いて非常停止させるなどして、同列車を同駅に停車させるべき職務上の義務を怠り、同列車が高速度のまま同駅を通過するのを放置した過失があると認定した原判決について、本条の罪が具体的危険犯であるという解釈を前提として、列車が駅に近づく前からホーム端に接近するような乗客の存することまでをも考慮して、具体的危険があったと認めることはできないとし、事実誤認を理由に原判決を破棄し、無罪を言い渡している。

(3) **定員外の乗車強要罪**（26条）

定員外の乗車強要罪（26条）は、鉄道係員をして客車定員を守らせることによって、旅客の安全な運送を担保しようとする規定である。

本罪は、旅客が自ら定員を超えて乗り込もうとする場合に鉄道係員が制止しなくても「強いて」に該当しないと解すべきであって、故意犯であり作為犯である[9]。

(4) **踏切の往来妨害罪**（28条）

踏切の往来妨害罪（28条）は、鉄道係員が踏切を通行する一般公衆の通行を不当に妨げることを防止するための規定である。

道路踏切の開閉を怠り、又は正当な理由なく車両その他の器具[10]を踏切に留置し、その結果、往来を妨害する結果が発生した場合に本罪に該当する。

「道路踏切」とは、不特定又は多数の人の往来の用に供されている道路（刑法124条1項の「陸路」と同義で、道路交通法の「道路」よりも狭い）と鉄道とが交差する部分をいう[11]。

本条において、「踏切の開閉を怠り」とは、踏切を閉鎖しておくべき場合ではないのに、漫然と踏切を閉鎖することをいう[12]。

---

8 伊藤・前掲注（1）8頁は、本条の罪は抽象的危険犯であるとする。
9 伊藤・前掲注（1）10頁。なお、和田・前掲注（1）237〜238頁参照。
10 新幹線妨害特例法3条1項4号にいう「物件」とは異なる。原田・前掲注（1）31頁。
11 和田・前掲注（1）239頁。

「留置」とは、「閉塞」（刑法124条）に至るまでの必要はないが、全く通行の支障とならない場合は含まれないが、一般公衆が通行に不自由を感じる程度がなければならない[13]。

故意犯だけでなく過失犯も処罰される。

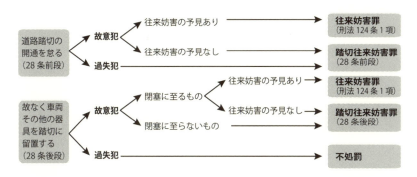

2 旅客及び公衆を処罰対象とする罰則

(1) 不正乗車罪（29条）

不正乗車罪（29条）は、旅客の不正乗車を禁ずるための規定である[14]。

本条は、刑法246条2項詐欺罪及びその補充規定としての電子計算機使用詐欺罪（同246条の2）の補充規定である。刑法のいわゆる2項詐欺罪が財産犯であるのに対して、本罪は鉄道乗車券に係る手続違反罪と解すれば、

---

12 原田・前掲注（1）31頁。列車通過に伴い踏切を閉鎖しておくべき注意義務に違反して列車との接触事故を生じさせた場合には、業務上過失致死傷罪に該当する。
13 原田・前掲注（1）31頁。伊藤・前掲注（1）13頁。
　和田・前掲注（1）239頁は、自動遮断機又は手動遮断機の設置された踏切（第1種・第2種踏切）で、列車通過後に遮断機を上げない行為や不必要に遮断機を下げる行為は、それ自体道路の閉塞に当たるため、不開通の故意があれば往来妨害の故意も認められ、往来妨害罪（刑法124条1項）が成立して本罪は排斥されるから、本罪は過失の場合に限られる。これに対して、警報器のみが設置されている踏切（第3種踏切）で列車通過後に警報器を止めない行為や不必要に警報器を鳴らす行為は、故意の場合も本罪が成立する。一般公衆は通行に不自由を感じるから、「開通を怠る」に当たると解してよいと思われるとする。
14 本罪は、鉄道以外の不正乗車には適用されないが、鉄道と船舶、軌道、自動車又は索道との通し運送（18条の2）については、鉄道以外の部分についても、鉄道の乗車とみなす余地がある。鉄道区間と軌道区間が混在する路線では、全体を鉄道の乗車として本罪を適用するのが合理的であろう。和田・前掲注（1）241頁。

両罪は観念的競合の関係に立つことになる[15]。

本罪は故意犯であり、有効な乗車券がないことの認識が必要である。

(2) **託送手荷物等詐称罪**（30条）

託送手荷物等詐称罪（30条）は、運送品等の不正運送及び記名乗車券購入の際の氏名詐称を防止しようとする規定である。

不正乗車の罪（29条）及び託送手荷物等詐称罪（30条）は、親告罪である（30条の2）[16]。

(3) **火薬類運送に関する罪**（31条）

火薬類運送に関する罪（31条）は、公共運送の安全を確保するため火薬類その他爆発質危険品の車中持ち込み、託送を規制するための規定である。

「火薬類」とは、火薬類取締法（昭和25年法律第149号）2条1項にいう火薬、爆薬及び火工品をいう。

「爆発質危険品」とは、爆発物取締罰則（明治17年太政官布告第32号）にいう爆発物のほか、火炎びんの使用等の処罰に関する法律（昭和47年法律第17号）1条にいう火炎びんなども含まれるが、少量の「がん具煙火」（火薬類取締法2条2項）は当たらない[17]。

「託送」は、託送手荷物及び運送品にすることであり、「携帯」とは手回り品とすることである[18]。

(4) **警報機濫用罪**（32条）

警報機濫用罪（32条）は、列車警報機の濫用による列車の正常な運行に対する阻害行為を防止しようとする規定である。

「列車警報機」とは、旅客等の安全を確保するために運転中の列車の運行を臨時に停止する必要等がある緊急事態が生じた場合に、そのことを運

15　判例（大判大正5・10・10刑録22輯1537頁、大判大正12・2・15刑集2巻78頁）は、鉄道財産に対する罪と解している。和田・前掲注（1）241頁。
16　両罪は鉄道の財産のみにかかわる罪であることに加えて、実害がないか、あっても被害額は類型的に小さく、割増賃金の支払（18条2項）で足りる場合が多いことが考慮されたものと解される。告訴権者は、鉄道営業者である。和田・前掲注（1）246頁。
17　原田・前掲注（1）60頁。伊藤・前掲注（1）22頁。
18　原田・前掲注（1）60頁。

転士や車掌、駅係員等に通報する保安装置をいう[19]。

「濫用」とは、正当な理由なく使用することである。

本罪は、業務妨害罪（刑法233条、234条）とは法条競合とされ、悪戯による業務妨害罪（軽犯罪法1条31号）とは観念的競合とされる[20]。

(5) 運転中の乗降に関する罪（33条）

運転中の乗降に関する罪（33条）は、旅客の不適当な乗降を防止し、鉄道運送の安全を保持しようとする規定である。

(6) 吸煙及び婦人室立入りに関する罪（34条）

吸煙及び婦人室立入りに関する罪（34条）は、鉄道地内及び旅客車内の適正な環境を維持するための規定である。

本条の行為は、鉄道地内で禁煙と指定された場所や禁煙と指定された車両内で喫煙すること、婦人のために設けた待合室や車室等に、男子がみだりに立ち入ることである。

近年は、鉄道会社を問わず、駅構内及び列車内は禁煙が原則であろうから、特に喫煙が認められた場所以外は、通常はこれに該当することになろう（ただし、鉄道地のうち一般公衆の通行がなく駅構内禁煙の効果が及ばない範囲については、個別に禁煙の指定が必要である）[21]。

また、「婦人のために設けたる車室」への立入りについては、いわゆる女性専用車両がこれに当たるかが問題である。女性専用車両は鉄道会社が鉄道利用者に協力を求めているもので、男性の利用を禁止していないのだとすれば、「婦人のために設けたる車室」に当たると解したとしても、実際上「制止」がなされないから、本罪は成立しない[22]。

---

19 伊藤・前掲注（1）23頁。
20 原田・前掲注（1）63頁。伊藤・前掲注（1）24頁。
21 和田・前掲注（1）251頁。
22 和田・前掲注（1）251頁は、女性専用車両は、「婦人のために設けたる車室」に当たらないとする立場からは、①身体障がい者や男児も利用できるので女性専用ではない、②「車室」とは「車両」よりも狭く閉鎖性の高い空間を指す、といった根拠があげられるのに対して、女性専用車両は、「婦人のために設けたる車室」に当たるとする立場からは、①主に女性のために設置されていれば「婦人のために設けたる車室」に当たるとしたうえで、例外的に利用が認められている男性については「妄に」に該当しないと整理すれば足りる、②車両内の空

(7) 寄附要請等に関する罪（35条）

　寄附要請等に関する罪（35条）は、鉄道営業に直接関連する鉄道地内に一定の秩序を保ち、旅客の快適な旅行を保障するための規定である。

　本条については、憲法12条、13条、21条の合憲性が争われた事案があるが、裁判所は合憲としている[23]。

　判例では、鉄道敷地内立入罪（37条）と軽犯罪法1条32号とが観念的競合となり、本罪とは併合罪となるとされている[24]。

(8) 標識・掲示及び信号幾等の改ざん等に関する罪（36条）

　標識・掲示及び信号幾等の改ざん等に関する罪（36条）は、鉄道運送に必要な標識、掲示、灯火[25]及び信号機の効用を害することを防止するための規定である。

　「標識」とは、鉄道係員に対して、物の位置、方向、条件等、列車運転や線路保全等に係る情報を伝達するための表示をいう[26]。

　「掲示」とは、鉄道が旅客に対して運送に係る情報を伝達するための表示をいう[27]。

　「改竄」とは、権限なく他の意味の表示に変更することをいう[28]。

　「毀棄」は、本来の効用を喪失させることをいう。

　「撤去」とは、本来あるべき場所から取り除くことをいい、その場に捨て置くことでもよい[29]。

　本条の行為により、列車の往来の危険を生じさせたときは、刑法125条

　　間全体を指して「車室」と呼んでも語の可能な範囲を越えず、適正な環境という観点からは空間の大きさは決定的でない、といった反論が可能であるとする。
23　最判昭和59・12・18刑集38巻12号3026頁など。
24　最決昭和41・5・19刑集20巻5号335頁、最決昭和41・10・26刑集20巻8号1014頁。
25　「灯火」は、鉄道地内の灯火のすべてを含むとされる（原田・前掲注（1）63頁）が、和田・前掲注（1）254頁は、本条の趣旨からは、①点灯していることで一定の情報を伝える灯火と、②照明用の灯火のうち安全に関わるものに限定すべきだと思われるとする。
26　和田・前掲注（1）254頁。
27　列車発着時刻表、運賃表、客車内の各種掲示などをいうが、広告は含まれない。
28　踏切支障報知装置の押しボタンをみだりに押して信号の色を変える行為も、信号機の改竄に当たるとされる。原田・前掲注（1）75頁。
29　原田・前掲注（1）75頁。

1項の罪が成立し、本条の適用はない。本罪と器物損壊罪は観念的競合となる[30]。

(9) **鉄道地内立入罪**（37条）

鉄道地内立入罪（37条）は、鉄道地内立入行為が旅客の乗降や列車の遅行の妨げとなり、危険発生のおそれがあるので、このような事態を未然に防止し、鉄道地内の一般的保安を維持しようとする規定である。

「停車場」とは、駅（旅客の乗降又は貨物の積卸しを行うために使用される場所）、信号場（専ら列車の行き違い又は待ち合わせを行うために使用される場所）、及び操車場（専ら車両の入換え又は列車の組成を行うために使用される場所）をいう[31]。

本条の行為は、正当な理由がなく、かつ管理権者の意思に反して鉄道地内に身体の全部を入れることをいう[32]。

本罪と軽犯罪法1条32号の場合、また本罪と住居侵入罪（刑法130条）とは観念的競合[33]とされる。本罪と寄附要請等に関する罪（35条）とは併合罪である。本罪と新幹線鉄道の線路内に立ち入る罪（新幹線妨害特例法3条2号）との関係は、新幹線線路内に立ち入れば本条の適用はないが、鉄道地内に立ち入り、さらに、新幹線の線路内にまで立ち入った場合は、両罪の併合罪だとされる[34]。

(10) **職務執行妨害罪**（38条）

職務執行妨害罪（38条）は、鉄道係員の職務執行の円滑を図るため、その妨害を禁止する規定である[35]。

30　原田・前掲注（1）76～77頁。伊藤・前掲注（1）30～31頁。
31　鉄道に関する技術上の基準を定める省令（平成13年国土交通省令第151号）2条7～10号参照。
　　大阪高判昭和40・8・10高刑集18巻5号626頁は、駅前広場を停車場に含める。
32　原田・前掲注（1）80頁。
33　札幌高判昭和33・6・10高裁特5巻7号271頁。
34　原田・前掲注（1）87頁。和田・前掲注（1）258頁は、「新幹線以外の線路内への立入りは、線路の内外で別の区画が観念できるにもかかわらず、鉄道地への立入りと、さらに線路内にまで立ち入った部分とが分けられずに、本罪一罪で処断される。そのことに照らせば、新幹線の線路の場合も、上の特例法のみを適用して包括一罪にする処理にも合理性があると思われる」とする。本書「新幹線妨害特例法」240頁参照。
35　現行刑法には威力業務妨害罪が規定され、暴行罪及び脅迫罪も懲役2年まで刑の上限が引

⑾　発砲罪（39条）

　発砲罪（39条）は、旅客や鉄道係員に対する発砲による危害を防止するための規定である。

　「発砲」は、銃砲を発射することである。発砲は、車内、停車場その他鉄道地内で行われることを要する。

　新幹線妨害特例法4条は、「新幹線鉄道の走行中の列車に向かって発射した者」を処罰することとしているが、鉄道地内から走行中の新幹線列車に向かって発射した場合は、同罪が成立し、本条は適用されない。もっとも、停車中の新幹線列車の場合には、新幹線妨害特例法の適用がないので、本条の罪が適用される[36]。

　軽犯罪法1条10号の罪や銃砲刀剣類所持等取締法10条2項・31条の5の罪にも該当するときには、本罪と観念的競合となる[37]。

⑿　投石罪（40条）

　投石罪（40条）は、旅客や鉄道係員に対する瓦石類の投擲による危害を防止するための規定である[38]。

　「瓦石類」とは、瓦や石のほか、これらに類する煉瓦やコンクリート塊などの物件をいい、空き瓶などは、同様の危険性があるとはいえ、これに該当しない[39]。

　本条の行為は、列車に届きうる距離から列車の方向に故意に投げる行為である。

　新幹線妨害特例法4条は、「新幹線鉄道の走行中の列車に向かつて物件を投げた者」を処罰することしているが、瓦石類に限られない点で本罪よりも広く、走行中の列車に限定される点で本罪よりも狭い[40]。

　　き上げられているから、現在では本罪は独自の存在意義を失っているとされる。原田・前掲注（1）88頁。
36　原田・前掲注（1）95頁。
37　原田・前掲注（1）95頁。
38　和田・前掲注（1）261頁は、「本条は、旅客および鉄道係員に対する傷害ならびに車両に対する損壊の類型的危険性が認められる行為を防止する趣旨の規定である」とする。
39　和田・前掲注（1）261頁。

器物損壊罪や傷害罪とは包括一罪となる。本条の行為が、軽犯罪法 1 条 11 号に当たる場合は、観念的競合となる。

⒀　**伝染病患者に関する罪**（41 条）

　伝染病患者に関する罪（41 条）は、不特定又は多数の者が交錯する鉄道内で伝染病に対する旅客及び鉄道係員の安全を確保しようとする規定である。

　「伝染病」は、北海道旅客鉄道・東日本旅客鉄道・東海旅客鉄道・西日本旅客鉄道・四国旅客鉄道・九州旅客鉄道株式会社「旅客営業規則」23 条では、「伝染病とは、感染症の予防及び感染症の患者に対する医療に関する法律（平成 10 年法律第 114 号）に定める一類感染症、二類感染症、指定感染症（同法 7 条の規定に基づき、政令で定めるところにより同法 19 条又は 20 条の規定を準用するものに限る）、新感染症及び新型インフルエンザ等感染症をいう」としている。

40　北海道新幹線の線路を走行中の貨物列車は、同特例法の客体となり、本罪の客体からは外れると解される。山形新幹線及び秋田新幹線は同特例法の適用を受けないので、その車両は走行中でも本罪の客体となる。和田・前掲注（1）262 頁。

新幹線妨害特例法

──鉄道営業法の特例の罪

● 新幹線鉄道における列車運行の安全を妨げる行為の処罰に関する特例法とは

　新幹線鉄道における列車運行の安全を妨げる行為の処罰に関する特例法（昭和39年法律第111号）（以下「新幹線妨害特例法」という）は、新幹線鉄道（全国新幹線鉄道整備法（昭和45年法律第71号）による新幹線鉄道をいう）の列車がその主たる区間を200キロメートル毎時以上の高速度で走行できることにかんがみ、その列車の運行の安全を妨げる行為の処罰に関し、鉄道営業法（明治33年法律第65号）の特例等を定めるものである（1条）[1]。

　本法に定められた犯罪は、刑法における往来危険罪（刑法125条1項）とは異なり、いずれも抽象的危険犯である[2]。

1　第46回国閣法第153号（昭和39年4月2日提出）。趣旨説明については、第46回国会運輸委員会会議録第23号1～2頁参照。
　　本法は、当初「東海道新幹線鉄道における列車運行の安全を妨げる行為の処罰に関する特例法」として制定された（昭和39年法律第111号）が、「全国新幹線鉄道整備法」（昭和45年法律第71号）により「新幹線鉄道における列車運行の安全を妨げる行為の処罰に関する特例法」と改題された。
2　小川賢一『警察官のための充実・犯罪事実記載例　特別法犯〔第4版〕』395頁（立花書房・2016年）。

●罰則

1　運行保安設備の損壊等の罪

　新幹線妨害特例法 2 条は、新幹線鉄道[3]の用に供する自動列車制御設備、列車集中制御設備その他の国土交通省令で定める列車の運行の安全を確保するための設備に対する損壊や機能の阻害、みだりに操作すること等の行為を処罰することとしている。

(1)　**新幹線妨害特例法 2 条 1 項**

　新幹線妨害特例法 2 条 1 項は、「新幹線鉄道の用に供する[4]自動列車制御設備、列車集中制御設備その他の国土交通省令で定める列車の運行の安全を確保するための設備を損壊し、その他これらの設備の機能を損なう行為をした者は、5 年以下の懲役又は 5 万円以下の罰金に処する」と定める。

　本罪における客体は、新幹線鉄道の用に供する①自動列車制御設備、②列車集中制御設備、③自動進路設定設備、④自動列車検知設備、⑤非常列車防護設備である。

　①自動列車制御設備（鉄道地内に設けられた軌道回路送受信装置及び地上子、車両に設けられた受信装置、速度照査装置、論理装置及び車内信号装置並びにこれらの装置に附属する機器により構成された設備であって、進行方向にある列車との間隔又は線路の条件に応じて列車の運転速度を示す信号を現示するとともに、当該運転速度まで当該列車の速度を自動的に低下させるものをいう）、②列車集中制御設備（鉄道地内に設けられた論理装置、伝送装置、制御盤及び表示盤並びにこれらの装置に附属する機器により構成された設備であって、本線上の列車の位置及び線路の条件を集中的に表示するとともに、その状況により必要に応じて列車の進路を設定するものをいう）、③自動進路設定設備（鉄道地内に設けられた地上子、受信装置及び進路記憶装置、車

---

[3]　全国新幹線鉄道整備法 2 条は、「新幹線鉄道」とは、その主たる区間を列車が 200 キロメートル毎時以上の高速度で走行できる幹線鉄道をいうと定義する。

[4]　用に供するとは、現に用に供されていることをいう。平本喜祿「新幹線鉄道における列車運行の安全を妨げる行為の処罰に関する特例法」平野龍一ほか編『注解特別刑法 2　交通編(2) Ⅱ』13 頁（青林書院・1983 年）。

両に設けられた発信装置並びにこれらの装置に附属する機器により構成された設備であって、列車の性質に応じて転轍器を自動的に動かすものをいう)、④自動列車検知設備(鉄道地内に設けられた列車数表示装置及び送受信装置並びにこれらの装置に附属する機器により構成された設備であって、停車場間の列車の有無及びその数を停車場において自動的に検知するものをいう)⑤非常列車防護設備(鉄道地内に設けられた非常列車停止装置及びこれに附属する機器により構成された設備であって、非常の場合において、自動列車制御設備により列車を停止させるものをいう)[5]。

「損壊」とは、客体である運行保安設備に対し、物理的・有形的変更を加え、その設備本来の機能を害することをいう[6]。

「その他これらの設備の機能をそこなう行為」とは、損壊以外の行為であって設備本来の機能を害する一切の行為をいう[7]。

本項の罪については、器物損壊罪の特別規定と解されることから、本項の罪が成立する場合には、器物損壊罪は本項の罪に吸収される。また、本項の罪は、抽象的危険犯であることから、運行保安設備の損壊等の行為の際に、具体的危険性の発生についての認識があり、かつ、具体的危険性が発生したときは、往来危険罪(刑法125条1項)が成立し、本項の罪は、同罪に吸収されて、同罪だけが成立する。他方、運行保安設備の損壊等の行為をしたが、具体的危険性が発生せず、具体的危険性の発生についての認識がなかったときには、往来危険罪が成立せず、本項の罪だけが成立する。具体的危険性が発生したが、運行保安設備の損壊等の行為の際に、具体的危険性の認識がなかった場合には、往来危険罪が成立せず、本項の罪だけ

---

[5] 新幹線鉄道における列車運行の安全を妨げる行為の処罰に関する特例法施行規則(昭和39年運輸省令第66号1号~5号)。

[6] 器物損壊罪(刑法261条)における「損壊」とは、物の効用を害する一切の行為をいうとするのが通説・判例である(前田雅英編『条解刑法〔第3版〕』831頁(弘文堂・2013年)。その意味では、本項の「損壊」を物理的・有形的な場合をいうとする見解からは、器物損壊罪の「損壊」より狭く解釈されることになる。
　本項において、「損壊」に該当するには、客体である運行保安設備に対し、物理的、有形的変更を加えただけでは足りず、その設備本来の機能を害することが必要であることから、それに至らなければ本条3項の「損傷」に当たる。平本・前掲注(4)21頁。

[7] 例えば、通電を停止して運行保安設備の運転を停止させる行為が該当する。平本・前掲注(4)21頁。

が成立するが、具体的危険性の認識について過失があった場合には、過失往来罪（刑法129条）が成立するが、両罪は観念的競合の関係にある[8]。また、運行保安設備を損壊することによって、新幹線鉄道の列車の運行等鉄道事業者の業務を妨害する意思があったような場合には、本項の罪のほかに、威力業務妨害罪（刑法234条）が成立し、両罪は、観念的競合の関係にある[9]。

(2) 新幹線妨害特例法2条2項

新幹線妨害特例法2条2項は、「前項の設備をみだりに操作した者は、1年以下の懲役又は5万円以下の罰金に処する」と定める。

本項に該当する行為は、例えば、当該設備を操作する資格、権限のない者が操作することである。

「操作」とは、運行保安設備をその本来の使用方法に従って作動させることをいう。

本項の罪は故意犯であるので、過失により操作した場合には、本項の罪は成立しない。

(3) 新幹線妨害特例法2条3項

新幹線妨害特例法2条3項は、「第1項の設備を損傷し、その他同項の設備の機能をそこなうおそれのある行為をした者は、5万円以下の罰金に処する」と定める。

「損傷」は、本条1項の罪の未遂的行為に対する処罰規定であり、「損壊」又は「その他これらの設備の機能をそこなう行為」の程度にまで達しないが、これらのおそれのある行為を処罰の対象としようとするものである。

「その他同項の設備の機能をそこなうおそれのある行為」とは、損傷以外の行為であって、設備本来の機能をそこなうおそれのある一切の行為を

---

[8] 平本・前掲注(4) 22～23頁。
[9] 平本・前掲注(4) 23頁。なお、鉄道営業法36条2項にいう「信号機」は、本項が保護している運行保安設備に含まれていないから、鉄道営業法36条2項にいう信号機を損壊等した場合には、同条によってのみ処罰される。

いう[10]。

2　線路上に物件を置く等の罪

　新幹線妨害特例法3条は、列車運行の安全を妨げる行為、すなわち、新幹線鉄道の線路上への物件放置等及び線路内立入り行為を処罰するものである。

　新幹線妨害特例法3条は、「次の各号の一に該当する者は、1年以下の懲役又は5万円以下の罰金に処する」と定める。

① 　列車[11]の運行[12]の妨害となるような方法で、みだりに、物件を新幹線鉄道の線路（軌道及びこれに附属する保線用通路その他の施設であって、軌道の中心線の両側について幅3メートル以内の場所にあるものをいう。次号において同じ）上に置き、又はこれに類する行為をした者（1号）

② 　新幹線鉄道の線路内にみだりに立ち入った者（2号）

である。

　1号では「列車の妨害となるような方法」で、物件の放置又はこれに類する行為を処罰の対象としている。妨害となるものであれば、その方法は問わない。

　「線路」は、軌道及びこれに附属する保線用通路その他の施設であって、軌道の中心線の両側について幅3メートル以内の場所にあるものをいう。これは線路といってもどの範囲までが線路に含まれるのかについて必ずしも明確でないので線路上への物件放置等及び線路内への立入り行為に対して刑罰を科するために定義を設けている。

10　平本・前掲注（4）26頁。例えば、地上子を金属片で覆い列車の発生する電磁波を全く又は正確に受信できなくすれば、1項にいう「その他これらの設備の機能をそこなう行為」に該当するが、障害を発生させるに至らないようなちいさな金属片を地上子に置くような行為は、地上子の機能に支障が生ずることがないとはいえないので本項の「その他同項の設備の機能をそこなうおそれのある行為」に当たる。

11　鉄道に関する技術上の基準を定める省令（平成13年国土交通省令第151号）2条13号は、列車とは「停車場外の線路を運転させる目的で組成された車両をいう」と定義する。

12　所定の計画に基づいて列車が運転されることをいう。

ここにいう線路には、乗客輸送に利用される本線のほか、車両の入替え、留置、修理等を行う側線も含まれる。

「これに類する行為」とは、物件を置くのと類似する行為をいう。例えば、跨線橋の上から線路上に物件を吊り下げるような行為、線路ぎわから物件を突き出す行為等がこれに当たる[13]。

2号では「線路内にみだりに立ち入った者」を処罰の対象としている。「立ち入る」とは線路内に身体の全部を入れることが必要である。線路を横切っても「立ち入った」に当たる。

身体の一部しか入っていなければ、本号の罪には未遂犯処罰の規定がないから本号の罪は成立しない[14]。

本号の罪は、鉄道営業法37条の特別規定であり、新幹線鉄道線路内にみだりに立ち入った場合には、本号の罪が適用され、鉄道営業法37条の適用はない。もっとも、軽犯罪法1条32号の罪とは、その目的を異にしているので、両者の罪は観念的競合の関係にある。

また、防護柵を乗り越えたが、線路内に立ち入っていなければ、本号の罪は成立せず、鉄道営業法37条の罪及び軽犯罪法1条32号の罪が成立し、両罪は観念的競合の関係にある[15]。

新幹線の線路内にみだりに立ち入り、線路上に物件を置いた場合には、3条2号と同1号の罪が成立し、両罪は併合罪となる[16]。

3 列車に物件を投げる等の罪

新幹線妨害特例法4条は、新幹線鉄道の走行中の列車に対する物件の投てき等の行為を処罰しようとするものである。

---

13 平本・前掲注（4）32頁。
14 平本・前掲注（4）34頁。
15 平本・前掲注（4）35頁。
16 小川・前掲注（2）397頁。京都地判昭和42・12・7判タ216号214頁は、被告人が東海道新幹線の線路内に立ち入り、竹製梯子2本を軌道上に置き列車の往来の危険を生じさせた事案について、同法3条2号の罪と往来危険罪の成立を認め、両者を併合罪としたものである。

新幹線妨害特例法4条は、「新幹線鉄道の走行中の列車[17]に向かって物件を投げ、又は発射した者は、5万円以下の罰金に処する」と定める。

　「走行」とは、列車が物理的に2点間を移動することをいう[18]。

　「投げ」とは、機械力を使用しないで、人力で物体を遠方に飛ばすことをいう。例えば、投石などが該当する。

　本罪が成立するためには、走行中の列車に向かって物件を投げれば足り、それが列車に命中することは必要でない。

　「発射」とは、機械力を使用して物体を遠方に飛ばすことである。例えば、発砲などが該当する。列車に命中する必要がないことは投げる場合と同様である[19]。

17　列車は、乗客が乗車している場合に限定されないので回送列車も含まれる。
18　平本・前掲注（4）37頁。列車が所定の計画に基づいて運転される「運行」よりも広い。
19　平本・前掲注（4）39頁。

船舶安全法

——罰則の主体と禁止行為

●船舶安全法とは

　船舶安全法（昭和8年法律第11号）は、「日本船舶ハ本法ニ依リ其の堪航性ヲ保持シ且人命ノ安全ヲ保持スルニ必要ナル施設ヲ為スニ非ザレバ之ヲ航行ノ用ニ供スルコトヲ得ズ」（1条）と定める。

　ここに船舶安全法は、船舶の航行の安全を図ることを目的とした法律であり、具体的には、船舶の堪航性を保持し、かつ人命の安全を保持することを目的とするものといえる[1]。

　海上における船舶交通の安全を図ることを目的とする法律には、海上衝突予防法（昭和52年法律第62号）、海上交通安全法（昭和47年法律第115号）、船舶職員及び小型船舶操縦者法（昭和26年法律第149号）、船員法（昭和22年法律第100号）、船舶法（明治32年法律第46号）などがあるが、本法は、船舶における人命の安全確保等を目的とする法律である。

1　中野佳博「船舶安全法」平野龍一ほか編『注解特別刑法2　交通編(2)Ⅳ』1頁（青林書院・1983年）。

●船舶の意義

「船舶」とは、一般的に、水を航行をする用途及び能力を有する一定の構造物をいうとされる[2]。

船舶は、「日本船舶」と「日本船舶でない船舶」[3]とがある。「日本船舶」とは、船舶法1条の要件を具備した日本の船籍を有する船舶をいう。

「堪航性」とは、一般に、船舶が航海上通常生ずることのある気象、海象等の危険に堪えて安全に航行することができるような性能をいう。

●船舶安全法の罰則における主体

本法における罰則の主体は、①船長（18条1項・2項・3項、20条、22条）[4]、②船舶乗組員（18条3項、23条）、③船舶所有者（18条1項・2項・4項、20条、22条）、④船舶の運航には直接関与しないが、船舶の安全に係る業務に従事する者（製造・改造・修理事業場の認定を受けた者（6条の2、21条の2））、⑤整備事業場の認定を受けた者（6条の3、22条）、⑥小型船舶検査機構の役員又は職員（25条の43第1項、25条の45）、⑦登録検定機関の役員又は職員（25条の63、25条の64）、⑧船級協会の役員又は職員（25条の71）、⑨主体が限定されていない場合（17条、19条、19条の2、21条、25条の44、25条の72）、⑩両罰規定（25条）である。

---

2 中野・前掲注（1）6頁。私法上では、商法684条において「『船舶』とは、商行為をする目的で航海の用に供する船舶をいう」と定義されているほか、船舶の所有者等の責任の制限に関する法律（昭和50年法律第94号）では「航海の用に供する船舶で、ろかい又は主としてろかいをもって運転する舟及び公用に供する船舶以外のものをいう」などとされている。他方、法律の適用範囲を画する意味で、公法においては、船舶法1条が「日本ノ官庁又ハ公署ノ所有ニ属スル船舶」や「日本国民ノ所有ニ属スル船舶」などを船舶とするほか、刑法1条や軽犯罪法1条1号、5号及び13号、酒に酔って公衆に迷惑をかける行為の防止等に関する法律3条などにおいても「船舶」という概念が用いられている。

3 外国船籍の船舶及び無国籍船がある。なお日本船舶でない船舶であっても船舶安全法施行令（昭和9年勅令第13号）1条及び2条において日本船舶に準ずるとされるものがある。

4 船長に代わって職務を行う者について26条が適用される。

船舶所有者又は船長については、法 18 条 1 項において、次の場合には、1 年以下の懲役又は 50 万円以下の罰金に処すると定める。

① 　国土交通省令の定める場合を除いて、船舶検査証書又は臨時航行許可証を備え付けないで船舶を航行の用に供したとき
② 　航行区域を超え又は従業制限に違反して船舶を航行の用に供したとき
③ 　制限汽圧を超えて汽罐(かん)を使用したとき
④ 　最大搭載人員を超えて旅客その他の者を搭載したとき
⑤ 　満載吃水線を超えて載荷したとき
⑥ 　無線電信等の施設を要する船舶をその施設なくして航行の用に供したとき
⑦ 　中間検査又は特別検査を受けるべき場合において、これを受けない船舶を航行の用に供したとき
⑧ 　そのほか船舶検査証書又は臨時航行許可証に記載したる条件に違反して船舶を航行の用に供したとき
⑨ 　法律に定める検査を受けた後に、法定事項（2 条 1 項各号）若しくは無線電信等に付いて国土交通省令で定める改造若しくは修理を行った場合、又は同号の国土交通省令の定めるところに該当する場合において臨時検査を受けないで船舶を航行の用に供したとき

である[5]。

　船長が上記の違反行為をしたときは、船長だけでなく船舶所有者に対して法定刑に定める罰金が科せられる（18 条 2 項）。

5 　福岡地裁小倉支判昭和 54・4・18 判タ 386 号 80 頁は、九州電力が豊前市の海面を埋立て火力発電所を建設する計画を立て、知事から埋立ての免許を受け工事に着工したところ、これに反対する被告人らが護岸工事のための捨石作業船に侵入し、捨石用のバケットの上に乗ってその使用を不可能にした等の事案で、臨時航行許可証を有しない船舶を航行の用に供したという船舶安全法 18 条 1 号違反の事実につき、船舶安全法の改正経過、特に本件当時本件船舶のような 20 トン未満の漁船に人を乗船させる航行の用に供する行為の可罰性を消滅させる改正法が公布されていたことや被告人が人を乗船させた経緯及び動機等の具体的諸事情に基づき、法秩序全体の見地から考えると、被告人の行為は処罰するほどの実質的違法性に欠けるとして無罪としている。

船舶安全法18条2項にいう船長とは、船舶に乗船してその船舶に関する職務に従事する者のうち、当該船舶の長としてこれを指揮する者であって、かつ船舶所有者によって選任された者をいうと解される。したがって、たとえ当該船舶に船長として雇入契約がなされ、その公認を受けている者であっても、有給休暇や傷病などのため現に継続的に下船中であって当該船舶に関する職務に従事する態勢にない者は、18条2項にいう船長には該当しない[6]。

　船長以外の船舶乗組員が上記の違反行為をした場合には、当該船舶乗組員を処罰するほかに船長に対しても罰金刑を科すこととしている（18条3項）。

　船長以外の乗組員とは、当該船舶に乗船し船長の指揮命令下にあってその船舶航行に関する職務に従事する者をいうと解される[7]。このような立場からは、いわゆる代行船長（船員法20条）は、船長の指揮命令下にあってその船舶航行に関する職務に従事する者でないから、18条3項にいう船長以外の乗組員には当たらないし、また船舶所有者が直接船長に選任した者でないから、18条2項にいう船長にも当たらないが、26条にいう「船長ニ代リテ其ノ職務ヲ行フ者」に該当すると解され、代行船長において同法18条1項各号違反の行為があった場合には、同条3項でなくて同条2項によって同人が罰せられるほか船舶所有者も罰せられることになる。

　船舶所有者に対しては、両罰規定が定められている（18条4項）。

　なお、船舶検査証書、船舶検査済票、臨時航行許可証及び船舶検査手帳について船舶に備えつけること又は掲示に関して必要な事項は国土交通省令で定めるとしており（10条の3）、これについては、船舶安全法施行規則（昭和38年運輸省令第41号）で罰則が定められている[8]。

6　大阪高判昭和55・5・20刑月12巻4〜5号355頁。
7　大阪高判昭和55・5・20（前掲注(6)）。
8　船舶安全法施行規則（昭和38年運輸省令第41号）68条1号、2号及び4号において、船長の義務違反の罰則が定められている。また、同施行規則67条1号、68条3号、同4号において、船舶所有者に対する罰則が規定されている。なお、67条又は68条（1号及び3号を除く）違反については、両罰規定も設けられている（施行規則69条）。

海賊対処法

―― 海賊行為とその罰則

●海賊行為の処罰及び海賊行為への対処に関する法律とは

　海賊行為の処罰及び海賊行為への対処に関する法律（平成21年法律第55号）（以下「海賊対処法」という）は、「海上輸送の用に供する船舶その他の海上を航行する船舶の航行の安全の確保が極めて重要であること、並びに海洋法に関する国際連合条約においてすべての国が最大限に可能な範囲で公海等における海賊行為の抑止に協力するとされていることにかんがみ、海賊行為の処罰について規定するとともに、我が国が海賊行為に適切かつ効果的に対処するために必要な事項を定め、もって海上における公共の安全と秩序の維持を図ること」（1条）を目的として定められた[1]。

　「海洋法に関する国際連合条約」（平成8年条約第6号）（以下「国連海洋法条約」という）[2]は、海洋に関する安定的な法的秩序の確立に資するための包括的な条約であるが、海上の航行安全確保に関して、同条約100条において

---

[1] 第171回国会衆議院海賊行為への対処並びに国際テロリズムの防止及び我が国の協力支援活動等に関する特別委員会議録第2号2頁（平成21年4月14日）。
[2] 海洋法に関する国際連合条約は、海洋法に関する包括的・一般的な秩序の確立を目指して1982年4月30日に第3次国連海洋法会議にて採択され、同年12月10日に署名開放、1994年11月16日に発効した条約である。

「すべての国は、最大限に可能な範囲で、公海その他いずれの国の管轄権にも服さない場所における海賊行為の抑止に協力する」と定めていることから、わが国として海賊対処法が制定されたのである。

●海賊行為とは

海賊対処法2条では、「海賊行為」[3]とは、船舶（軍艦及び各国政府が所有し又は運航する船舶を除く）[4]に乗り組み又は乗船した者が、私的目的[5]で、公海（海洋法に関する国際連合条約に規定する排他的経済水域を含む）又はわが国の領海若しくは内水[6]において行う次の各号のいずれかの行為をいうとしている。

① 暴行若しくは脅迫を用い、又はその他の方法により人を抵抗不能の状態に陥れて、航行中の他の船舶を強取し、又はほしいままにその運航を支配する行為（1号）

② 暴行若しくは脅迫を用い、又はその他の方法により人を抵抗不能の状態に陥れて、航行中の他の船舶内にある財物を強取し、又は財産上

---

3 国連海洋法条約では、「海賊行為」について以下の定義をしている（条約101条）。
　(a) 私有の船舶又は航空機の乗組員又は旅客が私的目的のために行うすべての不法な暴力行為、抑留又は略奪行為であって次のものに対して行われるもの
　　(i) 公海における他の船舶若しくは航空機又はこれらの内にある人若しくは財産
　　(ii) いずれの国の管轄権にも服さない場所にある船舶、航空機、人又は財産
　(b) いずれかの船舶又は航空機を海賊船舶又は海賊航空機とする事実を知って当該船舶又は航空機の運航に自発的に参加するすべての行為
　(c) (a)又は(a)に規定する行為を扇動し又は故意に助長するすべての行為
4 国連海洋法条約では、「航空機の乗組員又は旅客」が主体とされている（101条(a)）が、本法では船舶に限定されている。
5 国連海洋法条約でも「私的目的」が要件となっているが、利益の追及に限らず憎悪とか復讐のためといった犯人の個人的又は主観的な動機をいうと解されているが、条約解釈としては、国家行為を行い又はその権限が与えられた者とか、国際法上他国に対して一定の強制措置を行う権限を認められた者が行う行為、その他純粋に政治的な動機により行われた行為については除外するということに本旨があるとされる。山本草二『国際刑事法』250頁（三省堂・1991年）。
6 国連海洋法条約では、公海又はいずれの国の管轄権にも服さない場所（101条(i)(ii)）とされているが、本法では、わが国の領海若しくは内水にも拡げている。なお、外国の領海は、領海を領有する国が対処することから含まれていない。

不法の利益を得、若しくは他人にこれを得させる行為（2号）
③　第三者に対して財物の交付その他義務のない行為をすること又は権利を行わないことを要求するための人質にする目的で、航行中の他の船舶内にある者を略取する行為（3号）
④　強取され若しくはほしいままにその運航が支配された航行中の他の船舶内にある者又は航行中の他の船舶内において略取された者を人質にして、第三者に対し、財物の交付その他義務のない行為をすること又は権利を行わないことを要求する行為（4号）
⑤　前各号のいずれかに係る海賊行為をする目的で、航行中の他の船舶に侵入し、又はこれを損壊する行為（5号）
⑥　1号から4号までのいずれかに係る海賊行為をする目的で、船舶を航行させて、航行中の他の船舶に著しく接近し、若しくはつきまとい、又はその進行を妨げる行為（6号）
⑦　1号から4号までのいずれかに係る海賊行為をする目的で、凶器を準備して船舶を航行させる行為（7号）

である。

(1)　2条1号にいう「暴行若しくは脅迫」は、刑法における強盗罪（刑法236条）と同義と解される。相手方の身体又は意思を制圧して反抗を抑圧するに足りる程度のものであることを要するが、「抵抗不能の状態に陥れる」ことまでは要しない。

「その他の方法により人を抵抗不能の状態に陥れ」とは、刑法239条の「人を昏睡させて」と同様に、麻酔薬や睡眠薬を服用させること、泥酔させることなどの方法により、人の意識作用を一時的又は継続的に傷害を負わせ、抵抗する能力を失わせる場合が考えられる[7]。

「抵抗不能の状態に陥れ」られる「人」は、船舶の運航を指揮する者（「船長又はその職務を代行する者」）に向けられたものでなければならない。

---

[7]　初又且敏「『海賊行為の処罰及び海賊行為への対処に関する法律』について」研修741号65頁（2010年）参照。

「航行中の他の船舶」とは、船舶が陸岸に係留されていたり、乗り上げている状態を離れて海上を進行している船舶のことをいう。停留や錨泊の場合は、直ちに移動可能であるし、そのような場所での警察力が及ばないことは通常の航行中の場合と同様であるから、「航行中」に該当すると考えられよう[8]。

⑵　2条2号は、1号同様に、暴行・脅迫等を手段として、船舶内にある財物等を強取する行為を処罰対象としている[9]。

⑶　2条3号にいう「略取」は、刑法224条から226条に定める「略取」と同様である。

　本号は、「第三者に対して財物の交付その他義務のない行為をすること又は権利を行わないことを要求するための人質にする」目的が要件となっている目的犯であることから、それにより人質を得ることによって「義務のない行為をすること」や「権利を行わないこと」を要求するためになされる必要がある。

　「人質にして」とは、略取された者の生命、身体等の安全に関する第三者の憂慮に乗じ、人質の釈放、返還又は生命、身体の安全に対する代償として第三者に作為又は不作為を要求する目的で、被略取者の自由を拘束することをいう[10]。

　「義務のない行為をする」とは、法律上それを行うことについての義務がない一切の作為、不作為をいい、「権利を行わない」とは、法律上認められている権利の行使を断念させることをいう[11]。

　「財物の交付」は、海賊事案は、身代金を要求する目的でなされることが多いことを考慮したものであるが、その一方で、海賊行為をした者が逃走する際に、官憲による検挙を免れるための手段として人質を取ることも考えられることから、身代金要求目的に限定されていない[12]。

8　城祐一郎『現代国際刑事法』345頁（成文堂・2018年）。
9　国連海洋法条約101条(a)にいう「略奪」に当たる場合である。
10　初又・前掲注（7）66頁。
11　初又・前掲注（7）66頁。

⑷　2条4号は、海賊が対象とする船舶を支配下に置くなどして、人質を使って、身代金等を要求する行為を対象とするものである[13]。

⑸　2条5号は、船舶強取・運航支配等の目的で、航行中の他の船舶に侵入する行為は、船舶強取・運航支配等そのものではないが、船舶強取・運航支配等の直前にこれと一連のものとして行われる典型的な行為である[14]。

　本号にいう「侵入」とは、刑法130条（住居侵入等）において規定される「侵入」と同じく、船舶について支配・管理権を有する船長の意思に反して船舶に立ち入ることをいう。海賊が航行中の船舶の船縁にロープをかけてよじ登っていることは、船舶の移動とともに自ずとその行為者の身体も移動するのであるから、航行中の船舶に乗船しているものといって差し支えなく、その時点で立ち入った、すなわち、「侵入した」ものと評価できる[15]。

　「損壊」とは、刑法260条の艦船損壊罪と同様であり、船舶の効用を害する一切の行為をいう[16]。

⑹　2条6号は、前号同様に、船舶強取・運航支配等の目的で、航行中の他の船舶に著しく接近し、若しくはつきまとい、又はその進行を妨げる行為についても、船舶強取・運航支配等に時間的・場所的に接着した場面でこれらと一連のものとして行われる最も典型的な行為の1つであることから、海賊が運航する船舶が対象とされた船舶に対し、回避措置を余儀なくさせるような行為に及ぶことを禁止している[17]。

12　初又・前掲注（7）66頁。
13　城・前掲注（8）347頁。この行為は、国連海洋法条約101条(a)にいう「抑留」に当たる場合である。
14　初又・前掲注（7）67頁。
15　初又・前掲注（7）67頁。
16　初又・前掲注（7）67頁。
　　国連海洋法条約においては、本号に該当する規定はないが、船舶強取等に向けた「私的目的のために行うすべての不法な暴力行為」と規定していることに照らせば、船舶強取等のために不可欠な手段であり、その過程となる行為であることから、「すべての」という文言に含まれ得るものと考え、刑罰の対象となる行為として法制化することは許容されていると考えるべきである。城・前掲注（8）348頁。
17　初又・前掲注（7）68頁。城・前掲注（8）348頁。

本号にいう「他の船舶に著しく接近」とは、自己の船舶を他の船舶の直近に移動させることをいう。「著しく接近」したかどうかは、航行船舶の速度や接近状況に照らし、個別具体的に判断されるが、相手方に回避措置をとらせることを余儀なくさせる程度であれば、通常、「著しく接近」に当たると考えられる[18]。

　「他の船舶につきまとう」とは、しつこく他の船舶に追随することをいう。他の船舶の前後、側方について、当該船舶が進行すればこれと一緒に自己の船舶を進行し、止まれば自己の船舶も止まって離れない場合である[19]。

　「他の船舶の進行を妨げる」とは、自己の船舶が進行を継続し又は始めた場合においては危険を防止するため他の船舶がその速力又は進路を急に変更しなければならないこととなるおそれがあるときに、その進行を継続し、又は始めることをいう[20]。例えば、自己の船舶の位置を他の船舶の進路前方に置く行為が考えられる[21]。

(7)　2条7号は、船舶の強取・運航支配等の海賊行為が極めて危険かつ悪質であることにかんがみると、その準備的行為のうち、特に典型的な行為である凶器を準備して船舶を航行させる行為についても、本法において「海賊行為」に含めることとしたものである[22]。

　「凶器」とは、刑法208条の2の「凶器」や盗犯等ノ防止及処分ニ関スル法律1条1項2号、2条1号の「兇器」等と同様である。

　「船舶を航行させる」とは、行為者の意思に沿って、事実上の影響力を及ぼして海上において船舶の進行等をさせることをいう[23]。

18　初又・前掲注(7) 68頁。
19　初又・前掲注(7) 68頁。
20　初又・前掲注(7) 68頁。
21　初又・前掲注(7) 68頁。国連海洋法条約が本号に該当する行為の規制を明文として求めているわけではないが、船舶強取・運航支配等に接着する危険な行為であり、条約が海賊行為とする「私的目的のために行うすべての不法な暴力行為」(101条(a))にいう「すべての」という文言に含まれ得ると解することができよう。城・前掲注(8) 348～349頁参照。
22　初又・前掲注(7) 69頁。
23　初又・前掲注(7) 69頁。海賊船舶の運航に自発的に参加するすべての行為も海賊行為に

●海賊行為についての罰則

(1) 海賊対処法3条1項は、「前条第1号から第4号までのいずれかに係る海賊行為をした者は、無期又は5年以上の懲役に処する」と定める。
(2) 海賊対処法3条2項は、人質強要行為（上記(4)）を除いて、その未遂を処罰するとしている。

東京高判平成25・12・18高刑集66巻4号6頁は、自称ソマリア国籍の被告人が共犯者と共謀の上、アラビア海の公海上で、航行中のオイルタンカーに乗り移り、船長室ドアに向けて自動小銃を発射するなどして、乗組員らを抵抗不能の状態に陥れてほしいままにその運航を支配する海賊行為をしようとしたが、救助に駆けつけた米国海軍兵士に制圧されたため、その目的を遂げなかったという事案で、海賊対処法の船舶運航支配未遂罪（3条2項、1項（2条1号））の成立を認めた原審（東京地判平成25・2・1（平成23年(合わ)第77号））の判断を肯定している[24]。

(3) 海賊対処法3条3項は、「前条第5号又は第6号に係る海賊行為をした者は、5年以下の懲役に処する」と定める。
(4) 海賊対処法3条4項は、「前条第7号に係る海賊行為をした者は、3年以下の懲役に処する。ただし、第1項又は前項の罪の実行に着手する前に自首した者は、その刑を減軽し、又は免除する」と定める。
(5) 海賊対処法4条1項は、「前条第1項又は第2項の罪を犯した者が、人を負傷させたときは無期又は6年以上の懲役に処し、死亡させたときは死刑又は無期懲役に処する」とし、同条2項は「前項の罪の未遂は、罰す

含まれている以上、その際に相手方に暴行を加えるための凶器等を所持している場合も当然に想定されるのであるから、凶器を準備して船舶を航行させる行為も、国連海洋法条約の趣旨に含まれる。城・前掲注（8）349頁参照。

24 この判決では、（海賊船舶等の）「拿捕を行った国の裁判所は、科すべき刑罰を決定することができる」と定める国連海洋法条約105条の管轄権が争点となったが、条約105条は、海賊行為については、国際法上、いずれの国も管轄権を有することを前提とした上で、拿捕国が利害関係国その他第三国に対して優先的に管轄権を行使することができることを規定したものであると説示している。同様の趣旨の判決として、東京高判平成26・1・15判タ1422号142頁がある。

る」と定める[25]。

●海賊対処法における執行

　海賊対処法は、海賊行為への対処には、第一義的には海上における人命、財産の保護や治安の維持を預かる海上保安庁が必要な措置を実施するとし（5条1項）、警察官職務執行法7条による場合（犯人の逮捕又は逃走防止等のため必要であると認める相当な理由のある場合）及び海賊行為をする目的で、船舶を航行させて、航行中の他の船舶に著しく接近し、若しくはつきまとい、又はその進行を妨げる行為を制止する場合には、武器の使用を許しているほか（6条）、特別の必要がある場合には、自衛隊も必要な行動をとることができ（7条）、同様に武器の使用をすることができるとしている（8条）。

25　これは、刑法243条（未遂罪）に故意犯が含まれることから、240条（強盗致死傷）の未遂が定められているのと同様である。

航空法

―― 航空機の航行の安全、
　　障害の防止等の罪

●航空法とは

　航空法（昭和27年法律第231号）1条は、「国際民間航空条約の規定並びに同条約の附属書として採択された標準、方式及び手続に準拠して、航空機の航行の安全及び航空機の航行に起因する障害の防止を図るための方法を定め、並びに航空機を運航して営む事業の適正かつ合理的な運営を確保して輸送の安全を確保するとともにその利用者の利便の増進を図ること等により、航空の発達を図り、もって公共の福祉を増進することを目的とする」と定める。

　すなわち、本法の直接的な目的は、「航空機の航行の安全」及び「航空機の航行に起因する障害の防止」並びに「航空機を運航して営む事業の秩序確立」にある[1]。

　本法の規定は、①航空機の登録制度に関する規定（3条～9条）、②航空幾の耐空証明等航空機の安全を確保するための検査制度に関する規定（10条

---

[1] 坂井智「航空法」平野龍一ほか編『注解特別刑法2　交通編(2)Ⅵ』3頁（青林書院・1983年）。大沼邦弘「航空法」伊藤榮樹ほか編『注釈特別刑法　第6巻Ⅱ』197頁（立花書房・1982年）参照。

～21条)、③航空従事者の資格等に関する規定 (22条～36条)、④航空路の指定、飛行場及び航空保安施設の設置、管理の要件、方法等に関する規定 (37条～56条の5)、⑤運行する航空機が備えるべき要件、航空従事者が運航に従事するために必要な要件、航空機の運航の方法及び基準、航空交通管制に関する規定 (57条～99条の2)、⑥航空機を運航して営む事業の免許制等に関する規定 (100条～125条)、⑦外国航空機、外国人国際航空運送事業の取扱いに関する規定 (126条～131条の2)、⑧無人航空機の飛行等 (132条～132条の3)、⑨雑則 (133条～137条の4)、⑩罰則 (143条～162条) 等からなる。

●罰則

本法の罰則をみると、①耐空証明を受けない航空機の使用等の罪 (143条)、②耐空検査員の罪 (143条の2)、③無表示等の罪 (144条)、④所定の航空従事者を乗り組ませない等の罪 (145条)、⑤認定事業場の業務に関する罪 (145条の2)、⑥設計の変更命令に違反する等の罪 (145条の3)、⑦空港等又は航空保安施設の設置等の罪 (146条～148条の2)、⑧アルコール又は薬物の影響を受けて航空業務を行う罪 (148条の3)、⑨所定の資格を有しないで航空業務を行う等の罪 (149条)、⑩指定航空身体検査医の罪 (149条の2)、⑪技能証明書を携帯しない等の罪 (150条)、⑫機長等の職務に関する罪 (151条～154条)、⑬航空運送事業者等の業務に関する罪 (155条～157条の3)、⑭無人航空機の飛行等に関する罪 (157条の4～157条の6)、⑮立入検査の拒否等の罪 (158条)、⑯両罰規定 (159条) がある。

1 飛行場における建造物等の設置違反の罪

航空法150条は、「次の各号のいずれかに該当する者は、50万円以下の罰金に処する」と定め、2号において、「第49条第1項 (第55条の2第3項において準用する場合を含む。) 又は第56条の3第1項の規定に違反して、建

造物、植物その他の物件を設置し、植栽し、又は留置した者」とする。

49条1項は、「何人も、空港について第40条（第43条第2項において準用する場合を含む。）の告示があった後においては、その告示で示された進入表面、転移表面又は水平表面（これらの投影面が一致する部分については、これらのうち最も低い表面とする。）の上に出る高さの建造物（その告示の際現に建造中である建造物の当該建造工事に係る部分を除く。）、植物その他の物件を設置し、植栽し、又は留置してはならない」とする。

千葉地判昭和59・2・15判時1129号15頁は、新東京国際空港着陸帯Bの進入区域内であって、同着陸帯の南端から南方約526メートルの地点にある横堀要塞上に、告示で示された進入表面から上に約21.8メートル突出する鉄骨組立の3、4階（高さ約5.38メートル）及びその上に鉄塔1基（高さ約20.3メートル）を設置し航空機の進入表面上に突出する鉄塔等を設置したことが、航空法49条1項に違反するとして、150条2号に該当するとしている。

2　飛行場の設備等の損傷、危険を生じさせるおそれのある行為、立入りに関する罪

航空法53条1項は、「何人も、滑走路、誘導路その他国土交通省令で定める空港等の重要な設備又は航空保安施設を損傷し、その他これらの機能を損なうおそれのある行為をしてはならない」とし、2項で「何人も、空港等内で、航空機に向かって物を投げ、その他航空の危険を生じさせるおそれのある行為で国土交通省令で定めるものを行ってはならない」とし、3項で「何人も、みだりに着陸帯、誘導路、エプロン又は格納庫に立ち入ってはならない」と定める。

(1)　飛行場の設備等の損傷等の禁止違反の罪

航空法150条3号は、「第53条1項の規定に違反して、滑走路、誘導路その他同項の国土交通省令で定める空港等の設備又は航空保安施設を損傷し、その他これらの機能を損なうおそれのある行為をした者」は50万円

以下の罰金に処すると定める。

53条1項のいう空港等の重要な設備は、着陸帯、誘導路、エプロン、格納庫、飛行場標識施設及び給油施設である[2]。

「損傷」とは、客体に対し物理的・有形的に変更を加えることによって、客体本来の機能を害するおそれのある状態を発生させる行為をいう。「その他これらの機能を損うおそれのある行為」とは、物理的・有形的な変更以外の方法による行為をいい、例えば、通電を停止して、航空保安無線施設の機能を害する行為等である[3]。

本罪の保護法益は「航空の安全」であり公共危険罪である[4]。本号の罪は、53条において航空の危険を生じさせるおそれのある行為を禁止行為として掲げており抽象的危険犯と解される[5]。

「損傷」、「その他これらの機能を損うおれのある行為」が、航空の危険を具体的に生じさせるに至った場合は、航空の危険を生じさせる行為等の処罰に関する法律1条に該当する。

本号の故意は、「飛行場又は航空保安施設」を「損傷」することと、その他これらの「機能を損うおそれのある行為」であることとの認識を要する。

(2) 物を投げるなど航空の危険を生じさせるおそれのある行為の禁止違反の罪

航空法150条3号の2は、「第53条2項の規定に違反して、空港等内で、航空機に向かって物を投げ、その他同項の国土交通省令で定める行為をした者」は50万円以下の罰金に処すると定める。

53条2項にいう国土交通省令で定める航空の危険を生じさせるおそれのある行為とは、①航空機に向かって物を投げること（規則93条1号）、②着陸帯、誘導路又はエプロンに金属片、布その他の物件を放置すること

---

[2] 航空法施行規則92条の6第1項
[3] 大沼・前掲注（1）244頁。坂井・前掲注（1）45頁。
[4] 刑法124条（往来妨害及び同致死傷）の特別法と位置づけられる。
[5] 東京地判昭和48・12・26刑月5巻12号1660頁参照。

（同 2 号）、③着陸帯、誘導路、エプロン、格納庫及び国土交通大臣又は空港等の設置者が 28 号の 2 様式による標識により火気を禁止する旨の表示をした場所でみだりに火気を使用すること（同 3 号）である。

28 号の 2 様式による標識

注　一辺の長さを 40 センチメートル以上とすること。火気の使用を禁止する必要のある場所に見やすいように表示すること。

「みだりに」とは正当な理由なくという意味である。

着陸帯等に金属片等を放置し、若しくは着陸帯等でみだりに火気を使用したことが、「航空の安全」に対して具体的危険を発生させた場合には、航空の危険を生じさせる行為等の処罰に関する法律の罪 1 条で処罰されることになり、その場合には、本号の罪はこれに吸収されることになろう。また航空機に向って物を投げた結果、航空機を「損壊」した場合には刑法 261 条の器物損壊罪を、「業務中の航空機（航行中の航空機を除く）を破壊した」場合には航空の危険を生じさせる行為等の処罰に関する法律 3 条の罪に該当する[6]。

(3)　立入りの禁止違反の罪

航空法 150 条 3 号の 3 は、「第 53 条 3 項の規定に違反して、着陸帯、誘導路、エプロン又は格納庫に立ち入った者」は 50 万円以下の罰金に処すると定める。

規則 92 条 5 号は、「法第 53 条第 3 項の立入禁止区域に境界を明確にする標識等を設置し、且つ、当該区域に人、車両等がみだりに立ち入らない

6　大沼・前掲注 (1) 246 頁。

ようにすること」としている。

本罪は、航空の安全のために立入禁止区域を定めることとして、航行遅行の妨げとなり、危険発生のおそれを未然に防止し、空港の一般的保安を維持しようとする規定である[7]。

3 機長の職務に関する罪

機長は、航空機乗組員のうち、当該航空機の運航を指揮し、その責任を負う者である。

機長には、当該航空機の運航の安全を確保するために必要な職務及び権限が与えられている。その職務及び権限は、当該航空機自体の安全の確保だけでなく、当該航空機に搭乗するすべての人及び物の安全の確保及びそのための秩序の維持に及ぶ[8]。

機長の職務に関しては、151条～153条に罰則が定められている。

航空法151条は、「機長がその職権を濫用して、航空機内にある者に対し義務のない事を行わせ、又は行うべき権利を妨害したときは、2年以下の懲役に処する」とし、152条は「機長が第75条の規定に違反して、旅客の救助又は人若しくは物件に対する危難の防止に必要な手段を尽くさなかったときは、5年以下の懲役に処する」と定める。また、153条は、「機長が次の各号の1に該当するときは、50万円以下の罰金に処する」として、①73条の2の規定（出発前の確認）に違反して、航空機を出発させたとき（1号）、②76条1項から3項までの規定（報告義務）による報告をせず、又は虚偽の報告をしたとき（2号）、③77条の規定（運航管理者の承認）に違反して、航空機を出発させ、又は飛行計画を変更したとき、④84条2項の規定（編隊飛行）に違反して、航空機を編隊で運航したとき、⑤98条の規定（到着の通知）による通知をせず、又は虚偽の通知をしたとき、をあげている。

---

[7] 鉄道営業法37条、新幹線妨害特例法3条2号参照。本書「新幹線妨害特例法」240頁参照。
[8] 坂井・前掲注（1）50頁。

(1) 航空法 151 条の罪

　航空法 151 条は、「機長がその職権を濫用して、航空機内にある者に対し義務のない事を行わせ、又は行うべき権利を妨害したときは、2 年以下の懲役に処する」と定める。

　機長には、航空機乗組員に対する指揮監督（73 条）、出発前の確認（73 条の 2）、安全阻害等の抑止の措置等（73 条の 3、73 条の 4）、危難の場合の旅客に対する命令（74 条）、旅客の救助及び地上又は水上の人又は物件に対する危難防止（75 条）、事故等の報告義務（76 条、76 条の 2）の職務及び権限がある。

　本条は、このような航空機の機長の職務の適正な行使を確保することにより、乗務員、乗客の人権を守るとともに機内秩序の維持をはかろうとするものである[9]。

　「職権を濫用して、人に義務のないことを行わせ、又は権利の行使を妨害したとき」というのは、刑法 193 条に定める公務員職権濫用罪と類似の規定であるが、同条は公務員が職権を濫用する場合の規定であり、公務の適正という国家的法益と職権行使の相手方となる個人の法益の両者を保護すると一般に解されている[10]が、本条は、航空機の機長の職務の適正な行使を確保することにより、乗務員、乗客の人権を守るとともに機内秩序の維持をはかろうとするものである[11]。

　機長が公務員である場合も、機長としての職務権限は公務員であることに由来するものではないから、本罪は公務員職権濫用罪に吸収されるものではない[12]。

---

[9] 大沼・前掲注（1）251 頁。坂井・前掲注（1）50 頁。
[10] 前田雅英編『条解刑法〔第 3 版〕』340 頁（弘文堂・2013 年）参照。
[11] 船員法 122 条は、「船長がその職権を濫用して、船内にある者に対し義務のない事を行わせ、又は行うべき権利を妨害したときは、2 年以下の懲役に処する」と同旨の規定を定めている。
[12] 坂井・前掲注（1）50 頁は、観念的競合の関係にあるとする。
　船舶の船長については、遠洋区域、近海区域又は沿海区域を航行する総トン数 20 トン以上の船舶の船長は、特別司法警察職員である（司法警察職員等指定応急措置法（昭和 23 年法律第 234 号）1 条及び司法警察官吏及司法警察官吏ノ職務ヲ行フヘキ者ノ指定等ニ關スル件（大正 12 年勅令第 528 号）6 条 1 項）ことから、刑法 193 条の主体となるとの見解（大

本条の罪の主体は、機長であるが、機長に事故があるときは、機長に代わってその職務を行うべきものとされている者が、本罪の主体たる機長となる（73条参照）。

　本条の行為は、機長が、「その職権を濫用して、航空機内にある者に対し、義務のない事を行わせ、又は行うべき権利を妨害した」ことである。

　「その職権を濫用して」とは、上記の機長の職務権限に属する事項につき不法に行使することをいう。

　「航空機内にある者」とは、当該航空機に乗り組んでその職務に従事する者[13]及び乗客である。

　「義務のない事を行わせ」という場合の「義務」とは、刑法193条では、法律上行うべき具体的な義務のないことを行わせることをいうが、本条が乗務員、乗客の人権を守るとともに機内秩序の維持をはかろうとするものであることからすれば、必ずしも法律上の義務に限られないと解される[14]。

　「行うべき権利を妨害」とは、法律上禁止されていない権利行使を妨害したことをいう[15]。

　本罪が既遂となるためには、義務のないことを行わせる行為又は権利を妨害する行為があっただけでは足りず、現に被害者の義務のない行為が行われたこと又は権利を妨害する結果が発生したことが必要である。

　機長が、職権を濫用して他人の業務を妨害したときは、本条の罪と業務妨害罪との観念的競合、暴行・脅迫を用いて本条の罪を犯した場合は、本条の罪と強要罪との観念的競合、また、逮捕・監禁を伴って本条の罪を犯した場合にも、本条の罪と逮捕・監禁罪との観念的競合となる[16]。

　　沼・前掲注（1）252頁）もあるが、司法警察員としての職務を行うこととされているからといって直ちに公務員と見なされるとはいえないと考える。前田・前掲注（10）541頁。機長は特別司法警察職員ではないので、この点は、船長とは異なる。
[13]　航空従事者のほか、いわゆる客室乗務員、薬剤散布員、写真撮影者等も含まれると解されている。大沼・前掲注（1）252頁。坂井・前掲注（1）51頁。
[14]　大沼・前掲注（1）252〜253頁は、「義務」とは、必ずしも法律上の義務である必要はなく、社会生活上、行うことが相当である行為を含むと解すべきとする。
[15]　大沼・前掲注（1）253頁。坂井・前掲注（1）51頁。
[16]　大沼・前掲注（1）253頁。

(2) 航空法152条の罪

　航空法152条は、「機長が第75条の規定に違反して、旅客の救助又は人若しくは物件に対する危難の防止に必要な手段を尽くさなかったときは、5年以下の懲役に処する」と定める。

　航空法75条は、「機長は、航空機の航行中、その航空機に急迫した危難が生じた場合には、旅客の救助及び地上又は水上の人又は物件に対する危難の防止に必要な手段を尽くさなければならない」とする。

　「航空機の航行中」とは、航空機の飛行及びそのための地上及び水上の滑走並びにこれに付随する準備的ないし随伴的行為を含むものをいう。具体的には、離陸のため当該航空機のすべての乗降口が閉ざされた時から着陸後に飛行機を降りるため乗降口のうちいずれかが開かれる時までをいう[17]。

　「航空機に急迫した危険が生じた場合」とは、航空機の墜落、転覆、破壊等が発生するさし迫った危険が生じた場合をいう。

　本条の行為は、旅客の救助に必要な手段又は人若しくは物件に対する危難の防止に必要な手段を尽くさなかったことである。「尽くさなかった」とは、必要な手段のうち、可能かつ相当な手段のすべてをとらなかった不作為をいう。急迫した危険が存する以上、必要な手段を尽くさなかったことによって、人の生命、身体、財産等に対する危難が現実に発生することは犯罪の成立のために必要ではない[18]。

　本罪に該当する機長の行為が刑法上の保護責任者遺棄罪（刑法218条）、殺人罪（刑法199条）にも該当する場合は、本罪とは観念的競合の関係にある[19]。

17　大沼・前掲注（1）254頁。坂井・前掲注（1）52頁。
18　大沼・前掲注（1）255頁。坂井・前掲注（1）53頁。
19　大沼・前掲注（1）256頁。坂井・前掲注（1）53頁。

4 航空機乗組員の職務に関する罪

航空法154条1項は、「航空機乗組員が左の各号の一に該当するときは、5万円以下の罰金に処する」と定めるとして、1号から14号まで規定している。

本条は、航空機の運航の安全を確保するために設けられたもので、航空機乗組員の職務に関する罪を規定している[20]。

「航空機乗組員」は、航空機に乗り組んで航空業務を行う者である（69条）。「航空業務」とは、航空機に乗り組んで行うその運航（航空機に乗り組んで行う無線設備の操作を含む）を行う者をいう（2条2項）から、機長は含まれるが、客室乗務員は含まれない[21]。

航空法154条2項は、「機長以外の航空機乗組員が前項各号の1に該当するときは、行為者を罰する外、機長に対しても同項の刑に処する。但し、機長以外の航空機乗組員の当該違反行為を防止するため、相当の注意及び監督が尽されたことの証明があったときは、機長についてはこの限りでない」と定める。

本項は、機長以外の航空機乗組員が、1項各号の罰則に該当するときは、行為者たる航空機乗組員を処罰するほか、機長が行為者の違反行為を防止するため、相当の注意及び監督を尽くしたことの証明がない限り、機長も行為者と同様に処罰する旨を規定している。この規定は、機長は航空機運航の全般に関する責任者であり、同時に航空機乗組員を指揮監督する権限を有するものであるから、原則として、他の航空機乗組員の運航に関する行為についても責任を負うべきであるという考慮に基づくものと考えられる[22]。このように考えると、本規定は、現実に違反行為に出た航空機乗組員に対する機長の指揮監督上の過失責任を定めたものと解される。

横浜地判昭和29・11・4判時41号26頁は、海上保安庁警備救難部航空

---

[20] 本項は、「航空機乗組員」に限られるので身分犯である。
[21] 現に当該航空機の運航に従事している者に限られるので、航空従事者であっても、移動等のために当該航空機に便乗しているだけの者は含まれない。
[22] 坂井・前掲注（1）68〜69頁。

課に勤務し、ヘリコプターの操縦及びその乗員の訓練指導の業務に従事してきた被告人が、海上保安庁ヘリコプターを操縦して、航空法の定めるところにより、運輸大臣の許可がなければ、人に密集している地域の上空を（当該航空機を中心として半径600メートルの範囲内の最も高い障害物の上端から）300メートル以下の高度で飛行してはならないにもかかわらず、人に密集した地域である鎌倉市由比ヶ浜海水浴場上空を水面よりの高度15メートル以下で飛行したという事案で、航空法81条、154条1項2号、同法施行規則174条に該当するとしている。

5 無人航空機の飛行等に関する罪

航空法157条の4は、132条の2第1号（アルコール又は薬物の影響により当該無人航空機の正常な飛行ができないおそれがある間において飛行させないこと）の規定に違反して、道路、公園、広場その他の公共の場所の上空において無人航空機を飛行させた者は、1年以下の懲役又は30万円以下の罰金に処すると規定する。

航空法157条の5は「次の各号のいずれかに該当する者は、50万円以下の罰金に処する」と定め、①132条の規定に違反して、無人航空機を飛行させた者（1号）、②132条の2第2号（当該無人航空機が飛行に支障がないことその他飛行に必要な準備が整っていることを確認した後において飛行させること）、第3号（航空機又は他の無人航空機との衝突を予防するため、無人航空機をその周囲の状況に応じ地上に降下させること等）又は第5号（旧1号）から第8号（旧4号）までの規定に違反して、無人航空機を飛行させた者（2号）、③132条の2第4号（飛行上の必要がないのに高調音を発し、又は急降下し、その他他人に迷惑を及ぼすような方法で飛行させないこと）の規定に違反して、道路、公園、広場その他の公共の場所の上空において無人航空機を飛行させた者（3号）、④132条の2第9号（旧5号）の規定に違反して、無人航空機により同号の物件を輸送した者（4号）、⑤132条の2第9号（旧6号）の規定に違反して、無人航空機から物件を投下した者（5号）をあげる。

「無人航空機」とは、航空の用に供することができるものであって、構造上人が乗ることができないもののうち、遠隔操作又は自動操縦により飛行させることができるものである（2条22号）。いわゆるドローンなどである[23]。

無人航空機の飛行については、「航空法の一部を改正する法律」（平成27年法律第67号）により規制が法定された[24]。

航空法132条は、無人航空機の飛行空域を定め[25]、同法132の2第1号から第8号までには、無人航空機の飛行方法[26]を定めている。また、航空法132条の2第9号（旧5号）は、無人航空機により爆発性又は易燃性を有する物件その他人に危害を与え、又は他の物件を損傷するおそれがある物件で省令で定めるもの[27]を輸送しないこと、同第10号は、地上又は水

---

[23] 航空法の対象となる無人航空機は、200グラム以上のドローン（マルチコプター）、農薬散布用ヘリコプター、ラジコン機が該当する。

[24] 法案の趣旨説明では、「無人航空機は、昨今急速に普及し、撮影、農薬散布、インフラ点検等の分野で利用が広がっています。その一方で、人が密集している場所へ落下する事案が発生するなど、その安全性に対する懸念が生じているところです。このため、無人航空機の飛行を禁止する空域及び飛行の方法等の基本的なルールを定めることにより、無人航空機の安全な飛行を確保し、航空機の運航や地上の人等への影響を防止すること」から航空法の一部を改正することとしたとされる。第189国会衆議院国土交通委員会議録第18号28頁（平成27年8月4日）。

その後第198回国会で「航空法及び運輸安全委員会設置法の一部を改正する法律案」が提出され、令和元年6月13日に成立している。本文の説明は本改正法に従っている。

なお、罰則付の飛行を制限する条例での規制もある。http://www.mlit.go.jp/common/001228076.pdf（最終アクセス2019年5月）

法令の解釈については、「無人航空機に係る規制の運用における解釈について」（平成27年11月17日制定。国空航第690号、国空機第930号）。http://www.mlit.go.jp/common/001110203.pdf（最終アクセス2019年5月）

[25] ①無人航空機の飛行により航空機の航行の安全に影響を及ぼすおそれがあるものとして航空法施行規則236条で定める空域（1号）、②前号に掲げる空域以外の空域であって、航空法施行規則236条の2で定める人又は家屋の密集している地域の上空（2号）について、無人航空機を飛行させてはならないとする。

[26] 1号〜4号の内容は本文記述のとおり。①日出から日没までの間において飛行させること（5号）、②当該無人航空機及びその周囲の状況を目視により常時監視して飛行させること（6号）、③当該無人航空機と地上又は水上の人又は物件との間に航空法施行規則236条の定める距離（30メートル）を保って飛行させること（7号）、④祭礼、縁日、展示会その他の多数の者の集合する催しが行われている場所の上空以外の空域において飛行させること（8号）とする（旧1号〜4号）。

[27] 無人航空機による輸送を禁止する物件等を定める告示（平成27年11月17日国土交通省告示第1142号）参照。具体的には、火薬類、高圧ガス（引火性ガス、毒性ガス、その他の

上の人又は物件に危害を与え、又は損傷を及ぼすおそれがないものとして国土交通省令で定める場合（現時点では該当するものはない[28]）を除き、当該無人航空機から物件を投下しないこととして規制を加えている。

なお、航空法157条の6により同法134条の3（飛行に影響を及ぼすおそれのある行為）第3項の規定に違反して、無人航空機の飛行に影響を及ぼすおそれのある行為で省令で定めるものをした者は30万円以下の罰金に処すると定められている。

ガス）、引火性液体、可燃性物質類（可燃性物質、自然発火性物質、水反応可燃性物質）、酸化性物質類（酸化性物質、有機過酸化物）、毒物類（毒物、病毒を移しやすい物質）、放射性物質等、腐食性物質、その他の有害物件、凶器。なお、無人航空機の飛行のため輸送する燃料等の物件は除かれる（規則236条の5第2項）。

28　http://www.mlit.go.jp/common/001218182.pdf（最終アクセス2019年5月）

航空危険行為処罰法

―― 航空機の墜落、破壊等の罪

● 航空の危険を生じさせる行為等の処罰に関する法律とは

航空の危険を生じさせる行為等の処罰に関する法律（昭和49年法律第87号）（以下「航空危険行為処罰法」という）は、航空機の強取、爆破等民間航空の安全を阻害する犯罪行為が頻発し、その内容も次第に凶悪化する傾向にあることから、民間航空機に対するこれらの犯罪行為が、乗客、乗員等の生命及び財産の安全を阻害するばかりでなく、航空業務の健全な運営にきわめて深刻な影響を及ぼし、また、民間航空の安全に対する世界の諸国民の信頼をそこなうものであるという見地にたって、民間航空機内で行われた犯罪等に関する多国間条約[1]の実施に必要な国内法の整備を行うこととして立法されたものである[2]。

1　航空機内で行われた犯罪その他ある種の行為に関する条約（昭和45年条約第5号）、民間航空の安全に対する不法な行為の防止に関する条約（昭和49年条約第5号）等。
2　第72回国会閣法第82号（昭和49年3月18日提出）。第72回国会衆議院交通安全対策特別委員会議録第9号1頁（昭和49年3月27日）。

●罰則

1 航空の危険を生じさせる罪

　航空危険行為処罰法1条は、「飛行場の設備若しくは航空保安施設を損壊し、又はその他の方法で航空の危険を生じさせた者は、3年以上の有期懲役に処する」と定める。

　本罪は、飛行場の設備若しくは航空保安施設を損壊し、又はその他の方法で航空の危険を生じさせた者を処罰する。

　本条は、航空機の安全な運行のみならず、人の生命及び身体の安全、航空交通に対する一般の信頼、航空機及びその運航に関する財産上の利益等をも保護法益としている[3]。

　「飛行場の設備」とは、航空機の離陸又は着陸の用に供するために設けられる施設である飛行場[4]の機能を果たすために必要な一切の施設、設備であって飛行場の敷地内に存するもの、例えば、滑走路、着陸帯、誘導路、格納庫、各種標識、給油施設、無線施設等をいう。

　「航空保安施設」とは、電波、燈光、色彩又は形象により航空機の航行を援助するための施設で、国土交通省令で定めるものをいう（航空法2条5項）。

　「損壊」とは、物の全部又は一部を物理的、有形的に変更してその物の本来の機能の全部又は一部を失わせることをいう。刑法125条（往来危険罪）の「損壊」と同義である[5]。

---

[3] 福岡地判昭和59・8・30判時1149号169頁。この事案は、被告人が精神的に行き詰まり投げやりな気持から飛行場を暴走し航空機に衝突して大惨事となってもかまわないと考え、警備員の制止も聞かずに、自動車で福岡空港内に突入するとともに、約10分間にわたり、同空港の滑走路や誘導路上を車で走り回り、もって、同滑走路上において、まず、着陸してくる日航機との衝突の危険を生じさせたほか、次いで、誘導路上を走行する全日空機に突進して、この下をくぐりぬけ、またも衝突事故発生の危険を生じさせたという事案で、1条に当たるとして有罪とした。

[4] 航空法（昭和27年法律第231号）2条6項参照、なお、航空法2条4項では、「空港」とは、空港法（昭和31年法律第80号）2条に規定する空港（公共の用に供する飛行場（附則第2条第1項の政令で定める飛行場を除く））をいう）とするとしている。

[5] 小川賢一『警察官のための充実・犯罪事実記載例　特別法犯〔第4版〕』53頁（立花書房・

「その他の方法」とは、妨害電波や光波を発して航空の保安施設の働きを減殺したり、布を保安施設の光源に覆せるなどして、飛行場の設備や航空保安施設の形状を物理的・有形的に変更しないまま、その機能の全部又は一部を失わせる行為、乗員に対する暴行・脅迫、航空機への危険物の設置、虚偽情報の提供などの作為や、航空の安全を保持すべき業務に従事する乗員、航空保安施設の職員などがその義務に違反して飛行場の灯火を消灯したり、管制情報を流さなかったりする不作為など、航空機の往来の危険を生じさせる可能性のある一切のものをいう[6]。

「航空の危険を生じさせた」とは、航行中の航空機について墜落、転覆、破壊、火災等の事故発生の可能性のある状態が現に作り出されることが必要であるが、事故が現実に発生することを要しない。

東京高判昭和54・10・30高刑集32巻3号257頁は、航空危険行為処罰法1条にいう「航空の危険を生じさせた」とは、航空機の衝突、墜落などの事故発生の可能性のある状態を生ぜしめることを意味し、現実に、事故発生を要するものでないことは勿論、事故発生の必然性、蓋然性も必要としないと解すべきであると説示している。

2　航行中の航空機を墜落させる等の罪

航空危険行為処罰法2条は、「航行中の航空機（そのすべての乗降口が乗機

2016年）。
6　小川・前掲注（5）53頁。神戸地判平成18・9・8（平成18年（わ）481号）は、被告人が所持金不足等により航空機の搭乗券を購入することができなかったことから、自車で航空機付近まで乗り付けて直接搭乗しようと考え、普通乗用自動車を運転し、A空港北側に二重に設置された侵入防止用金属製フェンスに順次同車を衝突させて各フェンスを倒壊させ、A空港管理事務所長Bが看守する同空港エプロン内に侵入した器物損壊、建造物侵入の事案並びに前記エプロンにおいて、同車を時速約60キロメートルないし80キロメートルで走行させながら、急転把、急制動及び急発進を繰り返しつつ、離陸準備中の航空機に向けて同車を突進させ、同機機首左前方約28.4メートルの地点を通過したり、離陸準備中の別の航空機の尾翼下を走り抜けたりして、同車との衝突による各航空機の転覆、破壊又は爆発炎上等の事故発生のおそれのある状態を作り出し、もって、航空の危険を生じさせた事案で、1条に当たるとして有罪としている。なお、この事案では、被告人は、本件各犯行当時、双極性感情障害の躁状態のため、心神耗弱状態にあったと認定して減軽している。

の後に閉ざされた時からこれらの乗降口のうちいずれかが降機のため開かれる時までの間の航空機をいう。以下同じ。）を墜落させ、転覆させ、若しくは覆没させ、又は破壊した者」（1項）とし、「前条の罪を犯し、よって航行中の航空機を墜落させ、転覆させ、若しくは覆没させ、又は破壊した者」（2項）についても、無期又は3年以上の懲役に処すると定める。そして、「前2項の罪を犯し、よって人を死亡させた者は、死刑又は無期若しくは7年以上の懲役に処する」（3項）と定める。

　本罪は、航行中の航空機を墜落させる等の行為について、処罰することとしている。

　1項が、基本犯であり、2項及び3項はそれぞれ結果的加重犯である。

⑴　1項は、航空機を墜落させ、転覆させ、若しくは覆没させ、又は破壊した場合である。

　「墜落」は、空中にある航空機を地表又は水面に落下させることである。

　「転覆」は、必ずしも完全に横倒しになってしまう必要はなく、それに近い状態に達していれば足りる。

　「覆没」は、水上飛行機について考えられるもので転覆と沈没をいうが、いずれも機体の全部が水没してしまうことまでは必要でない。

　「破壊」は、航空機の実質を害して、その交通機関としての機能の全部又は一部を失わせる程度の損壊をいう。

⑵　2項は、1項の航空の危険を生じさせる故意はあるが、墜落等の具体的結果を生じさせるまでの故意がなく、結果として墜落等の事態を招来させた結果的加重犯を処罰するものである。法定刑は1項と同様である。

⑶　3項は、1項又は2項の罪を犯し、死の結果について故意がないものの、人を死亡させた行為を重く処罰するものである。

　死の結果について故意があれば、本罪と殺人罪（刑法199条）との観念的競合となる。

3 業務中の航空機の破壊等の罪

航空危険行為処罰法3条1項は、「業務中の航空機（民間航空の安全に対する不法な行為の防止に関する条約第2条(b)に規定する業務中の航空機をいう。）の航行の機能を失わせ、又は業務中の航空機（航行中の航空機を除く。）を破壊した者は、1年以上10年以下の懲役に処する」と定める。そして、同条2項において、「前項の罪を犯し、よって人を死亡させた者は、無期又は3年以上の懲役に処する」と定める。

本罪は、業務中の航空機の航行の機能を失わせる等の行為に関して処罰するものであるが、「民間航空の安全に対する不法な行為の防止に関する条約」（いわゆるモントリオール条約）を実施するために国内法として設けられた規定である。

(1) 1項は、業務中の航空機の航行の機能を失わせ、又は業務中の航空機を破壊した場合である。

「業務中の航空機」とは、モントリオール条約2条(b)に規定する業務中の航空機をいう[7]。すなわち、ある特定の飛行のため地上業務員、又は乗務員により飛行機の飛行前の準備が開始された時から、着陸の後24時間を経過するまでをいう。

「航行の機能を失わせ」とは、その手段、方法のいかんを問わず、航空機を航行できなくなる状態にすることである。例えば、航空機の電気系統の配線を切断してエンジンなどが作動しないようにするなどである[8]。

(2) 業務中の航空機の機能を失わせ、又は業務中の航空機を破壊し、よって人を死亡させた行為について結果的加重犯として重く処罰するものである。

本項は、死の結果について故意がないものの、人を死亡させた行為を重

---

[7] 民間航空の安全に対する不法な行為の防止に関する条約2条(b)は、「航空機は、ある特定の飛行のため地上業務員又は乗組員により当該航空機の飛行前の準備が開始された時から、着陸の後24時間を経過する時まで、業務中のものとみなす。この業務の期間は、いかなる場合にも、当該航空機が(a)の規定によって飛行中とされる全期間に及ぶ」と定める。

[8] 警察実務法令特別研究会編著『警察活動の法的根拠と特別刑罰法令の要解〔三訂3版〕』538頁（日世社・2003年）。

く処罰するものである。

　死の結果について故意があれば、本罪と殺人罪（刑法199条）との観念的競合となる。

4　業務中の航空機内に爆発物等を持ち込む罪

　航空危険行為処罰法4条は、「不法に業務中の航空機内に、爆発物を持ち込んだ者は3年以上の有期懲役に処し、銃砲、刀剣類又は火炎びんその他航空の危険を生じさせるおそれのある物件を持ち込んだ者は2年以上の有期懲役に処する」と定める。

　本罪は、不法に業務中の航空機内に爆発物を持ち込んだ者又は銃砲、刀剣類、火炎びんその他航空の危険を生じさせるおそれのある物件を持ち込んだ者を処罰するものである。

　爆発物は、爆発物取締罰則における爆発物であり、銃砲、刀剣類は銃砲刀剣類所持等取締法2条に定めるものと同じである。また、火炎びんも、火炎びんの使用等の処罰に関する法律1条に定めるものと同じである。

　「その他航空の危険を生じさせるおそれのある物件」とは、航空機の墜落、転覆、破壊、火災などの事故を招来する可能性がある物件をいう。「銃砲、刀剣類又は火炎びんその他航空の危険を生じさせるおそれのある物件」に該当するかは、その物の性質・形状などからして、例示物件である銃砲、刀剣類、火炎びんと同程度に航空の安全に対する危険性があるものをいい、その物自体で即座に人を殺傷し又は物を損壊ないし破壊し得る性能を有しているものに限らない[9]。相当高度の爆発性又は易燃性を有する火薬、爆薬、ガソリン、効力の強い毒ガス又はこれらを用いた器物などを含まれる[10]。

　実行の着手時期は、自ら持ち込む場合は、所持品検査場を通過しようとした時、又は一般に立入りが禁止されている飛行場の区域へ立ち入り、目

---

[9] 大分地判昭和57・5・13判時1057号153頁（後掲注（12）の原審）。
[10] 小川・前掲注（5）54頁。

指す航空機に近づこうとした時であり、既遂時期は、機内に持ち込んだ時である[11]。

5　未遂犯処罰

航空危険行為処罰法5条は、「第1条、第2条第1項、第3条第1項及び前条の未遂罪は、これを罰する」と定める。

1条の場合は、航空の危険を生じさせる具体的危険を発生せしめるに足る行為に着手したところ、具体的危険が発生しなかった場合である。例えば、飛行場の設備や航空保安施設の損壊に着手したが制止されてこれを遂げなかった場合等である。

2条1項の場合は、例えば、航行中に爆発するように航空機内にセットされた時限爆弾が事前に発見され、爆発に至らなかった場合である[12]。

3条1項の場合は、例えば、業務中の航空機内の重要計器を損壊して離陸を阻止しようとしたが、乗員に制止されて損壊に至らなかったような場合である。

4条の場合は、銃砲等を隠して機内に持ち込もうとしたが、現実に持ち込む前に所持品検査で発見された場合等である[13]。

11　小川・前掲注（5）54頁。
12　福岡高判昭和58・8・4判タ512号186頁は、被告人が航行中の航空機（東亜国内航空DC9型旅客機）のラバトリー内に、カセット式液化ブタンガスボンベ220グラム入り3本を、キャップをはずして、便座後方の壁際に立てかけたうえ、新聞紙を床に拡げ、これに500ミリリットル入りびん詰ベンジン約1本半を散布し、これにマッチで点火し、同機の墜落・破壊及びこれによる乗務員と乗客の殺害を図ったが、乗務員らに早期に発見消火されたため、その目的を遂げなかったとの事案で、被告人の行為は航空機を墜落・破壊し、乗務員や乗客を殺害する可能性のあった危険な行為というべきで、航空機を墜落させる等の罪及び殺人罪の未遂罪を構成するとした。なお、この判決では、4条に違反して危険物を持ち込んだ犯人が、2条の航空機の墜落、転覆、覆没、破壊をし、又はそのおそれのある状態を作出して、2条又はその未遂罪として処罰される場合には、危険物の持込み行為は、2項の行為の予備行為であって、これに吸収され、独立して処罰の対象にならないと説示している。
13　警察実務法令特別研究会編著・前掲注（8）538頁。

6 過失犯

航空危険行為処罰法6条は、「過失により、航空の危険を生じさせ、又は航行中の航空機を墜落させ、転覆させ、若しくは覆没させ、若しくは破壊した者は、10万円以下の罰金に処する」(1項)とし、「その業務に従事する者が前項の罪を犯したときは、3年以下の禁錮又は20万円以下の罰金に処する」(2項)と定める。

1項は、航空の危険を生じさせる罪(1条)及び航行中の航空機を墜落させる等の罪(2条)の過失犯についての処罰規定である。

過失は、行為者において、通常人ならば航空の危険などの本項に定める結果の発生することを予見することができ、かつ、その予見のもとに結果の発生を避けることができたにもかかわらず、不注意でこれを認識しなかったことをいう。

2項の罪は「その業務に従事する者」だけがその行為者となり得るとしている。

「その業務に従事する者」とは、例えば、操縦士、航空機関士、航空通信士、航空管制官、航空管制通信官、航空工場整備士、航空保安業務従事職員等である。

「前項の罪を犯したとき」とは、業務従事者が、その業務行為を行うに当たり、業務上の注意義務を怠ったことにより、航空の危険等前項に定める結果を生ぜしめたときをいう。

過失により航空の危険を生じさせ、さらに航空機を墜落、破壊などさせた場合には、前段の過失航空危険罪は後段の過失航空機破壊等の罪に吸収され、同罪のみが成立する[14]。

7 国外犯

航空危険行為処罰法1条から5条までの罪は、何人を問わずこれらの罪を国外犯として処罰することとしている。

---

14 小川・前掲注(5) 54頁。

事項索引

● あ行

愛護動物　188
悪性の家畜伝染病　203
油　165
アブラソコムツ　216
安全阻害等の抑止の措置　261
遺棄　190
意匠　55
　──の創作　55
意匠権　58
意匠登録　57
意匠法　55
委託違反　142
位置商標　43
1級河川　172
一般廃棄物　129, 136
異物の混入又は添加　212
医薬品、医療機器等の品質、有効性及び安全性の確保等に関する法律　209
威力業務妨害罪　238
動き商標　43
内水　248
馬伝染性貧血　205
運行　239
運航支配　251
運行保安設備の損壊等の罪　236
運転中の乗降に関する罪　229
営業秘密　36
営利の目的　12
駅　231
役務　43
エプロン　257
往来危険罪　235, 237, 270
おから裁判　131
音商標　43
汚物又は廃物　175

● か行

海域　165
　──における排出行為　164
外国原盤商業用レコードの複製　18
外国人技能実習機構　118
外国船舶　168
外国の送出機関　120
改竄　230
海上交通安全法　243
海上衝突予防法　243
海上保安庁　254, 264
海賊行為　247, 248
海賊対処法　247
海洋　165
海洋汚染防止　163
海洋汚染防止法　163
海洋環境の保全　163
海洋施設　167
海洋法に関する国際連合条約（国連海洋法条約）　168, 247
火炎びん　228
火炎びんの使用等の処罰に関する法律　274
核原料物質、核燃料物質及び原子炉の規制に関する法律　128
各種標識　270
格納庫　257, 270
過失往来罪　238
過失航空危険罪　276
過失航空機破壊等の罪　276
過失推定説　84, 144
河川　172
河川管理者　173
河川区域　173
河川法　171
　──施行令　174
家畜伝染病予防法　201
家畜の伝染性疾病　202
　──の病原体　202
家畜防疫官　203
活性汚泥槽　98
滑走路　257, 270
家庭動物　187
家庭排水　149
火薬類　228
火薬類運送に関する罪　228
瓦石類　232
環境基本法　127, 148, 158
環境の保全　127
監禁　75, 104, 118, 262
がん具煙火　228
監視伝染病　202
監視伝染病の病原体　202
間接侵害　29, 58
間接侵害行為　46
患畜　204
勧誘　106
監理団体　118, 119
毀棄　230
木くず　133, 134
危険猟法　197
技術的範囲　28
技術的保護手段　16
基準・規格に適合しない食品の販売の禁止　210
偽証罪（偽証の罪）　34, 50, 59
偽証等の罪　34, 66
希少な野生生物　179
希少野生動植物種　181, 183
基礎的要件　64
機長　260
軌道　224
危難の場合の旅客に対する命令　261
技能実習

277

――に係る契約の不履行　119
――を行わせる者　120
技能実習生　117
技能実習法　117
揮発性有機化合物　160
器物損壊罪　231, 233, 237, 259
寄附要請等に関する罪　230, 231
義務のない行為　250
「義務のない事を行わせ」　262
虐待　190
吸煙及び婦人室立入りに関する罪　229
給油施設　258, 270
凶器　252
強制貯金の禁止　76
強制労働　75, 109
脅迫　75, 104, 118, 248, 249, 262
業務上過失致死傷罪　93
業務中の航空機　273
　　――内に爆発物等を持ち込む罪　274
　　――の破壊等の罪　273
強要罪　262
虚偽の鑑定　34, 50
虚偽の陳述　34, 50
虚偽表示　32, 49, 59, 66
緊急指定種　181
均衡待遇　113
均等侵害　27
均等待遇　102
金品の返還　77
勤労権　101
具体的危険犯　225
警察官職務執行法7条　254
掲示　230
警報機濫用罪　228
下水道法　148
獣畜　213, 214
建設廃材　131
建造物等の設置違反の罪　256
建築物　56
限度基準告示　81
権利管理情報　17
考案　63
公海　248
公害対策基本法　157, 164
後願意匠　57
公共危険罪　258
工業所有権の保護に関するパリ条約　23
公共用水域　147, 148, 150
公共用水域の水質の保全に関する法律　147
公共用物　172
航空管制官　276
航空管制通信官　276
航空機　168, 256
　　――内にある者　262
　　――に急迫した危険が生じた場合　263
　　――の航行中　263
航空機関士　276
航空危険行為処罰法　269
航空機乗組員　264

――に対する指揮監督　261
航空業務　264, 267
航空工場整備士　276
航空通信士　276
「航空の危険を生じさせた」　271
航空の危険を生じさせるおそれのある行為の禁止　258
航空の危険を生じさせる罪　270
航空保安業務従事職員　276
航空法　255
航行中の航空機　271, 272, 273
航行中の他の船舶　250
航行に起因する障害の防止　255
航行の安全　255
航行の機能　273
広告宣伝機能　42
鉱さい　135
工作物　173
公衆衛生上有害な業務　105
公衆衛生の向上　127
公衆衛生又は公衆道徳上有害な業務　105, 113
公衆道徳上有害な業務　105, 114
工場排水等の規制に関する法律　147
公訴事実の同一性　104
光波　271
公務員職権濫用罪　261
国外犯　37
国外頒布目的商業用レコード　17
国際希少野生動植物種　182
国内希少野生動植物種　181
国家公務員　35
国家的法益　31
ごみピット　98
雇用関係　107
コンクリート塊　138
混同惹起行為　53
コンピュータプログラム　43

● さ行

最低賃金　78
財物の交付　249, 250
在留カード　120
詐欺罪　227
詐欺の行為　30, 49, 59, 66
査証　36
殺人罪　263, 272, 274
産業動物　187
産業廃棄物　129, 136
自衛隊　254
時間外労働　79, 80, 82
時間外労働・休日労働に関する協定（36（サブロク）協定）　80, 81
色彩商標　43
事業　107
始業時刻　80
事業者　91

時効の期間　39
事故等の報告義務　261
実演家人格権侵害の罪　12
実験動物　187
失行　225
失行罪　225
実施　26, 64
実習監理者　119
　——又はこれらの役員　120
実習実施者　118
実働時間　79
実用新案権者　64
実用新案法　63
指定役務　45
指定商品　45
私的目的　248
自動公衆送信　14
自動進路設定設備　236
自動複製機器　12, 15
自動列車検知設備　237
自動列車制御設備　236
終業時刻　80
住居侵入罪　231
銃砲刀剣類所持等取締法　232, 274
終末処理場　150
銃猟の制限　197
出願公告制度　65
出所表示機能　42
出所明示義務　19
出発前の確認　261
出版権侵害の罪　11
種の保存法　179
狩猟鳥獣　196
狩猟免許　195
循環型社会　128
循環型社会形成推進基本法　128
飼養衛生管理基準　201
傷害罪　233
焼却　140
使用者　74
乗車券　228
商標　41, 42
　——の保護　41
商標権
　——の侵害　45
　——の設定　51
商標権者　44
商標登録出願　44
商標法　41
商品　43
職業安定法　101
職業指導　103
職業紹介　102, 107
職業選択の自由　101
食中毒原因菌　212
食品　209
食品衛生責任者　210
食品衛生法　209
職務執行妨害罪　231

職務上の義務違反罪　225
職務に関し　36
所持品検査　275
女性専用車両　229
職業審査主義　31
「職権を濫用して」　262
新幹線線路内　231
新幹線鉄道　235
新幹線鉄道の線路内に立ち入る罪　231
新幹線妨害特例法　232, 235
審決　32
信号場　231
親告罪　14, 36, 39, 51, 52, 61, 228
侵入　251
水銀等の排出　157
水質汚濁防止法　147
「捨てる」　137, 168, 175
生活環境の保全　127
性質保証機能　42
精神又は身体の自由を不当に拘束する手段　104, 118
政令で定める廃棄物　132
施工管理　96
設定登録　64
設備の機能をそこなうおそれのある行為　238
設備の機能をそこなう行為　237, 238
絶滅のおそれ　180
　——のある野生生物の種　179
船員法　243
先願意匠　57
船長　244, 246
　——以外の乗組員　246
船舶　244
　——からの排出行為　164
　——強取　251
　——所有者　244, 245, 246
　——乗組員　244, 245
船舶安全法　243
船舶運航支配未遂罪　253
船舶職員及び小型船舶操縦者法　243
船舶の油による海水の汚濁の防止に関する法律　164
船舶法　243
「船舶を航行させる」　252
占有者の意思　131
専用実施権　25, 51, 58
　——者　64
線路　239
線路上に物件を置く等の罪　239
線路内にみだりに立ち入った者　240
走行　241
総合判断説　131
操車場　231
操縦士　276
総量規制基準　160
損壊　237, 251, 270
損傷　238

事項索引　279

● た行

大気汚染物質　158
大気汚染防止法　157
代行船長　246
退職金　77
退職手当　77
逮捕　262
逮捕・監禁罪　262
託送手荷物等詐称罪　228
立入禁止区域　260
立入りの禁止違反　259
他の船舶
　　——につきまとう　252
　　——の進行を妨げる　252
堪航性　243, 244
地下水　147
地下への浸透　152
着陸帯　257, 270
中間搾取　109
抽象的危険犯　235, 258
長期の労働契約　76
鳥獣　194
　　——の管理　193, 195
　　——の捕獲等　197
　　——の保護　193, 195
鳥獣の保護及び管理並びに狩猟の適正化に関する法律　193
鳥獣の保護及び狩猟の適正化に関する法律　193
鳥獣保護管理法　193
鳥獣又は鳥類の卵　196
鳥類の卵の採取等　197
著作権　4
著作権侵害の罪　10
著作権の国際的な保護に関するベルヌ条約　3
著作権法　3
著作者　5
著作者人格権　4
著作物　4
著作隣接権　7
　　——侵害の罪　11
著名表示冒用行為　53
賃金　74
　　——の口座振込み　78
　　——の支払い　77
墜落　272
通常実施権　25
定員外の乗車強要罪　226
停車場　231
撤去　230
鉄道　224
鉄道運送の安全　223
鉄道営業法　223, 235, 240
鉄道係員　225, 231
鉄道敷地内立入罪　230
鉄道地内立入罪　231

添加物　215
　　——等の販売等の禁止　210
電子計算機使用詐欺罪　227
電子情報財　43
展示動物　187
伝染病　233
伝染病患者に関する罪　233
転覆　272
灯火　230
投石罪　232
動物愛護管理基本指針　188
動物愛護管理法　187
動物の愛護　187
動物の適切な管理　187
登録主義　44, 64
登録商標　44
登録製造時検査機関　94
道路踏切　226
特定機関の役員又は職員　93
特定施設　149
特定第一種国内希少野生動植物種　182
特定元方事業者　95
特定猟具使用禁止区域　197
特別管理一般廃棄物　129
特別管理産業廃棄物　129
特別管理廃棄物　129
土砂・岩石　131
土地の形状を変更する行為　174
特許権　25, 50
特許登録　31
特許発明　25
特許法　23
ドローン　266

● な行

「投げ」　241
なめこの栽培　134
2級河川　172
二次的著作物　6
日本船舶　244
　　——でない船舶　244

● は行

ばい煙　158
　　——排出者　159, 160
　　——発生施設　159
廃おがくず　134
廃棄物　128, 167, 175
　　——等の投棄事犯　168
　　——の保管　139
廃棄物処理法　127, 149, 168
排出　153, 159, 168
排出基準　152, 159
排出事業者処理責任原則　136
排出水　151

賠償予定の禁止　76
排水口　152, 153, 159
破壊　272
爆発質危険品　228
爆発物　228, 274
爆発物取締罰則　274
派遣労働者　112
働き方改革を推進するための関係法律の整備に関する法律　82
発射　241
発砲　232
発砲罪　232
発明　24, 63
発明者　24
被害者　37
美感　56
飛行空域　266
飛行場　256
　──の設備　270
飛行場の設備等の損傷等の禁止違反の罪　257
飛行場標識施設　258
非常列車防護設備　237
非親告罪　31, 33, 49, 59, 66, 67
人質　249, 250
人質強要行為　253
秘密保持命令　20, 36, 50, 60, 67
秘密を漏らした罪　60, 67
非身分犯　154
病原微生物　212
標識　230
標識・掲示及び信号機等の改ざん等に関する罪　230
標章　44
不衛生食品等の販売等の禁止　210, 216
武器の使用　254
覆没　272
不潔　212
婦人のために設けたる車室　229
不正競争防止法　53
不正乗車罪　227
物品　56
　──の部分　56
腐敗　211
不法焼却　140, 142
不法投棄　137, 139
　──目的の収集・運搬　139
踏切の往来妨害罪　226
不要物　132, 133
古タイヤ　131
フレックスタイム制度　85
プログラムの著作権　13
粉じん　161
　──の排出　157
へい死した獣畜　213
閉塞　227
ヘリコプター　265
変敗　211
妨害電波　271

暴行　75, 104, 118, 248, 249, 262
方式要件　64
放射性物質及びこれによって汚染された物　128
冒認　32
方法の発明　24, 27, 30
捕獲等　196
保護　180
保護責任者遺棄罪　263
保証金の徴収　119
保存　180
ホログラム商標　43

● ま行

マーク　42
前借金相殺の禁止　76
未査定液体物質　166
未払い賃金の不払い　76
民間航空の安全に対する不法な行為の防止に関する条約（モントリオール条約）　273
無価物　128
無許可営業の禁止　210
無人航空機　266
無人航空機の飛行等に関する罪　265
無審査制度　64
無線施設　270
物の発明　24, 26, 29
物を生産する方法の発明　24, 27, 30
文言侵害　27

● や行

野生動植物　180
病肉等の販売等の禁止　210
有害液体物質　165
有害な物質　216
有償性　132
誘導路　257, 270
有毒な又は有害な物質　212
輸出検疫証明書　203
輸出国の検査証明　203
輸入検疫　204

● ら行

略取　250
留置　227
領海外　165
領海内　165
旅客の救助及び地上人若しくは水上の人又は物件に対する危難防止　261
旅券　120
列車　239
　──に物件を投げる等の罪　240
列車警報機　228

列車集中制御設備　　236
労働安全衛生法　　89
労働安全衛生法及びじん肺法の一部を改正する
　　法律　　89
労働基準法　　73, 89
労働協約　　81
労働組合　　80
労働災害　　91
　　――の防止　　89
労働災害防止団体等に関する法律　　89
労働時間　　79
労働施策の総合的な推進並びに労働者の雇用
　　の安定及び職業生活の充実等に関する法律
　　101
労働者　　74, 91
　　――の過半数を代表する者　　81
　　――の供給　　103, 106
　　――の募集　　103, 106
労働者供給事業　　108
労働者派遣　　111
　　――契約　　112
　　――事業　　111
労働者派遣法　　103, 111
労働条件　　73
ローマ条約　　3
録音録画有償著作物等　　13, 14

＊本書で各々取り上げている下記法律について
の本書略称は下記の通りである。

「労働者派遣事業の適正な運営の確保及び派遣労
働者の保護等に関する法律」:「労働者派遣法」

「外国人の技能実習の適正な実施及び技能実習生
の保護に関する法律」:「技能実習法」

「廃棄物の処理及び清掃に関する法律」:「廃棄物
処理法」

「海洋汚染等及び海上災害の防止に関する法律」:
「海洋汚染防止法」

「絶滅のおそれのある野生動植物の種の保存に関
する法律」:「種の保存法」

「動物の愛護及び管理に関する法律」:「動物愛護
管理法」

「鳥獣の保護及び管理並びに狩猟の適正化に関す
る法律」:「鳥獣保護管理法」

「新幹線鉄道における列車運行の安全を妨げる行
為の処罰に関する特例法」:「新幹線妨害特例
法」

「海賊行為の処罰及び海賊行為への対処に関する
法律」:「海賊対処法」

「航空の危険を生じさせる行為等の処罰に関する
法律」:「航空危険行為処罰法」

主要条文索引

● 著作権法

条文	ページ
1条	3, 5
2条	4-7
10条	5
17条	5
18条	5, 6, 11
19条	6, 11
20条	5, 6, 11
21条	5, 6, 10
22条	6
22条の2	6
23条	6
24条	6
25条	6
26条	6
26条の2	6
26条の3	6
27条	6
28条	5, 6, 10
30条	8, 12
30条の2	8
30条の3	8
30条の4	8
31条	8
32条	8
33条	8
33条の2	8
33条の3	8
34条	8
35条	8
36条	8
37条	8
37条の2	8
38条	8
39条	8
40条	8
41条	8
42条	8
42条の2	8
42条の3	8
43条	8
44条	8
45条	8
46条	8
47条	8
47条の2	8
47条の3	9
47条の4	9
47条の5	9
47条の6	9
47条の7	8, 9
48条	8
49条	8, 10
50条	8
80条	11
86条	11
89条	7
90条	7
90条の2	7
90条の3	7
91条	7
92条	7
92条の2	7
94条の2	7
95条	7
95条の2	7
95条の3	7
96条	7
96条の2	7
97条	7
97条の2	7
97条の3	7
98条	7
99条	7
99条の2	7
100条	7
100条の2	7
100条の3	7
100条の4	7
100条の5	7
113条	12, 13, 17
114条の6	20
119条	9, 11-15
120条の2	9, 16, 17
121条	18
121条の2	9, 18, 19
122条	19
122条の2	20
124条	9, 10, 18, 19

● 特許法

条文	ページ
1条	23
2条	24-26
29条	24, 25
34条	24
68条	26
101条	25, 29
105条の2	36
105条の4	50
188条	33
196条	25, 28, 38
196条の2	26, 29, 30, 38
197条	30, 38
198条	32, 38
199条	34
200条	35, 37
200条の2	36
200条の3	20, 36, 38
201条	28, 30, 32, 38

● 商標法

条文	ページ
1条	41
2条	42, 44
18条	44
19条	44
25条	44, 45
30条	45

37条	44-46
39条	50
78条	45, 51
78条の2	46, 51
79条	49, 51
80条	49, 51
81条	49
81条の2	20, 50, 51
82条	51

● 不正競争防止法

21条	20, 53

● 意匠法

1条	55
2条	56, 58
3条	57
3条の2	57
5条	57
20条	57
21条	57
23条	57
38条	58
41条	60
65条	59
69条	57
69条の2	58
70条	59
71条	59
72条	59
73条	20, 60
73条の2	60
74条	61

● 実用新案法

1条	63
2条	63, 64
2条の2	64
6条の2	64
14条	64, 65
15条	64
16条	64, 65
18条	65
52条	66
56条	65
57条	66
58条	66
59条	66
60条	67
60条の2	20, 67
61条	67, 68

● 労働基準法

1条	73
2条	74
3条	74
4条	74
5条	74, 75, 118
6条	74
7条	74

9条	74, 91
10条	74, 75
11条	74, 77
14条	76
16条	76, 119
17条	76
18条	76, 119
23条	77
24条	78
32条	79, 80
32条の5	80
35条	79
36条	80, 82, 83
40条	80
42条	73, 89
60条	81
61条	81
117条	74, 75
119条	79
120条	77, 78
121条	74, 84

● 労働安全衛生法

1条	90
2条	91
3条	91
4条	91
10条	91
15条	95
19条の3	91
20条	91, 96
21条	97
30条	95
58条	91
59条	91
63条	91
65条	91
71条の4	91
115条の2	93, 94
115条の3	94
116条	94
117条	94
118条	94
119条	94
120条	94
121条	94
122条	94, 95, 98
122条の2	94

● 職業安定法

1条	101, 102
2条	102
3条	102
4条	102, 103, 105, 107
44条	108, 109
45条	108
63条	104-106, 113
64条	108
67条	109

- 労働者派遣法
    - 1 条 　　　　　111
    - 2 条 　　　　　111, 112
    - 3 条 　　　　　111
    - 4 条 　　　　　113
    - 5 条 　　　　　113
    - 11 条 　　　　113
    - 14 条 　　　　113
    - 23 条 　　　　113
    - 23 条の 2 　　113
    - 24 条の 3 　　113
    - 58 条 　　　　105, 113, 114

- 技能実習法
    - 46 条 　　　　118
    - 47 条 　　　　119
    - 48 条 　　　　120
    - 49 条 　　　　121
    - 108 条 　　　118
    - 111 条 　　　120-122

- 廃棄物処理法
    - 2 条 　　　　　128, 129
    - 3 条 　　　　　136
    - 6 条の 2 　　　136
    - 7 条 　　　　　136
    - 11 条 　　　　136
    - 12 条 　　　　136, 137, 142
    - 14 条 　　　　137
    - 16 条 　　　　136, 137, 149
    - 16 条の 2 　　136, 140, 141
    - 25 条 　　　　136, 137, 140, 143, 144,
    - 26 条 　　　　136, 139, 143
    - 27 条 　　　　143
    - 27 条の 2 　　143
    - 28 条 　　　　143
    - 29 条 　　　　143
    - 30 条 　　　　143
    - 32 条 　　　　137, 140, 143

- 水質汚濁防止法
    - 1 条 　　　　　147
    - 2 条 　　　　　150, 151
    - 6 条 　　　　　152
    - 8 条 　　　　　152
    - 12 条 　　　　153
    - 29 条 　　　　150
    - 31 条 　　　　151, 153, 154
    - 33 条 　　　　154
    - 34 条 　　　　151, 154

- 大気汚染防止法
    - 1 条 　　　　　157
    - 2 条 　　　　　158-161
    - 3 条 　　　　　159
    - 5 条の 2 　　　160
    - 13 条 　　　　159, 160
    - 13 条の 2 　　159, 160
    - 33 条 　　　　161

- 33 条の 2 　　160
- 35 条 　　　　161
- 36 条 　　　　161

- 海洋汚染防止法
    - 1 条 　　　　　163, 164
    - 3 条 　　　　　165-168
    - 4 条 　　　　　164, 165
    - 9 条の 2 　　　165
    - 9 条の 6 　　　166
    - 10 条 　　　　166, 167
    - 18 条 　　　　167
    - 43 条 　　　　168
    - 55 条 　　　　165-168
    - 59 条 　　　　169

- 河川法
    - 1 条 　　　　　171
    - 4 条 　　　　　172
    - 5 条 　　　　　172
    - 6 条 　　　　　173
    - 7 条 　　　　　172
    - 9 条 　　　　　172
    - 10 条 　　　　172
    - 25 条 　　　　174
    - 26 条 　　　　173
    - 27 条 　　　　173, 174
    - 102 条 　　　173
    - 107 条 　　　176
    - 109 条 　　　174

- 種の保存法
    - 1 条 　　　　　179
    - 2 条 　　　　　180
    - 4 条 　　　　　180-182
    - 9 条 　　　　　181
    - 10 条 　　　　182
    - 12 条 　　　　181
    - 13 条 　　　　182
    - 15 条 　　　　182
    - 17 条 　　　　183
    - 20 条 　　　　182, 183
    - 57 条の 2 　　181, 182, 184, 185
    - 58 条 　　　　183-185
    - 59 条 　　　　185
    - 62 条 　　　　185
    - 63 条 　　　　185
    - 65 条 　　　　184, 185

- 動物愛護管理法
    - 1 条 　　　　　187
    - 2 条 　　　　　188
    - 7 条 　　　　　191
    - 25 条の 2 　　191
    - 26 条 　　　　191
    - 28 条 　　　　191
    - 44 条 　　　　188-191
    - 45 条 　　　　191
    - 46 条 　　　　191
    - 46 条の 2 　　191

47 条	191
48 条	191

● 鳥獣保護管理法
1 条	194
2 条	194, 195
8 条	195
9 条	195, 197, 198
11 条	196
12 条	198
13 条	196
15 条	198
16 条	198
18 条の 2	197
18 条の 6	198
18 条の 7	198
18 条の 8	198
19 条	199
20 条	198
22 条	198
23 条	198
24 条	199
25 条	197
26 条	197, 198
27 条	198
29 条	198
30 条	199
35 条	197-199
36 条	197
37 条	197, 198
38 条	197
38 条の 2	197, 198
55 条	197
83 条	196-198
84 条	198, 199
86 条	196
88 条	199

● 家畜伝染病予防法
1 条	201
16 条	205
17 条	205, 206
36 条	202, 205
37 条	203, 205
40 条	203
45 条	203, 205
63 条	204, 205
67 条	206

● 食品衛生法
1 条	209
4 条	209
6 条	210-212
9 条	210, 213, 214
10 条	210, 215
11 条	210
52 条	210
71 条	216
72 条	217
78 条	217

● 鉄道営業法
1 条	223
3 条	223
6 条	223
9 条	223
11 条	224
13 条	224
13 条の 2	224
13 条の 3	224
14 条	224
15 条	224
18 条	224
18 条の 2	224
18 条の 3	224
19 条	223
22 条	223
24 条	225
25 条	225
26 条	226
28 条	226
29 条	223, 227, 228
30 条	228
31 条	228
32 条	228
33 条	229
34 条	229
35 条	230
36 条	230
37 条	230, 231
38 条	231
39 条	232
40 条	232
41 条	233
42 条	223

● 新幹線妨害特例法
1 条	235
2 条	236, 238
3 条	239
4 条	232, 240

● 船舶安全法
1 条	243
6 条の 2	244
6 条の 3	244
10 条の 3	246
17 条	244
18 条	244-246
19 条	244
19 条の 2	244
20 条	244
21 条	244
21 条の 2	244
22 条	244
25 条	244
25 条の 43	244
25 条の 44	244
25 条の 45	244
25 条の 63	244
25 条の 64	244
25 条の 71	244

25条の72	244

● 海賊対処法
1条	247
2条	248, 249, 250, 251
3条	253
4条	253
5条	254
6条	254
7条	254
8条	254

● 国連海洋法条約
100条	247
101条	248, 250-252
105条	253

● 航空法
1条	255
2条	266
3条	255
9条	255
10条	255
21条	256
22条	256
36条	256
37条	256
49条	257
53条	257, 258
56条の5	256
57条	256
73条	261, 262
73条の2	261
73条の3	261
73条の4	261
75条	263
76条	261
76条の2	261
99条の2	256
100条	256
125条	256
126条	256
131条の2	256
132条	256, 265, 266
132条の2	265, 266
132条の3	256
133条	256
137条の4	256
143条	256
143条の2	256
144条	256
145条	256
145条の2	256
145条の3	256
146条	256
148条の2	256
148条の3	256
149条	256
149条の2	256
150条	256-259
151条	256, 260, 261
152条	260, 263
153条	260
154条	256, 264
155条	256
157条の3	256
157条の4	256, 265
157条の5	265
157条の6	256, 267
158条	256
159条	256
162条	256

● 航空危険行為処罰法
1条	270
2条	271
3条	273
4条	274
5条	275

● 刑法
1条	165
54条	20
62条	16
124条	227, 258
125条	230, 235, 237, 268
129条	238
130条	231, 251
170条	34, 50, 59
193条	261, 262
199条	263, 270, 272
208条	75, 76, 104
208条の2	252
218条	263
220条	75, 76, 104
222条	75, 76, 104
224条	250
226条	250
236条	249
239条	249
240条	254
243条	254
246条	31, 49, 227
246条の2	227
260条	251
261条	237, 259

● 軽犯罪法
1条1号	244
1条5号	244
1条10号	232
1条11号	233
1条13号	244
1条31号	229
1条32号	230, 231, 240

判例索引

● 大審院・最高裁判所

大判大正 5・10・10 刑録 22 輯 1537 頁 …………228
大判大正 12・2・15 刑集 2 巻 78 頁 ……………228
最大判昭和 27・12・24 刑集 6 巻 11 号 1346 頁
　　　　　　　　　　　　　　　　　　……225
最判昭和 29・3・2 刑集 8 巻 3 号 240 頁……107
最判昭和 30・10・4 刑集 9 巻 11 号 2150 頁
　　　　　　　　　　　　　　　　　　……102
最決昭和 30・10・18 刑集 9 巻 11 号 2245 頁
　　　　　　　　　　　　　　　　　　……48
最判昭和 32・3・28 刑集 11 巻 3 号 1136 頁 … 36
最大判昭和 32・11・27 刑集 11 巻 12 号 3113 頁
　　　　　　　　　　　　　　　　84, 99, 144
最決昭和 34・3・26 刑集 13 巻 3 号 401 頁 …… 78
最決昭和 34・7・2 刑集 13 巻 7 号 1026 頁 …… 80
最決昭和 34・9・22 裁判集刑事 131 号 607 頁
　　　　　　　　　　　　　　　　　　……105
最決昭和 35・4・26 刑集 14 巻 6 号 768 頁 ……107
最決昭和 36・4・11 刑集 15 巻 4 号 716 頁 ……108
最決昭和 36・12・6 裁判集刑事 140 号 375 頁
　　　　　　　　　　　　　　　　　　……108
最決昭和 37・6・5 裁判集刑事 143 号 15 頁
　　　　　　　　　　　　　　　　　　……104
最決昭和 41・5・19 刑集 20 巻 5 号 335 頁
　　　　　　　　　　　　　　　　　　……230
最決昭和 41・6・10 刑集 20 巻 5 号 429 頁
　　　　　　　　　　　　　　　　　　…46, 48
最決昭和 41・10・26 刑集 20 巻 8 号 1014 頁
　　　　　　　　　　　　　　　　　　……230
最決昭和 46・7・20 刑集 25 巻 5 号 739 頁 …… 47
最判昭和 47・2・10 刑集 26 巻 1 号 52 頁 …… 75
最判昭和 48・3・19 裁判集刑事 191 号 455 頁
　　　　　　　　　　　　　　　　　　……174
最決昭和 51・12・10 刑集 30 巻 11 号 1919 頁
　　　　　　　　　　　　　　　　　　…… 97
最決昭和 53・2・3 刑集 32 巻 1 号 23 頁 ……197
最決昭和 54・7・31 刑集 33 巻 5 号 494 頁 ……195
最決昭和 57・4・2 刑集 36 巻 4 号 538 頁 ……108
最決昭和 59・12・18 刑集 38 巻 12 号 3026 頁
　　　　　　　　　　　　　　　　　　……230
最判平成 2・5・11 刑集 44 巻 4 号 363 頁 ……214
最判平成 8・2・8 刑集 50 巻 2 号 221 頁 ………197

最判平成 10・2・24 民集 52 巻 1 号 113 頁 …… 28
最判平成 10・7・10 刑集 52 巻 5 号 297 頁 …216
最決平成 11・3・10 刑集 53 巻 3 号 339 頁 …132
最決平成 12・2・24 刑集 54 巻 2 号 67 頁 …… 46
最判平成 12・2・29 民集 54 巻 2 号 709 頁 …… 24
最決平成 17・12・21 判タ 1199 号 197 頁 …… 95
最決平成 18・2・20 刑集 60 巻 2 号 182 頁
　　　　　　　　　　　　　　　　　138, 139
最決平成 18・2・28 刑集 60 巻 2 号 269 頁 …137
最決平成 19・11・14 刑集 61 巻 8 号 757 頁 …140
最決平成 21・7・16 刑集 63 巻 6 号 641 頁 …… 83
最決平成 23・12・19 刑集 65 巻 9 号 1380 頁
　　　　　　　　　　　　　　　　　　…… 10

● 下級裁判所

横浜地判昭和 29・11・4 判時 41 号 26 頁 ……264
東京高判昭和 31・7・17 高刑集 9 巻 7 号 754 頁
　　　　　　　　　　　　　　　　　　……106
東京地判昭和 37・8・7 判タ 136 号 61 頁 …… 58
名古屋高判昭和 37・7・18 高検速 299 号 2 頁
　　　　　　　　　　　　　　　　　　…… 76
東京高判昭和 38・12・11 高刑集 16 巻 9 号 729 頁
　　　　　　　　　　　　　　　　　　……225
大阪高判昭和 40・8・10 高刑集 18 巻 5 号 626 頁
　　　　　　　　　　　　　　　　　　……231
青森地判昭和 40・12・22 判タ 187 号 209 頁 … 28
東京地判昭和 41・12・16 判タ 204 号 180 頁
　　　　　　　　　　　　　　　　　　……105
京都地判昭和 42・12・7 判タ 216 号 214 頁 …240
大阪地判昭和 43・7・15 判タ 228 号 227 頁 …107
大阪高判昭和 45・1・27 刑集 23 巻 1 号 17 頁
　　　　　　　　　　　　　　　　　　…… 80
大阪地判昭和 46・3・3 無体財産権関係民事・行
　政裁判例集 3 巻 1 号 80 頁 ………………… 42
東京地判昭和 48・12・26 刑月 5 巻 12 号 1660 頁
　　　　　　　　　　　　　　　　　　……258
福岡高判昭和 49・6・6 刑月 6 巻 6 号 633 頁
　　　　　　　　　　　　　　　　　　……106
名古屋高判昭和 49・6・26 刑月 6 巻 6 号 642 頁
　　　　　　　　　　　　　　　　　　……153
名古屋高判昭和 50・10・20 高刑集 28 巻 4 号 434 頁

.... 151
札幌高判昭和 50・11・27 刑月 7 巻 11=12 号 900 頁
.... 205
大阪高判昭和 52・4・28 判時 880 号 102 頁 53
大阪高判昭和 53・8・29 判時 928 号 123 頁 ... 174
福岡地裁小倉支判昭和 54・4・18 判タ 386 号 80 頁
.... 245
大阪地判昭和 54・8・14 判タ 396 号 64 頁 10
大阪地判昭和 54・8・28 判時 399 号 150 頁 ... 152
東京高判昭和 54・10・30 高刑集 32 巻 3 号 257 頁
.... 271
大阪高判昭和 55・5・20 刑月 12 巻 4〜5 号 355 頁
.... 246
東京高判昭和 56・8・11 高刑集 34 巻 3 号 374 頁
.... 91
高松高判昭和 56・9・22 労働判例 379 号 62 頁
.... 78
大分地判昭和 57・5・13 判時 1057 号 153 頁
.... 274
福岡高判昭和 58・8・4 判タ 512 号 186 頁 275
千葉地判昭和 59・2・15 判時 1129 号 15 頁 ... 257
福岡地判昭和 59・8・30 判時 1149 号 169 頁
.... 270
名古屋高判昭和 59・10・22 高刑集 38 巻 2 号
  176 頁 217
福岡高判昭和 60・3・12 高刑速昭和 60 年 337 頁
.... 105
大阪地判昭和 61・12・25 無体財産権関係民事・
  行政裁判例集 18 巻 3 号 599 頁 43
東京地判昭和 62・10・22 判時 1258 号 143 頁
.... 53
横浜地判昭和 63・5・25 判時 1277 号 169 頁
.... 114
広島高判平成元・7・11 高刑速平成元年 231 頁
.... 139
大阪高判平成 3・5・9 高刑集 44 巻 2 号 113 頁
.... 106
大阪地判平成 5・1・13 判タ 840 号 244 頁 46
東京高判平成 5・11・11 高刑集 46 巻 3 号 294 頁
.... 107
東京地判平成 6・3・7 判時 1530 号 144 頁 113
仙台地判平成 6・3・10 判タ 863 号 290 頁 10
大阪地判平成 6・4・12 判タ 879 号 279 頁 10
東京高判平成 7・10・31 判時 1566 号 134 頁
.... 216

東京地判平成 8・11・26 判タ 942 号 261 頁
.... 105, 106
東京地判平成 9・3・24 判タ 962 号 268 頁 43
東京高判平成 10・5・6 東高刑時報 49 巻 1-12 号
  22 頁 48
広島高判平成 11・10・14 判時 1703 号 169 頁 .. 9
福岡高判平成 11・10・18 高刑速平成 11 年 172 頁
.... 217
東京高判平成 11・11・18 東高刑時報 50 巻 1〜
  12 号 130 頁 144
大阪高判平成 12・8・9 判時 1732 号 152 頁 ... 84
大阪高判平成 12・10・17 判時 1736 号 152 頁 ....
  181
東京高判平成 13・4・25 東高刑時報 52 巻 1〜12
  号 25 頁 140
福岡地判平成 14・10・21 (平成 14 年 (わ) 第
  986 号) 189
東京高判平成 14・6・11 高刑速平成 14 年 68 頁
.... 51
仙台高判平成 14・7・9 判タ 1110 号 248 頁 4
伊那簡判平成 15・3・13 (平成 14 年 (ろ) 第 4
  号) 190
東京高判平成 15・7・30 東高刑時報 54 巻 1〜12
  号 55 頁 143
大阪高判平成 15・12・22 高刑集 56 巻 4 号 7 頁
.... 133
東京高判平成 16・6・3 高刑速平成 16 年 86 頁
.... 133
京都地判平成 16・8・10 (平成 16 年 (わ) 第
  516 号) 204
京都地判平成 16・11・30 判時 1879 号 153 頁
.... 10
仙台高判平成 18・5・17 高刑速平成 18 年 2 号
  318 頁 144
東京高判平成 18・8・1 東高刑時報 57 巻 1〜12
  号 31 頁 98
神戸地判平成 18・9・8 (平成 18 年 (わ) 481 号)
.... 271
広島高判平成 19・5・15 高刑速平成 19 年 433 頁
.... 135
広島高判平成 19・5・29 判タ 1252 号 343 頁
.... 225
仙台高判平成 19・9・4 高刑速平成 19 年 467 頁
.... 134
東京地判平成 20・4・11 (平成 19 年 (合わ)
  591 号) 114

東京高判平成 20・5・19 判タ 1294 号 307 頁
……………………………………134

和歌山地判平成 20・6・3（判例集未登載、LLI 判
例秘書 L606350298、労働基準 729 号 24 頁）
………………………………………………83

仙台高判平成 22・6・1 高刑速平成 22 年 267 頁
……………………………………140

横浜地川崎支判平成 24・5・23 判時 2156 号 144 頁
……………………………………189

大阪地判平成 24・9・27 判時 2188 号 108 頁‥27

東京地判平成 25・2・1（平成 23 年（合わ）第 77
号）………………………………………253

東京高判平成 25・3・7 東高刑時報 64 巻 1 ～ 12
号 72 頁………………………………………78

東京高判平成 25・11・14 東高刑時報 64 巻 1 ～ 12
号 204 頁……………………………181

東京高判平成 25・12・18 高刑集 66 巻 4 号 6 頁
……………………………………253

東京高判平成 26・1・15 判タ 1422 号 142 頁
……………………………………253

東京高判平成 28・2・18 高刑速平成 28 年 70 頁
………………………………………13

岡山地判平成 28・2・29（平成 27（わ）448 号）
………………………………………53

東京高判平成 28・11・8 高刑速平成 28 年 151 頁
………………………………………96

千葉地判平成 29・5・18 判時 2365 号 118 頁‥46

東京地判平成 29・12・12（平成 29 年（特わ）第
1985 号、平成 29 年（特わ）第 2048 号）…188

広島高判平成 30・3・22（裁判所 HP）…………138

安冨　潔（やすとみ　きよし）
1950年京都生まれ。弁護士（第二東京弁護士会所属）。慶應義塾大学大学院法学研究科博士課程修了。博士（法学）（慶應義塾大学）。慶應義塾大学名誉教授（前慶應義塾大学大学院法務研究科教授）。京都産業大学法学部客員教授。

主要著作に、『刑事法実務の基礎知識　特別刑法入門』（慶應義塾大学出版会・2015年）、『刑事訴訟法講義』〔第4版〕（慶應義塾大学出版会・2017年）、『刑事訴訟法』〔第2版〕（三省堂・2013年）、『刑事訴訟法』（Sシリーズ）〔第5版〕（共著・有斐閣・2013年）、『やさしい刑事訴訟法』〔第6版〕（法学書院・2013年）、『事例演習 刑事訴訟法』（共編・法学書院・2013年）、『クロスオーバー民事訴訟法・刑事訴訟法』（共著・法学書院・2013年）、『改訂版 擬律判断ハンドブック刑法編』〔第6刷〕（共著・東京法令出版株式会社・2016年）、『ハイテク犯罪と刑事手続』（慶應義塾大学法学研究会・2000年）、『基礎から学ぶデジタル・フォレンジック』（編著・2019年・日科技連出版社）他多数。

刑事法実務の基礎知識　特別刑法入門2

2019年7月15日　初版第1刷発行

著　者―――安冨　潔
発行者―――依田俊之
発行所―――慶應義塾大学出版会株式会社
　　　　　〒108-8346　東京都港区三田2-19-30
　　　　　ＴＥＬ〔編集部〕03-3451-0931
　　　　　　　　〔営業部〕03-3451-3584〈ご注文〉
　　　　　　　　〔　〃　〕03-3451-6926
　　　　　ＦＡＸ〔営業部〕03-3451-3122
　　　　　振替 00190-8-155497
　　　　　http://www.keio-up.co.jp/

装　丁―――土屋　光
組　版―――株式会社キャップス
印刷・製本――中央精版印刷株式会社
カバー印刷――株式会社太平印刷社

©2019 Kiyoshi Yasutomi
Printed in Japan　ISBN978-4-7664-2610-6

慶應義塾大学出版会

刑事法実務の基礎知識
特別刑法入門

安冨 潔 著

刑事実務に必要なのは、刑法、刑事訴訟法だけじゃない！
覚せい剤、金銭トラブル、性犯罪など……特別刑法の知識は、刑事実務に必須の法律知識。刑事実務に精通する安冨潔弁護士（慶應義塾大学名誉教授）が、特別刑法の入門知識を分かりやすく解説する！

◆主要目次◆

第1章　違法薬物と特別刑法の知識
覚せい剤取締法／大麻取締法／毒物及び劇物取締法／医薬品医療機器等法／麻薬及び向精神薬取締法／麻薬特例法

第2章　性犯罪・男女関係と特別刑法の知識
迷惑防止条例／児童買春・児童ポルノ処罰法／ストーカー規制法／DV防止法

第3章　インターネットと特別刑法の知識
携帯電話不正利用防止法／不正アクセス禁止法／出会い系サイト規制法／リベンジポルノ防止法

第4章　金銭トラブルと特別刑法の知識
補助金等適正化法／貸金業法／出資法／銀行法

第5章　犯罪に使用される物と特別刑法の知識
銃刀法／ピッキング防止法／自動車運転死傷処罰法

第6章　その他の特別刑法の知識
入管法／医師法／軽犯罪法

A5判／並製／288頁
ISBN 978-4-7664-2278-8
◎3,500円　2015年10月刊行

表示価格は刊行時の本体価格（税別）です。